Die Rechtsnatur der Absprache
im Strafverfahren

Europäische Hochschulschriften
Publications Universitaires Européennes
European University Studies

Reihe II
Rechtswissenschaft

Série II Series II
Droit
Law

Bd./Vol. 3160

PETER LANG
Frankfurt am Main · Berlin · Bern · Bruxelles · New York · Oxford · Wien

Ariadne Ioakimidis

Die Rechtsnatur der Absprache im Strafverfahren

PETER LANG
Europäischer Verlag der Wissenschaften

Die Deutsche Bibliothek - CIP-Einheitsaufnahme

Ioakimidis, Ariadne:

Die Rechtsnatur der Absprache im Strafverfahren / Ariadne Ioakimidis. - Frankfurt am Main ; Berlin ; Bern ; Bruxelles ; New York ; Oxford ; Wien : Lang, 2001
(Europäische Hochschulschriften : Reihe 2, Rechtswissenschaft ; Bd. 3160)
Zugl.: Potsdam, Univ., Diss., 2001
ISBN 3-631-37946-3

517
ISSN 0531-7312
ISBN 3-631-37946-3

www.peterlang.de

Vorwort

Die Arbeit wurde im Oktober 2000 vom Fachbereich Rechtswissenschaften der Universität Potsdam als Dissertation angenommen. Die Druckfassung wurde im Februar 2001 abgeschlossen.

Mein besonderer Dank gilt Herrn Prof. Dr. Uwe Hellmann. Er hat die Entstehung der Arbeit seit der Idee zu ihr begleitet und gefördert. Seine intensive und anregende wissenschaftliche Betreuung sowie seine wertvollen Anregungen trugen wesentlich zum Gelingen der Arbeit bei. Herrn Prof. Dr. Georg Küpper gebührt Dank für die Erstattung des Zweitgutachtens.

Meiner Familie danke ich für die Unterstützung, die sie mir während der Arbeit an der Dissertation hat zukommen lassen. Ihr verdanke ich auch, dass ich mein Leben bisher so unbeschwert bestreiten konnte und so die notwendigen Freiräume und die erforderliche Energie für meine Studien hatte. Ihr sei daher dieses Buch gewidmet.

Berlin, im Februar 2001 Ariadne Ioakimidis

Inhaltsverzeichnis

4. Teil

Zulässigkeit von Absprachen unter Berücksichtigung der wesentlichen Verfahrensgrundsätze der Strafprozessordnung

Abkürzungsverzeichnis

A.A.	Anderer Ansicht
ABl.	Amtsblatt
Abs.	Absatz
Abschn.	Abschnitt
a.F.	alte Fassung
Alt.	Alternative
Anm.	Anmerkung
AO	Abgabenordnung
AöR	Archiv des öffentlichen Rechts
Art.	Artikel
AT	Allgemeiner Teil
Aufl.	Auflage
BGB	Bürgerliches Gesetzbuch
BGBl.	Bundesgesetzblatt
BGH	Bundesgerichtshof
BGHSt	Entscheidungen des Bundesgerichtshofes in Strafsachen
BT-Drs.	Bundestagsdrucksachen
BtMG	Betäubungsmittelgesetz
BVerfG	Bundesverfassungsgericht
BVerfGE	Entscheidungen des Bundesverfassungsgerichtes
BVerwGE	Entscheidungen des Bundesverwaltungsgerichtes
bzw.	beziehungsweise
ders.	derselbe
d.h.	das heißt
DJT	Deutscher Juristentag
DRB	Deutscher Richter Bund
DRiZ	Deutsche Richterzeitung
DVBl.	Deutsches Verwaltungsblatt
Einl.	Einleitung
EMRK	Europäische Konvention zum Schutze der Menschenrechte und Grundfreiheiten
etc.	et cetera
f./ff.	folgende
Fn.	Fußnote
FS	Festschrift
GA	Goltdammer's Archiv für Strafrecht
gem.	gemäß
GG	Grundgesetz
GVBl.	Gesetz- und Verordnungsblatt
h.M.	herrschende Meinung
Hrsg.	Herausgeber
iSd	im Sinne des
i.V.m	in Verbindung mit
JA	Juristische Arbeitsblätter
JGG	Jugendgerichtsgesetz
JR	Juristische Rundschau
Jura	Juristische Ausbildung

JuS	Juristische Schulung
JZ	Juristenzeitung
Kap.	Kapitel
KritV	Kritische Vierteljahresschrift für Gesetzgebung und Rechtswissenschaft
MDR	Monatsschrift für Deutsches Recht
MRK	siehe EMRK
m.w.N.	mit weiteren Nachweisen
NJW	Neue Juristische Wochenschrift
Nr.	Nummer
NStZ	Neue Zeitschrift für Strafrecht
NStZ-RR	NStZ-Rechtsprechungs-Report
OLG	Oberlandesgericht
OWiG	Ordnungswidrigkeitengesetz
RGSt	Entscheidungen des Reichsgerichts in Strafsachen
RiStBV	Richtlinien für das Strafverfahren und das Bussgeldverfahren
Rdnr.	Randnummer
S.	Seite
sog.	sogenannt(e)
SGB	Sozialgesetzbuch
StA	Staatsanwalt(schaft)
StGB	Strafgesetzbuch
StPO	Strafprozessordnung
StV	Strafverteidiger
usw.	und so weiter
vgl.	vergleiche
VO	Verordnung
Vorbem.	Vorbemerkung
VwVfG	Verwaltungsverfahrensgesetz
wistra	Zeitschrift für Wirtschafts- und Steuerstrafrecht
z.B.	zum Beispiel
ZRP	Zeitschrift für Rechtspolitik
ZStW	Zeitschrift für die gesamte Strafrechtswissenschaft

1. Teil

Einleitung

I. Absprachepraxis

Längst sind Absprachen zwischen den Verfahrensbeteiligten über den Verlauf oder das Ergebnis des Strafverfahrens ein fester Bestandteil der strafrechtlichen Praxis geworden[1]. Gesicherte Zahlen über das Vorkommen von Absprachen in der Gerichtspraxis liegen nicht vor. Verschiedene Untersuchungen kommen jeweils zu unterschiedlichen Ergebnissen und erheben wohl auch nicht den Anspruch, repräsentativ zu sein[2]. Eine erste Untersuchung von Schünemann in den Jahren 1986/87[3] kommt zu dem Ergebnis, dass 15 – 20 % aller Strafurteile in der Weise zustande kommen, dass der Angeklagte auf eine Wahrnehmung seiner prozessualen Rechte (vor allem auf die Stellung weiterer Beweisanträge) verzichtet oder – noch häufiger – ein Geständnis ablegt, nachdem ihm zuvor seitens des Gerichtes für diesen Fall eine bestimmte milde Strafe oder eine Strafaussetzung zur Bewährung in Aussicht gestellt worden ist[4]. Dies geschieht sowohl auf Initiative des Gerichtes als auch der Staatsanwaltschaft oder des Verteidigers. Dabei kann dieses Übereinkommen in die Form einer konkreten Zusicherung des zu erwartenden Strafmaßes gekleidet sein oder aber in eine Absichtserklärung des Gerichtes oder der Staatsanwaltschaft[5].

Nach der Ansicht von Dahs[6] wird in „schätzungsweise 30 – 40% aller Strafverfahren mindestens der Versuch einer Absprache ... unternommen". Hassemer/Hippler[7] kommen zu dem Ergebnis, dass Absprachen im Strafprozess, zumindest in bestimmten Verfahrensarten, weit verbreitet sind. Immerhin ein Drittel der befragten Richter, Staatsanwälte und Verteidiger äußerten die Einschätzung, dass Absprachen häufig vorkommen. Nach einer Untersuchung der Praxis der Wirtschaftsstrafkammern am Landgericht Hildesheim wurde durchschnittlich die Hälfte aller erstinstanzlichen Verfahren durch Verständigungen zumindest beeinflusst[8]. Nach einer anderen Schätzung werden etwa 30% der Strafverfahren durch erreichten Konsens erledigt[9]. Absprachen sind in der Praxis des Strafverfahrens jedenfalls kein Randphänomen von untergeordneter Bedeutung[10].

---

1 Kleinknecht / Meyer-Goßner, StPO, Einl., Rdnr. 119a; Nestler-Tremel, DRiZ 1988, S. 288; Widmaier, StV 1986, S. 357.

2 Hassemer / Hippler, StV 1986, S. 363.

3 Die Untersuchung ist an der Universität Mannheim durchgeführt worden. Eine Darstellung der vollständigen Untersuchungsergebnisse sollte in: Schünemann, Absprachen im Strafverfahren, Köln 1990, publiziert werden, was anscheinend nicht erfolgt ist. Schünemann bezieht sich jedoch z.B. in NJW 1989, S. 1896 und in seinem Gutachten für den 58. DJT auf das Ergebnis.

4 Schünemann, JZ 1989, S. 984, 985.

5 Schünemann, NJW 1989, S. 1896 ff.

6 Dahs, NStZ 1988, S. 153.

7 Hassemer / Hippler, StV 1986, S. 363.

8 Siolek, Verständigung in der Hauptverhandlung, S. 23 ff.; ders., DRiZ 1993, S. 423.

9 Siolek, Kriminalistik 1995, S. 433.

10 Gerlach, Absprachen im Strafverfahren, S. 21; Dagegen meint Olters (DRiZ 1988, S. 50), dass Absprachen nicht allgemeine Praxis seien, vielmehr gäbe es viele Richter, die nicht bereit seien, sich zu verständigen.

Die Bereitschaft von Richtern und Staatsanwälten, Absprachen mit dem Angeklagten und dessen Verteidiger zu treffen, scheint allerdings von der Art des angeklagten Deliktes abhängig zu sein. Am häufigsten werden Wirtschaftsstrafverfahren durch eine erzielte Verständigung erledigt[11]. Auch im Bereich der Betäubungsmittelkriminalität sind Richter, Staatsanwälte und Verteidiger oftmals bereit, auf eine konsensorientierte Lösung hinzuwirken[12]. Gleiches gilt für Verkehrsdelikte, bestimmte Straftaten von Jugendlichen und Bagatelldelikte[13]. Kaum Absprachen werden dagegen in Strafverfahren getroffen, in denen schwere Gewaltdelikte, Kapitalverbrechen, wie z.B. Tötungsdelikte oder Raubüberfälle, oder politisch motivierte Verbrechen Gegenstand des Anklagevorwurfes sind[14]. Nach Ansicht der großen Strafrechtskommission des Deutschen Richterbundes rührt diese Zurückhaltung aus einem eher unbewussten Rechtsgefühl her, dass eine Strafmilderung aufgrund einer Absprache in diesem Kriminalitätsbereich unmoralisch sei[15].

Die Erklärung liegt auf der Hand. Einerseits sind insbesondere Wirtschaftsstrafverfahren häufig besonders langwierige Verfahren[16]. Bei Steuerstraftaten, so führen Keller / Schmid[17] aus, sind oft Auslandsbeziehungen aufzuklären, was langwierige Rechtshilfeersuchen erforderlich macht, bei bestimmten Betrugsdelikten müssen zahlreiche Zeugen vernommen werden und bei Konkursdelikten sind umfangreiche Buchhaltungsunterlagen auszuwerten. Kann eine Verständigung erzielt werden, können sich die Beteiligten viel Zeit und Aufwand sparen. Andererseits sind Richter offenbar bei schweren Gewaltverbrechen weniger bereit, dem Täter entgegenzukommen[18].

---

11 Hassemer / Hippler, StV 1986, S. 363; Schünemann, in Absprache, Symposium Triberg 1986, S. 124; Gerlach, Absprachen im Strafverfahren, S. 25, m.w.N.

12 Hassemer / Hippler, StV 1986, S. 363; Schünemann, Gutachten 58. DJT, B 28; Lüderssen, StV 1990, S. 416.

13 Braun, Die Absprache, S. 17 f; Tscherwinka, Absprachen im Strafprozeß, S. 23; Böttcher, Referat 58. DJT, L 26.

14 Nestler-Tremel, DRiZ 1988, S. 288.

15 Große Strafrechtskommission des Deutschen Richterbundes, Gutachten, Teil I, S. 27; Kremer, Absprachen zwischen Gericht und Verfahrensbeteiligten, S. 15.

16 Keller / Schmid, wistra 1984, S. 205.

17 Keller / Schmid, wistra 1984, S. 205.

18 Nestler-Tremel, DRiZ 1988, S. 288.

II. Gründe für eine Absprache

Bei Absprachen im Strafprozess setzen sich die Beteiligten eines Strafprozesses – bildlich gesprochen – zusammen, um über den Fortgang des Verfahrens zu verhandeln, mit dem Ziel, eine einvernehmliche Lösung zu finden. Sie versuchen, ihre Vorstellungen über Gang und Ergebnis des Verfahrens auf dem Gesprächswege zur Deckung zu bringen[19]. Während im Zivilprozess ebenso wie im Verwaltungsprozess die Einigung der Prozessbeteiligten, sei es außergerichtlich, sei es vor dem Gericht durch Vermittlung des Richters, gesetzlich vorgesehen ist (§§ 779 BGB, 279, 141, 794 ZPO, 55 VwVfG, 106 VwGO), fehlt im Strafprozess eine entsprechende Vorschrift[20].

Zwar gibt es auch in der Strafprozessordnung einzelne Vorschriften, wie z.B. §§ 153a, 265a, 470 Satz 2 StPO, die die Zustimmung des Angeklagten erfordern. Diese Regelungen , die im Laufe der Untersuchung noch Gegenstand einer eingehenderen Betrachtung sein werden, sind jedoch auf spezielle Fallkonstellationen zugeschnitten. Sie regeln nicht allgemein für den Strafprozess eine Einigung der Beteiligten.

Die Staatsanwaltschaft oder das Gericht können im Rahmen einer Absprache anbieten, dass schnell Anklage erhoben wird, um das Verfahren zu beschleunigen, dass das Verfahren gegen einzelne Mitangeklagten abgetrennt und ein rasches Urteil ermöglicht wird, dass weitere Taten nicht verfolgt werden bzw. der Tatvorwurf gemäß § 154 ff. StPO beschränkt wird. Weiter kann seitens der Justiz der Erlass eines Strafbefehles zur Vermeidung einer Hauptverhandlung, die Verhängung einer milderen Strafe, eine Zusage hinsichtlich des Strafrahmens, möglicherweise eine Einstellung nach §§ 153, 154 ff. StPO oder eine Strafaussetzung zur Bewährung, Empfehlungen für den Strafvollzug, z.B. Verlegung in eine bestimmte Haftanstalt oder offener Vollzug in Aussicht gestellt werden. Die Staatsanwaltschaft kann außerdem zusagen, einen Rechtsmittelverzicht zu erklären, Anklage zum Strafrichter statt zum Schöffengericht zu erheben oder dem Angeklagten in einem anderen Verfahren entgegenzukommen. Weiter kann Gegenstand einer Absprache sein, auf Zeugen zu verzichten.

Im Gegenzug kann der Angeklagte Angebote machen, die das Verfahren vereinfachen oder beschleunigen können. Er kann ein Geständnis ablegen, um zur Aufklärung des Sachverhaltes beizutragen oder erklären, auf bestimmte prozessuale Rechte zu verzichten, z.B. auf die Stellung von Beweisanträgen, auf die Erhebung von Rügen oder die Einlegung von Rechtsmitteln[21]. Darüber hinaus sind weitere Zugeständnisse des Angeklagten denkbar, z.B. die Wiedergutmachung des Schadens oder die Aufklärungshilfe in anderen Verfahren bzw. eine künftige Mitarbeit etwa als V-Mann bei der Polizei.

---

[19] Dahs, NStZ 1988, S. 153.
[20] Pfeiffer, in Karlsruher Kommentar, Einl., Rdnr. 29a.
[21] Kleinknecht / Meyer-Goßner, StPO, Einl., Rdnr. 119a; Pfeiffer, in Karlsruher Kommentar, Einl., Rdnr. 29a.

Die Möglichkeiten, sich zu verständigen, sind demnach vielfältig und in allen Verfahrensstadien denkbar. Sie können den Gang des Verfahrens betreffen, aber auch den Gegenstand oder die Rechtsfolgen[22]. In der Verfahrenswirklichkeit sind Absprachen über das Procedere eher selten[23]. Der Normalfall sind Verständigungen, die das Verfahrensergebnis betreffen.

In die Absprache können alle am Prozess Beteiligten einbezogen werden. Sie kann aber auch lediglich zwischen dem Gericht und dem Verteidiger des Angeklagten oder dem Angeklagten selber, was selten der Fall sein dürfte, getroffen werden oder zwischen der Staatsanwaltschaft und dem Verteidiger des Angeklagten. Eine Verständigung zwischen dem Gericht und der Staatsanwaltschaft ist eine unwahrscheinliche Variante, da ohne Einbeziehung des Angeklagten bzw. seines Verteidigers das Ziel einer solchen Verständigung, die Verkürzung des Verfahrens durch einvernehmliche Lösungen, nicht erreicht werden kann. Nur nach einer vereinzelt vertretenen Auffassung kommen Absprachen zwischen Gericht und Staatsanwaltschaft häufig vor, was sich bereits aufgrund der räumlichen Nähe, die in der Regel gegeben sein wird, anbiete[24]. Allerdings sei diese Form der Verständigung bislang nicht gerügt worden, zumindest nicht erfolgreich, weshalb sie weder Gegenstand einer Entscheidung des Bundesgerichtshofes noch der wissenschaftlichen Diskussion sei.

Obwohl in der Literatur erhebliche Bedenken gegen die Zulässigkeit von Absprachen geäußert werden[25], haben sie sich in der Praxis des Strafprozesses durchgesetzt. Für alle Beteiligten, das Gericht, die Staatsanwaltschaft, den Angeklagten und seinen Verteidiger, gibt es zumeist überzeugende Gründe, die Absprache einer streitigen Erledigung des Strafverfahrens vorzuziehen.

Aus der Sicht des Gerichtes und der Staatsanwaltschaft birgt die Beendigung eines Strafverfahrens aufgrund einer Verständigung den Vorteil, dass sie Zeit sparen. Als wesentlicher Grund für die weitere Verbreitung der Absprachepraxis wird deshalb die Arbeitsüberlastung der Justiz genannt[26]. Durch eine Vereinbarung wird das Verfahren in der Regel abgekürzt, Beweiserhebungen entfallen, Verteidiger unterlassen verfahrensverzögernde Maßnahmen. Dadurch können mehr Verfahren in einer kürzeren Zeitspanne erledigt werden. Der steigende Geschäftsanfall in der Justiz[27] kann eher bewältigt werden.

Der Beschleunigungseffekt ist dabei am größten in Verfahren mit voraussichtlich überdurchschnittlich langer Dauer[28]. Je umfangreicher ein Verfahren ist, desto größer ist dieser Effekt, wenn es frühzeitig durch eine Absprache beendet wird.

---

22 Tscherwinka, Absprachen im Strafprozeß, S. 39.

23 Schünemann, NJW 1989, S. 1895.

24 Tscherwinka, Absprachen im Strafprozeß, S. 41.

25 Aus dem umfangreichen Schrifttum nur: Dencker / Hamm, Der Vergleich; Nestler-Tremel, DRiZ 1988, S. 288; Pfeiffer, in Karlsruher Kommentar, Einl., Rdnr. 29a ff.; Rönnau, Die Absprache im Strafprozeß, 1990; Schünemann, Gutachten 58. DJT, 1990.

26 Gerlach, Absprachen im Strafverfahren, 21 ff.; Jähnke, in Absprache, Symposium Triberg 1986, S. 149 f; Kremer, Absprachen zwischen Gericht und Verfahrensbeteiligten, S. 23; Nestler-Tremel, DRiZ 1988, S. 289; Rönnau, Die Absprache im Strafprozeß, S. 42; Rudolph, DRiZ 1992, S. 6; Schäfer, in Absprache, Symposium Triberg 1986, S. 135; Seier, JZ 1988, S. 683, 684; Tscherwinka, Absprachen im Strafprozeß, S. 30 ff.

27 Kremer, Absprachen zwischen Gericht und Verfahrensbeteiligten; Meyer-Goßner, DRiZ 1996, S. 180; Schünemann, Gutachten 58.DJT, B 27 ff.

28 Gerlach, Absprachen im Strafverfahren, S. 21 f; Nestler-Tremel, DRiZ 1988, S. 288;

Ein Anreiz für die Strafverfolgungsorgane, eine Absprache zu treffen, kann zudem in der Vermeidung von Beweisschwierigkeiten bestehen[29]. Außerdem erfährt ein auf Einvernehmen basierendes Urteil mehr Akzeptanz und ist möglicherweise eher geeignet, den Rechtsfrieden wiederherzustellen[30].

Für den Angeklagten kann der verfahrensverkürzende Effekt einer Absprache ebenfalls eine Vergünstigung sein[31]. Denn im Normalfall belastet ein Strafverfahren die Psyche des Angeklagten erheblich. Möglicherweise kann er eine für ihn mit Peinlichkeiten verbundene öffentliche Hauptverhandlung vermeiden oder jedenfalls auf ein Minimum an Verhandlungstagen beschränken. Damit verbunden sind viele praktische Vorteile. Der Angeklagte wird weniger aus seinem Alltag gerissen, er vermeidet mögliche negative berufliche Auswirkungen, z.B. weil er sich bei einem kürzeren Verfahren nicht so häufig von seiner Arbeit abmelden muss. Abgesehen von dem auf dem Zeitfaktor beruhendem Belastungsabbau, ist ein Prozess, der auf gegenseitiger Verständigung beruht und in humanerer Atmosphäre stattfindet, weniger unangenehm[32].

Der wichtigste Gesichtspunkt aus der Perspektive des Angeklagten dürfte jedoch sein, dass er sich eine mildere Strafe erwartet. Da nur 3% aller Strafverfahren mit einem Freispruch enden[33], ist es eher riskant, auf einen Freispruch zu vertrauen. Für den Angeklagten kann es deshalb günstiger sein, dem Gericht in Erwartung eines milderen Urteiles entgegenzukommen.

Für den Verteidiger kann die Erzielung einer Absprache vorteilhaft sein, weil er den Eindruck von Kompetenz dadurch vermittelt, dass er gute Beziehungen zur Justiz unterhält und scheinbar in der Lage ist, ein für den Angeklagten günstigeres Ergebnis zu erzielen[34]. Er kann dem Angeklagten die getroffene Vereinbarung als seinen Erfolg und sein Verhandlungsgeschick verkaufen[35]. Auch der Verteidiger spart Zeit und Aufwand, wenn es zu einer Vereinbarung kommt.

Ob sich die Abkürzung des Verfahrens finanziell für den Verteidiger günstig auswirkt, hängt davon ab, ob er mit seinem Mandanten eine Honarvereinbarung getroffen hat, was bei Großverfahren jedoch der Normalfall sein dürfte. Jedenfalls kann der Verteidiger die gewonnene Zeit anderen Verfahren widmen und so mehr Verfahren in derselben Zeit betreuen.

Rönnau, Die Absprache im Strafprozeß, S. 42.

29 Gerlach, Absprachen im Strafverfahren, S. 21 f; Rönnau, Die Absprache im Strafprozeß, S. 42.

30 Schäfer, Thesen 58. DJT, L 61 ff.; Tscherwinka, Absprachen im Strafprozeß, S. 21 ff.

31 Haas, NJW 1988, S. 1345; Rönnau, Die Absprache im Strafprozeß, S. 52.

32 Gerlach, Absprachen im Strafverfahren, S. 27; Schmidt-Hieber, Verständigung im Strafverfahren, Rdnr. 18.

33 Nestler-Tremel, DRiZ 1988, S. 290.

34 Gatzweiler, NJW 1989, S. 1903 ff.; Gerlach, Absprachen im Strafverfahren, S. 27 f; Rönnau, Die Absprache im Strafprozeß, S. 55; Tscherwinka, Absprachen im Strafprozeß, S. 34.

35 Gatzweiler, NJW 1989, S. 1903 ff.; Rönnau, Die Absprache im Strafprozeß, S. 56.

III. Gang der Untersuchung

Bereits bei der Definition von Absprachen scheinen die vertretenen Auffassungen unvereinbar weit auseinander zu liegen. In einem ersten Schritt muss deshalb eine Definition erarbeitet werden, anhand derer die Vereinbarkeit von Absprachen mit dem deutschen Strafprozessrecht geprüft werden kann. Die Untersuchung konzentriert sich dabei auf die Absprachen, die im Laufe der Hauptverhandlung getroffen werden. Da das Schwergewicht strafrechtlicher Absprachen im Zusammenhang mit der Durchführung der Hauptverhandlung liegen dürfte[36], werden Absprachen, die während des Ermittlungsverfahrens getroffen werden, nur am Rande behandelt.

In einem zweiten Schritt soll die generelle Zulässigkeit von Absprachen erörtert werden. Lange Zeit wurde die Auffassung vertreten, dass Absprachen im Strafverfahren mangels gesetzlicher Grundlage unzulässig seien[37]. Eine Verständigung über Gang oder Ergebnis des Strafverfahrens sei dem System des deutschen Strafprozesses fremd, das bundesdeutsche Strafprozessrecht sei vergleichsfeindlich, ist das Hauptargument gegen die Zulässigkeit von Absprachen[38]. Während sich in vielen ausländischen Strafprozessordnungen Vorschriften über Vereinbarungen zwischen den Verfahrensbeteiligten finden[39], sei es mit dem deutschen Strafverfahrensrecht nicht vereinbar, eine solche Absprache zu treffen. In der Praxis wurden jedoch weiterhin Absprachen getroffen. Die Rechtsprechung ist der zunächst überwiegend kritischen Haltung des Schrifttums nicht gefolgt. Das BVerfG hält eine Verständigung über Ergebnisse eines Strafverfahrens nicht für grundsätzlich unzulässig, sondern für mit den verfassungsrechtlichen Prinzipien vereinbar[40]. Der Bundesgerichtshof hatte sich mehrfach mit Absprachen im Strafprozess und den Folgen, insbesondere bei Nichteinhaltung, befasst[41]. In keiner Entscheidung hat er ausgesprochen, dass eine Verständigung im Strafverfahren grundsätzlich unzulässig wäre. In einer jüngeren Grundsatzentscheidung[42] hat der BGH vielmehr umfassend formuliert, welche Voraussetzungen gegeben sein müssten, um im Strafverfahren zulässige Vereinbarungen zu schließen. Anhand von Beispielen bestehender Vorschriften und mit allgemeinen Grundsätzen des Strafprozessrechtes soll dargestellt werden, wie konsensfreundlich die deutsche Strafprozessordnung tatsächlich ist. Anschließend wird die Vereinbarkeit einer konsensualen Erledigung mit den allgemeinen und den speziellen Vorschriften der StPO untersucht.

---

[36] Siolek, DRiZ 1989, S. 322; zu Absprachen im Ermittlungsverfahren siehe: Landau, DRiZ 1995, S. 132.

[37] Pfeiffer, in Karlsruher Kommentar, Einl., Rdnr. 29d; Schünemann, Gutachten 58. DJT, B 88; Seier, JZ 1988, S. 684.

[38] Seier, JZ 1988, S. 684.

[39] Blumberg, StV 1988, S. 79; Braun, Die Absprache, S. 144 ff.; Massaro, StV 1989, S. 454; Weigend, Absprachen in ausländischen Strafverfahren, 1990.

[40] BVerfG, NJW 1987, S. 2662.

[41] BGH, NJW 1989, S. 2270; NJW 1990, S. 1924; NJW 1990, S. 3030; NJW 1991, S. 1692; NJW 1992, S. 519; NJW 1996, S. 1763; NJW 1996, S. 3018; NStZ-RR 1997, S. 173; NJW 1997, S. 2691.

[42] BGHSt 43, 195 ff. = NJW 1998, S. 86.

An die Frage der Zulässigkeit knüpft sich die der Verbindlichkeit von Absprachen, die aus der Sicht des Angeklagten besonders wichtig ist. Ihn wird interessieren, ob er sich auf die Zusage des Gerichtes verlassen kann, wenn er beispielsweise mit einem Geständnis „in Vorleistung tritt". Die Problematik der sich an eine getroffene Absprache knüpfenden Rechtsfolgen ist in der Rechtsprechung und der Literatur weitgehend ungeklärt. In der Literatur bestand bislang Übereinstimmung, dass eine getroffene Absprache allenfalls eine faktische Bindungswirkung entfalte, keinesfalls aber eine rechtliche. Der Bundesgerichtshof[43] geht offenbar davon aus, dass eine getroffene Vereinbarung für das Gericht auch bindend ist, lässt jedoch offen, woraus sich diese Bindungswirkung ergibt. Zur Beantwortung dieser Frage ist die Absprache im Strafverfahren zunächst dogmatisch einzuordnen und ihre Rechtsnatur zu bestimmen. Erst danach kann geklärt werden, welche Rechtsfolgen die Vereinbarung bzw. die gescheiterte Vereinbarung hat.

2. Teil

Untersuchungsgegenstand

I. Definition

Eine allgemein gültige Definition von Absprachen im Strafprozess hat sich bislang in der wissenschaftlichen Diskussion noch nicht durchgesetzt. Einigkeit besteht allerdings darüber, dass jede Absprache ein konsensuales Element enthält und zwischen mehreren, mindestens jedoch zwei Prozessbeteiligten getroffen wird[44]. Übereinstimmung herrscht zudem, dass es sich bei der Absprache um die Abstimmung des weiteren Prozessverhaltens handelt. In der Regel werden die Beteiligten der Absprache sich dabei in irgendeiner Form entgegenkommen.

Verschiedentlich wird der zu beschreibende Problemkreis weiter eingeschränkt. Als Charakteristikum der Absprache im Strafprozess wird dabei zum Teil deren Unverbindlichkeit genannt[45]. So soll es sich bei Absprachen im Strafprozess um unverbindliche Prognosen des Gerichtes handeln[46] oder um zwar vertragsähnliche Vereinbarungen, die jedoch keinen der Partner zum verabredeten Verhalten verpflichten[47]. Die Frage, ob eine im Strafprozess getroffene Absprache Bindungswirkung entfaltet oder nicht, ist jedoch keine der Definition. Vielmehr handelt es sich um eine Rechtsfolge. Verstünde man unter Absprachen nur solche, die nicht bindend sind, klammerte man einen Aspekt von vornherein aus und entzöge ihn somit der rechtlichen Untersuchung. Zumal weder der Begriff „Absprache" noch der Terminus „Verständigung" Unverbindlichkeit zwingend impliziert. Der juristische Laie – und um einen solchen handelt es sich in der Regel bei dem Angeklagten – vermutet hinter dem

---

43 BGHSt 43, 195 ff. = NJW 1998, S. 86.

44 Dencker / Hamm, Der Vergleich, S. 29 ff.; Gerlach, Absprachen im Strafverfahren, S. 17; Niemöller, StV 1990, S. 35; Rönnau, Die Absprache im Strafprozeß, S. 22 ff.; Schmidt-Hieber, Verständigung im Strafverfahren, S. 3; Siolek, Verständigung in der Hauptverhandlung, S. 46; Tscherwinka, Absprachen im Strafprozeß, S. 19.

45 Niemöller, StV 1990, S. 35; Schmidt-Hieber, Verständigung im Strafverfahren, S. 3; Tscherwinka, Absprachen im Strafprozeß, S. 19.

46 Tscherwinka, Absprachen im Strafprozeß, S. 19.

47 Niemöller, StV 1990, S. 35.

Begriff „Absprache" sicherlich keine bloße Prognose, sondern stellt sich eine Vereinbarung vor, die zu treffen für ihn nur Sinn macht, wenn die Beteiligten sich an das Vereinbarte halten bzw. dies zumindest vorhaben. Ob es schließlich mit den Grundsätzen des Strafverfahrens vereinbar ist, eine verbindliche Absprache zu treffen oder ob die Prozessgrundsätze und Vorschriften der Strafprozessordnung verlangen, dass eine Absprache unverbindlich sein muss, wird im Rahmen der Untersuchung der Zulässigkeit bzw. der Rechtsfolgen von Absprachen festgestellt werden. Unter diesem Gesichtspunkt ist auch die teilweise vorgenommene Unterteilung von Absprachen nach dem Grad ihrer Verbindlichkeit[48] abzulehnen. Als Merkmal, das Klarheit über das zu untersuchende Phänomen verschaffen soll, kann der Verbindlichkeitsgrad nicht dienen, zumal er erst am Ende der rechtlichen Prüfung eindeutig festgestellt werden kann.

Um einen Überblick über die Bedeutung von Verständigungen in der Verfahrenswirklichkeit zu verschaffen, wird zwischen einerseits den sogenannten „echten" Absprachen und andererseits der bloßen Antizipation des Verfahrensergebnisses differenziert[49]. Um echte Absprachen soll es sich dann handeln, wenn sich die Verfahrensbeteiligten entweder über den weiteren Verfahrensablauf oder aber über das Ergebnis des Strafverfahrens einigen, wobei jeder Beteiligte in irgendeiner Form nachgeben muss. Unter Antizipation des Verfahrensergebnisses wird verstanden, dass ein Prozessbeteiligter, in der Regel das Gericht, eine Voraussage über sein eigenes Prozessverhalten unter der Voraussetzung eines bestimmten Verhaltens der anderen Beteiligten abgibt. Regelfall sei die Situation, dass das Gericht ankündige, wie das künftige Urteil aussehen werde, wenn der Angeklagte ein Geständnis ablege. Dies soll dann entweder eine Station auf dem Weg zu einer echten Absprache darstellen oder aber eine selbständige Verständigungsform sein.

Tatsächlich handelt es sich bei einer solchen Ankündigung des weiteren Verhaltens, wenn bestimmte Voraussetzungen erfüllt werden, um das Angebot einer Absprache, das dann entweder angenommen werden kann, auch konkludent durch entsprechendes Verhalten, oder nicht. Gehen die anderen Prozessbeteiligten allerdings nicht auf die Ankündigung eines bestimmten Verhaltens ein, so bleibt die Ankündigung als solche prozessual irrelevant.

Diese Unterscheidung wird vorgenommen, um beide Formen, die der echten Absprache und die der Antizipation des Verfahrensergebnisses, einer getrennten Zulässigkeitsprüfung zu unterziehen. Schünemann kommt zwar im Ergebnis dazu, dass beide Formen gegen Prinzipien des deutschen Strafprozessrechtes verstoßen, allerdings aus unterschiedlichen Erwägungen. Unten wird auf diese Fragen der Zulässigkeit einzugehen sein. Schon jetzt lässt sich allerdings feststellen, dass die Begriffsbildung nicht geeignet ist, dem Leser eine klare Vorstellung davon zu geben, was unter einer Absprache zu verstehen ist. Im übrigen führt Schünemann selber aus, dass er diese Differenzierung in der Praxis für schwierig hält[50].

---

[48] Baumann, NStZ 1987, S. 157; Rönnau, Die Absprache im Strafprozeß, S. 36.
[49] Schünemann, NJW 1989, S. 1895.
[50] Schünemann, NJW 1989, S. 1898.

Bei den sogenannten echten Absprachen wird zwischen Verständigungskommunikation - als Vorbereitung einer zu treffenden Verständigung –, Verständigung - als erzielte Einigkeit - und Realisierung der Verständigung - als anschließende Umsetzung der Verständigung getrennt[51]. Diese Unterteilung ist jedoch nicht erforderlich[52]. Kommt eine Verständigung zustande, sind die vorbereitenden Gespräche für die rechtliche Beurteilung irrelevant. Scheitert eine in Angriff genommene Verständigung dagegen, so gibt es auch keine rechtlichen Probleme. Deshalb ist die Aufteilung in die verschiedenen Verfahrensstadien allenfalls für eine Beschreibung des Vorganges von Bedeutung. Rechtlich relevant ist sie jedoch nicht. Schünemann verbindet selbst ebenfalls keine unterschiedlichen Folgen mit den einzelnen Verständigungsstadien[53]. Bei der Differenzierung zwischen formellen und informellen Absprachen[54] spielen wiederum Gesichtspunkte der Zulässigkeit eine Rolle. Formelle Verständigungen sollen dabei solche sein, die in der Hauptverhandlung erzielt werden und im Protokoll über die Hauptverhandlung auch festgehalten sind. Unter den Begriff der informellen Verständigung sollen dagegen diejenigen fallen, die außerhalb der Hauptverhandlung erfolgen. Im Rahmen der Zulässigkeitsprüfung wird erörtert, ob eine Absprache zwingend in der Hauptverhandlung zu treffen und ob das Ergebnis in dem Protokoll über die Hauptverhandlung festzuhalten ist.

II. Begrifflichkeit

In der rechtliche Diskussion um Absprachen im Strafprozess wird eine Vielzahl von Bezeichnungen verwendet. Es finden sich die Begriffe Konsens, formeller Kontakt, Gespräch, Kooperation, Verständigung, Vereinbarung, Absprache, gentleman-agreement, Vergleich, aber auch deal, Kuhhandel, Kungelei, Mauschelei, Handel mit der Gerechtigkeit[55]. Die unterschiedlichen Bezeichnungen sind in der Regel bereits Ausdruck der Ab- oder Zuneigung des jeweiligen Benutzers[56]. Zum Teil enthalten sie, unabhängig von der Frage der rechtlichen Bewertung von Absprachen, eine negative Bewertung und diskreditieren das Bemühen um eine kooperative Verfahrenserledigung von vornherein.

1. Inhaltliche Zuordnung

Zum Teil werden den Begriffen „Absprache“ und „Verständigung“ in der juristischen Literatur jeweils unterschiedliche Inhalte zugeordnet. Unter Verständigung werden die von der StPO zugelassenen Formen der Kooperation, z.B. Verständigungen über den Terminplan, aber auch der Fall des § 153a StPO, wenn die gesetzlichen Voraussetzungen eingehalten werden, verstanden[57]. Absprache soll nur das abgestimmte Prozessverhalten im Grenzbereich sein, das weder eindeutig rechtswidrig noch eindeutig von der StPO zugelassen ist[58]. Das sei der Bereich, in dem der gerichtlichen

---

[51] Schünemann, Gutachten 58. DJT, B 14.
[52] Siolek, Verständigung in der Hauptverhandlung, S.45.
[53] Schünemann, Gutachten 58. DJT, B 15 ff.
[54] Schünemann, Gutachten 58. DJT, B 15.
[55] Vgl. Zusammenstellung bei Bussmann, KritV 1989, S. 379; Dencker / Hamm, Der Vergleich, S. 13f; Rönnau, Die Absprache im Strafprozeß, S. 22 f; Schmidt-Hieber, StV 1986, S. 355; Siolek, Verständigung in der Hauptverhandlung, S. 44 f.
[56] Nestler-Tremel, DRiZ 1988, S. 288; Tscherwinka, Absprachen im Strafprozeß, S. 19 f.
[57] Dencker/Hamm, Der Vergleich, S. 38 f.
[58] Dencker/Hamm, Der Vergleich, S. 38.

Entscheidung unbestimmte Rechtsbegriffe oder Ermessen zugrunde liegen, z.B. Entscheidungen über die Strafzumessung. Der Ausdruck Vergleich umschreibe die eindeutig rechtswidrigen Verfahrenspraktiken[59]. Folgte man dieser Ansicht, wären das insbesondere die Fälle, in denen der Angeklagte auf Verteidigungsmöglichkeiten verzichtet und das Gericht bzw. die Staatsanwaltschaft dafür auf Sanktionen verzichtet bzw. diese begrenzt.

Die so vorgenommene Zuordnung von Inhalten zu bestimmten Begriffen wirkt willkürlich und findet keine Rechtfertigung in dem umgangssprachlichen Vorverständnis dieser Vokabeln. Insbesondere die Bezeichnung der eindeutig rechtswidrigen Verfahrenspraktiken als Vergleich widerspricht der primären Assoziation[60]. Denn der Begriff Vergleich ist in der Rechtssprache mit einer rechtlich zulässigen Handlungsform besetzt[61]. Außerdem unterscheidet sich diese Handlungsform von der hier bezeichneten in ihren Grundstrukturen, so dass eine Übertragung des Begriffes keinen Sinn macht. Außerdem wird mit der Unterteilung von rechtmäßigen, rechtswidrigen und im „grauen Bereich" liegenden Vereinbarungen die rechtliche Beurteilung eines Phänomens vor dessen Beschreibung gesetzt. Sinnvoll ist jedoch, zunächst die Beschreibung vorzunehmen und dann über die Rechtmäßigkeit zu urteilen[62]. Dencker/Hamm selber weisen darauf hin, dass die von ihnen gewählten Bezeichnungen zu Missverständnissen führen könnten und einer gewissen Beliebigkeit nicht entbehren[63]. Insofern trägt diese Form der Begriffsbestimmung nicht zur Klärung bei, sondern ist eher geeignet, Verwirrung zu stiften, und ist deshalb für die Diskussion nicht geeignet.

Ähnlich wie Dencker/Hamm trennt auch Rönnau[64] zwischen der rechtlich unbedenklichen Konsenserzielung auf der einen Seite, die auch er Verständigung nennt, und der eindeutig unzulässigen bzw. zumindest rechtlich problematischen Kooperation auf der anderen Seite, die er als Absprachen bezeichnet. Hierzu gilt Gleiches wie oben: eine Unterteilung, die der rechtlichen Beurteilung vorgreift, ist als Grundlage der nachfolgenden Prüfung der rechtlichen Qualität eines Phänomens ungeeignet.

Teilweise wird der Begriff Verständigung als der Oberbegriff angesehen[65] und die Unterscheidung zwischen den Unterbegriffen Absprache einerseits und Verständigung andererseits für sinnvoll gehalten[66]. Der Ausdruck der Absprache könne nur einen Ausschnitt des insgesamt angestrebten Konsenses beschreiben, da damit nur die Einzelinhalte gemeint seien[67]. Der Begriff Verständigung dagegen umschreibe allgemeiner sowohl die einzelnen Teilakte als auch das Element des gegenseitigen Vertrauens auf ein bestimmtes Verhalten. Verständigung deute gleichzeitig auf einen gemeinsamen Erfolg hin[68].

---

[59] Dencker/Hamm, Der Vergleich, S. 38.
[60] Gerlach, Absprachen im Strafverfahren, S. 32; Odersky, FS für Rebmann, 1989, S. 343, 354 f.
[61] Siolek, Verständigung in der Hauptverhandlung, S. 45.
[62] Schünemann, Gutachten 58.DJT, B 14.
[63] Dencker/Hamm, Der Vergleich, S. 38 f.
[64] Rönnau, Die Absprache im Strafprozeß, S. 25 ff.
[65] Gutterer, Der Deal, S. 3.
[66] Siolek, Verständigung in der Hauptverhandlung, S. 46.
[67] Zuck, MDR 1990, S. 18.
[68] Siehe auch: Rückel, NStZ 1987, S. 297.

Inwiefern jedoch ein einzelner Teilakt gesondert von dem gesamten Vorgang zu beurteilen ist, was allein der Grund für eine Unterteilung in verschiedene Kategorien sein kann, ist nicht erkennbar. Diese Differenzierung dürfte auch in der Praxis schwer durchzuhalten sein, da die Prozessbeteiligten, die sich verständigen wollen, sicherlich nicht zwischen den einzelnen Teilakten unterscheiden. Die begriffliche Unterteilung weicht vom Sprachgebrauch ab und wirkt letztlich beliebig. Dem Begriff Absprache lässt sich jedenfalls nichts entnehmen, was darauf hindeutet, dass es sich lediglich um einen Teilakt einer Verständigung handelt. Gleichfalls nicht zwingend ist es, unter Verständigung den Gesamtvorgang zu subsumieren und ein Element des Vertrauens hineinzulesen, das bei der Absprache nicht vorliegen dürfte. Ein geeignetes Abgrenzungskriterium liegt darin jedenfalls nicht.

Festzuhalten bleibt, dass Bezeichnungen, die dem Sprachgebrauch zuwiderlaufen und somit nur Verwirrung stiften, da der Leser dem Begriff intuitiv einen anderen Gehalt zuordnet, als er nach Ansicht des Autors sollte, für die Diskussion nicht geeignet sind.

2. Der Vergleich

Der Ausdruck „Vergleich" dagegen ist ein feststehender Rechtsbegriff, der nicht auf das hier zu untersuchende Verhalten anwendbar ist[69]. Gemäß § 779 Satz 1 BGB handelt es sich bei einem Vergleich um einen Vertrag, durch den der Streit oder die Ungewissheit der Parteien über ein Rechtsverhältnis im Wege des gegenseitigen Nachgebens beseitigt wird. Im Zivilprozess ersetzt der Vergleich die gerichtliche Entscheidung. Im Strafverfahren ist eine Entscheidung des Gerichtes trotz einer möglicherweise getroffenen Absprache erforderlich, um das Verfahren zu beenden[70]. Ergeht keine gerichtliche Entscheidung, sind auch alle Vereinbarungen hinfällig. Der Zivilprozess, durch den der Begriff „Vergleich" seine Prägung erfahren hat, ist auch im übrigen mit seinen Grundstrukturen zu verschieden vom Strafprozess, als dass der Begriff übertragbar wäre. Insbesondere ist der Strafprozess kein kontradiktorisches Parteiverfahren wie der Zivilprozess. Auch deshalb passt der Begriff des Vergleiches nicht[71].

3. Wertneutrale Kennzeichnung

Die Termini „Absprache" und „Verständigung" kennzeichnen das Phänomen wertneutral und sind gut geeignet[72]. Sie haben sich deshalb im juristischen Sprachgebrauch durchgesetzt. Der Bundesgerichtshof setzt beide Begriffe gleich[73]. Nachfolgend sollen aus diesem Grunde ebenfalls die Begriffe „Absprache" und „Verständigung" synonym verwandt werden. Für Schünemann fiel der Ausdruck Verständigung zunächst in den Bereich der „euphemistischen Schönfärberei"[74]. Dann jedoch benutzte auch er Absprache und Verständigung als gleichbedeutende Ober-

---

69 Gerlach, Absprachen im Strafverfahren, S. 32.
70 Dencker / Hamm, Der Vergleich, S. 30; Gerlach, Absprachen im Strafverfahren, S. 32.
71 Dencker / Hamm, Der Vergleich, S. 101; Gerlach, Absprachen im Strafverfahren, S. 32; Rückel, NStZ 1987, S. 297.
72 Gerlach, Absprachen im Strafverfahren, S. 29 ff.
73 BGHSt 43, 195 ff. = NJW 1998, S. 86; Martin, JuS 1998, S. 373.
74 Schünemann, NJW 1989, S. 1895.

begriffe[75]. Der Begriff „Vereinbarung“ wird in der vorliegenden Untersuchung ebenfalls gelegentlich benutzt, da er neutral ist.

Unter Absprache bzw. Verständigung oder Vereinbarung soll im Folgenden also die Einigung der Prozessbeteiligten über den Fortgang des Verfahrens verstanden werden. Gegenstand dieser Einigung sind dabei auch die jeweils zu erbringenden oder zu unterlassenden Verhaltensbeiträge, um das angestrebte Ziel in prozessual zulässiger Art und Weise zu erreichen.

3. Teil

Konsensorientierung im deutschen Strafprozessrecht

I. Die Legitimation von Strafe

Die Beurteilung der Zulässigkeit von Absprachen als eine konsensorientierte Form der Erledigung eines Strafverfahrens ist u.a. davon abhängig, welche Funktionen der Strafe zuzumessen ist. Denn gegebenenfalls steht eine im Konsens erreichte Beendigung eines Strafverfahrens im Einklang mit diesen Funktionen. Während das materielle Strafrecht die an die Tatbegehung geknüpften Rechtsfolgen androht, nachdem es zunächst die Merkmale einer strafbaren Handlung festgelegt hat, regelt das Strafprozessrecht das Verfahren, mit Hilfe dessen die angedrohten Sanktionen durchgesetzt werden.

Die Strafe stellt von allen Eingriffen des Staates in die Rechte des einzelnen die wohl einschneidenste Maßnahme dar und bedarf deshalb einer besonderen Rechtfertigung. Zur Rechtfertigung des Rechts zur Strafe, aufgrund dessen ein staatliches Gemeinwesen dem Bestraften das Übel zufügen darf, werden verschiedene Straftheorien herangezogen. Zu unterscheiden sind absolute, losgelöst von einem Zweck, relative, die die Strafe relativ, bezogen auf einen Zweck sehen, und Vereinigungstheorien, die verschiedene Gesichtspunkte beider Theoriengruppen gleichgeordnet miteinander verbinden.

1. Die absoluten Straftheorien

Die absoluten Straftheorien sehen die Begründung der Strafe nur im Rückblick auf das Verbrechen, das es als vergangenes Unrecht zu überwinden gelte[76]. Nach der zur Rechtfertigung von Strafe dienenden sogenannten Vergeltungstheorie ist Strafe die Antwort auf verschuldetes Unrecht, sie muss, um das begangene Unrecht zu sühnen, mit diesem gleichwertig sein[77].

---

[75] Schünemann, Gutachten 58. DJT, B 15.
[76] Schmidhäuser, Strafrecht AT, 2. Kap., Rdnr. 5.
[77] Roxin, Strafrecht AT, S. 39; Weber, in Baumann / Weber / Mitsch, Strafrecht Allgemeiner Teil, § 3 Rdnr. 51.

Das Übel, welches der Täter der Rechtsgemeinschaft oder einem Angehörigen dieser Gemeinschaft zugefügt hat, muss durch ein gleiches Übel, das dem Täter zugefügt wird, vergolten werden[78]. Sie ist dabei losgelöst von ihrer gesellschaftlichen Wirkung; irgendwelche Zwecke zur besseren Ordnung des sozialen Zusammenlebens hat sie dabei nicht zu verfolgen[79]. Strafe soll gerecht sein, deswegen muss sie in Dauer und Härte der Schwere des Unrechtes entsprechen. Auch das Bundesverfassungsgericht vertrat früher die Auffassung, daß jede Kriminalstrafe ihrem Wesen nach Vergeltung durch Zufügung eines Übels sei[80]. Die Sühnetheorie findet den Sinn der Strafe darin, dass sich der Rechtsbrecher durch das von ihm bejahte Strafübel mit der Gesellschaft wieder versöhnt sieht. Der Verbrecher muss deshalb bestraft werden, damit er sich von dem sittlichen Makel, den er sich durch das Verbrechen zugezogen hat, befreit werden kann[81]. Der Gedanke des Schuldausgleiches durch Sühne basiert auf der Philosophie der Aufklärung und vor allem des deutschen Idealismus, wonach in dem Verbrecher nicht mehr die Verkörperung des Bösen gesehen wurde, sondern der vernünftige und damit verantwortlich handelnde Mensch[82]. Nach der heute überwiegend vertretenen Ansicht ist die Vergeltungstheorie als absolute Theorie jedoch nicht mehr haltbar[83]. Primäre Aufgabe des Strafrechtes sei der Schutz von Rechtsgütern. Die Idee der Vergeltung verlangt jedoch auch dort Strafe, wo es aus Gründen des Rechtsgüterschutzes nicht notwendig wäre[84]. Da die Strafe der Durchsetzung des Strafrechtes dient und darin ihre gesellschaftliche Legitimation findet, kann sie nicht losgelöst von den Zielen des Strafrechtes sein. Auch unter sozialpolitischen Gesichtspunkten entspricht die Vergeltungstheorie nicht mehr den heutigen Erkenntnissen. Wenn die Vergeltungslehre fordert, dass Strafe Übelszufügung ist und der Schwere der Tat entsprechen muss, wird auch der Strafvollzug an diesen Maximen ausgerichtet sein. Es ist aber inzwischen erwiesen und allgemein anerkannt, dass häufig Ursachen für die Begehung von Straftaten in dem sozialen Hintergrund des Täters liegen. Mögliche Sozialschäden werden jedoch nicht durch einen am Prinzip der Übelszuführung orientiertem Strafvollzug ausgeglichen[85]. Allerdings ist die Idee der Vergeltung im Laienverständnis von Strafe noch weit verbreitet.

2. Die relativen Straftheorien

Die relativen Straftheorien fragen nach dem in die Zukunft gerichteten Zweck des staatlichen Strafens und nicht nach der sittlichen Rechtfertigung. Die generalpräventiven Theorien sehen den Zweck der Strafe darin, die Allgemeinheit von der Begehung von Verbrechen abzuhalten. Die Notwendigkeit der Verhängung von Strafe folge allein daraus, dass andernfalls die Drohung mit Strafe nicht ernst genommen würde. Die insbesondere von Feuerbach[86] vertretene These von der negativen Generalprävention besagt, dass die Strafdrohung unmittelbar abschreckend auf solche wirkt, die mit dem Gedanken an Strafbegehung spielen. Gegen diese Auffassung

---

78 Weber, in Baumann / Weber / Mitsch, Strafrecht Allgemeiner Teil, § 3, Rdnr. 52.
79 Weber, in Baumann / Weber / Mitsch, Strafrecht Allgemeiner Teil, § 3, Rdnr. 50.
80 BVerfGE 22, 132.
81 Schmidhäuser, Strafrecht AT, 2. Kap., Rdnr. 7.
82 Weber, in Baumann / Weber / Mitsch, Strafrecht Allgemeiner Teil, § 3, Rdnr. 54.
83 Jescheck / Weigend, Lehrbuch des Strafrechts, S. 66 f, m.w.N.; Roxin, Strafrecht AT, S. 42; Weber, in Baumann / Weber / Mitsch, Strafrecht Allgemeiner Teil, § 3, Rdnr. 52 f.
84 Roxin, Strafrecht AT, S. 42.
85 Roxin, Strafrecht AT, S. 42.
86 Nach Feuerbach, 1775 – 1833, sollte die gesetzliche Strafdrohung einen „psychologischen Zwang" gegen die Verbrechensbekämpfung ausüben.

wird vorgebracht, dass die Mehrzahl der Menschen nicht rational den „Gewinn" der in Aussicht genommenen Tat gegen den Nachteil der Bestrafung abwägt. Jedenfalls bei den unbewusst begangenen Fahrlässigkeitsdelikten, aber auch bei den Taten, die aus psychischen Ausnahmesituationen heraus verübt werden, wie z.B. Gewaltdelikte im Streit, wird eine solche Abwägung nicht stattfinden[87].

Der Theorie der negativen Generalprävention steht deshalb die der positiven Generalprävention gegenüber. Was ursprünglich nur Abschreckung sein sollte, wird heute differenzierter gesehen. Zwar ist die Abschreckung nach wie vor ein Gesichtspunkt, daneben wird jedoch auch von einem „langfristigen sozialpsychologischen Prozess der Internalisierung von Rechtsnormen" gesprochen[88], ferner von der Rechtsbewährung im Sinne einer Demonstration der Unverbrüchlichkeit der Rechtsordnung und von einer Vorbeugung gegenüber künftigen Rechtsverletzungen und der Erhaltung der Rechtstreue des Volkes[89]. Die Mehrheit der Bevölkerung verhält sich rechtstreu, was nicht auf eine abschreckende Wirkung von Strafvorschriften zurückzuführen sein dürfte, sondern auf die in langer Kulturentwicklung gewachsenen und durch Erziehung im Gewissen verinnerlichten sittengesetzlichen Normen[90]. Das Strafrecht hat deshalb nicht die Wirkung, negativ von der Begehung aktuell in Aussicht genommener konkreter Straftaten abzuschrecken. Vielmehr kommt ihm durch positive Stabilisierung des Rechtsbewusstseins der Bevölkerung als Fernwirkung eine Straftaten verhindernde Funktion zu, die sogenannte positive Generalprävention[91]. Sowohl die negative als auch die positive Generalprävention erzielen ihre Wirkung nur, wenn Straftaten zügig aufgeklärt und geahndet werden, damit für die Bevölkerung erkennbar ist, dass die Rechtsordnung, an die sie sich in ihrer Mehrheit hält, verteidigt wird[92].

Neben der generalpräventiven Theorie hat sich aus der zunehmenden Ablehnung der absoluten Vergeltungstheorie zur Rechtfertigung des Eingriffes „Strafe" die Theorie der Spezialprävention entwickelt. Danach besteht die primäre Aufgabe der Strafe darin, den einzelnen Täter von der Begehung künftiger Straftaten abzuhalten[93]. Dabei handelt es sich um einen nicht in die Vergangenheit gerichteten Ansatz, wie bei dem Vergeltungsgedanken, sondern um einen in die Zukunft gewandten. Die Vorbeugung vor der Begehung weiterer Straftaten ist dabei individuell auf den Täter gerichtet.

Der Strafe kommen dabei drei Funktionen zu. Zunächst soll die Allgemeinheit vor dem Straftäter durch dessen Einsperrung gesichert werden. Dann soll der Täter durch die Strafe von der Begehung künftiger Straftaten abgeschreckt werden. Schließlich soll er durch Besserung vor der Rückfälligkeit bewahrt werden. Insbesondere der dritten Funktion, die auf Franz Liszt zurückgeht[94], wird heutzutage eine wichtige Rolle eingeräumt.

---

87 Weber, in Baumann / Weber / Mitsch, Strafrecht, Allgemeiner Teil, § 3, Rdnr. 27.

88 Schroeder, in Leipziger Kommentar, § 16, Rdnr. 146.

89 BVerfGE 45, 254; BGHSt 24, 44.

90 Weber, in Baumann / Weber / Mitsch, Strafrecht, Allgemeiner Teil, § 3, Rdnr. 30.

91 Hellmann, Strafprozeßrecht, Teil I, § 1, Rdnr. 3; Jescheck, in Leipziger Kommentar, Einl., Rdnr. 25; Köhler, Strafrecht AT, Kap. 1 III, 1.2.1.2.; Stree, in Schönke / Schröder, Vorbem. §§ 38 ff., Rdnr. 12; Weber, in Baumann / Weber / Mitsch, Strafrecht Allgemeiner Teil, § 3, Rdnr. 30.

92 Hellmann, Strafprozeßrecht, Teil I, § 1, Rdnr. 3; Weber, in Baumann / Weber / Mitsch, Strafrecht Allgemeiner Teil, § 3, Rdnr. 31.

93 Jescheck / Weigend, Lehrbuch des Strafrechts, S. 67 f; Roxin, Strafrecht AT, S. 43, Schmidhäuser, Strafrecht AT, Kap. 2, Rdnr. 10.

94 Liszt, ZStW 3 (1883), S. 1.

Der Gedanke der Resozialisierung rückt immer mehr in den Vordergrund, wenn es um Strafziele und die Legitimation von Strafe geht. Dazu beigetragen hat ein gesellschaftliches Umdenken, dem auch die neuere Rechtsprechung Rechnung trägt. „Als Träger der aus der Menschenwürde folgenden und ihren Schutz gewährleistenden Grundrechte muss der verurteilte Straftäter die Chance erhalten, sich nach Verbüßung seiner Strafe wieder in die Gemeinschaft einzuordnen." [95] Für den BGH[96] hat Strafe nicht die Aufgabe, Schuldausgleich um seiner selbst willen zu üben, sondern sie ist nur gerechtfertigt, wenn sie sich zugleich als notwendiges Mittel zur Erfüllung der präventiven Schutzaufgabe des Staates erweist. Die resozialisierende Einwirkung auf den Täter als solche stellt jedoch keine der Primärfunktionen des Strafrechts – zu denen in erster Linie die Aufrechterhaltung der Rechtsordnung gehört - dar[97]. Die Resozialisierung kann nur im Zusammenhang mit anderen Zwecken der Legitimation von Strafe dienen.

Sowohl bei der Theorie der Spezialprävention als auch bei der der Generalprävention handelt es sich im Gegensatz zu der absoluten Vergeltungstheorie um sogenannte relative Theorien. Sie sind dadurch gekennzeichnet, dass die Verhängung oder Androhung von Strafe mit einem bestimmten der Verbrechensvorbeugung dienendem Zweck gekoppelt sein soll und deshalb in Relation zu diesem Zweck gerechtfertigt werden muss[98].

3. Die Vereinigungstheorien

Die sogenannte Vereinigungstheorie, die Grundlage des geltenden Rechts ist[99], versucht, einen sowohl nach Gerechtigkeits- als auch nach Zweckgesichtspunkten zu bestimmenden Ausgleich zwischen den absoluten und den relativen Theorien zu finden. Sämtliche Strafzwecke sollen durch die konkrete Strafbemessung in ein ausgewogenes Verhältnis zueinander gebracht werden[100]. Da das Schuldprinzip als verfassungsrechtlicher Grundsatz verstanden wird, darf die Strafe in keinem Fall ihren Zusammenhang mit der Schuld verlieren[101]. Die nach dem Schuldgrad verdiente Strafe darf niemals aus general- oder spezialpräventiven Gründen überschritten werden[102].

Die dem Wandel der Zeit unterliegenden Einstellungen in Staat und Gesellschaft zu dem Zweck und der Rechtfertigung von Strafe hat die Entwicklung und das Verständnis des Strafprozessrechtes ebenfalls beeinflusst. Der streng ritualisierte Strafprozess ist einem eher auf Konfliktlösung ausgerichteten und zweckorientierten Verfahren gewichen[103]. Es geht mehr darum, aufgrund einer umfassenden Kommunikation, Streit zu schlichten, und weniger darum, autoritär vorzugehen[104]. Insgesamt ist

---

95 BVerfGE 35, 202, 235 f.
96 BGHSt 24, 40, 42.
97 Hellmann, Strafprozeßrecht, Teil I, § 1, Rdnr. 2.
98 Jakobs, AT, S. 13 ff.
99 BVerGE 21, 391, 404; BGHSt 19, 201, 206; Jescheck, in Leipziger Kommentar, Einl., Rdnr. 32.
100 Jescheck, in Leipziger Kommentar, Einl., Rdnr. 31; Jescheck / Weigend, Lehrbuch des Strafrechts, S. 75; Maurach / Zipf, Strafrecht AT, § 6 I, Rdnr. 8; Roxin, JuS 1966, S. 387.
101 BGHSt 40, 132, 133; Jescheck, in Leipziger Kommentar, Einl., Rdnr. 33; Jescheck / Weigend, Lehrbuch des Strafrechts, S. 76; Maurach / Zipf, Strafrecht AT, § 6 I, Rdnr. 8.
102 BGHSt 20, 264, 267.
103 Braun, Die Absprache, S. 191; Schmidt-Hieber, StV 1986, S. 357.
104 Wassermann, in AK-StPO, Einl. II, Rdnr. 1.

der Strafprozess heute integrativer als ehemals ausgestaltet[105]. Dagegen lässt sich der Strafzweck der Vergeltung durch Absprachen schlecht verwirklichen[106]. Denn die Einbeziehung des Angeklagten bei der Absprache ist in keinem Fall der Situation, in der sich Täter und Opfer der Straftat gegenüberstanden, vergleichbar. Spezial- und generalpräventive Gesichtspunkte können dagegen bei einer durch Absprache zustande gekommenen Verfahrensbeendigung sehr wohl zur Geltung kommen. Zum einen vermitteln die zügigere Verfahrensbeendigung und gegebenenfalls steigende Zahl von Aburteilungen der Verantwortlichen, die durch Absprachen erzielt werden können, bei der Bevölkerung den Eindruck, der Staat reagiere schnell und effektiv auf Straftaten[107]. Durch eine stärkere Einbeziehung des Angeklagten erhält dieser vermehrt die Möglichkeit, seine Sicht der Dinge darzustellen. Damit wird erreicht, dass Resozialisierung und Spezialprävention möglicherweise bereits im Strafprozess beginnen können[108].

Es gibt allerdings auch Befürchtungen, dass durch ein vermehrtes Auftreten von Absprachen in einzelnen Kriminalitätsbereichen, wie z.B. der Wirtschaftskriminalität, ein der Generalprävention gegenläufiger Effekt erzielt werden könnte. Wenn sich herumsprechen würde, dass bei bestimmten Delikten oft Absprachen mit dem Gericht getroffen würden, verringerte sich der abschreckende Effekt gegenüber der Bevölkerung. Dabei wird jedoch übersehen, dass Absprachen in der Regel nicht zur Straflosigkeit führen und ein mittels Absprache erzieltes Verfahrensergebnis möglicherweise zwar milder ist, dennoch jedoch kein angenehmes für den Angeklagten, weshalb ein abschreckender Effekt trotzdem bestehen bleibt.

II. Die Stellung des Beschuldigten

Die Vereinbarkeit von Absprachen mit dem geltenden Recht hängt außerdem davon ab, wie die Rolle des Beschuldigten bzw. Angeklagten im Strafverfahren bestimmt wird. Nur wenn ihm eine aktive Position eingeräumt wird, kann er das Strafverfahren in Form einer Absprache mitgestalten. Der Beschuldigte bzw. Angeklagte hat im Strafverfahren eine Doppelstellung inne. Zwar ist er einerseits als Untersuchungsobjekt dem strafrechtlichen Verfahren ausgesetzt. Andererseits ist er aber als Prozesssubjekt Beteiligter mit eigenen Rechten[109].

1. Objekt des Verfahrens

Der Einleitung des Strafverfahrens steht der Beschuldigte zunächst als Objekt gegenüber[110]. Er muss das strafrechtliche Verfahren über sich ergehen lassen. Der Beschuldigte ist dem Ermittlungsverfahren ausgesetzt, er muss bestimmte Maßnahmen, wie z.B. eine Durchsuchung, dulden. Im Rahmen des § 81a StPO z.B. kann er als „Augenscheinsobjekt" auf seinen körperlichen Zustand hin untersucht werden. Dem staatlichen Strafverfolgungsanspruch kann der Beschuldigte sich grundsätzlich,

---

[105] Rönnau, Die Absprache im Strafprozeß, S. 65.
[106] Braun, Die Absprache, S. 191.
[107] Rönnau, Die Absprache im Strafprozeß, S. 63.
[108] Lenckner, JuS 1983, S. 341; Rönnau, Die Absprache im Strafprozeß, S. 65.
[109] Hellmann, Strafprozeßrecht, Teil II, § 5, Rdnr. 6.
[110] Eser, Die Rechtsstellung des Beschuldigten im Strafprozeß der Bundesrepublik Deutschland, S. 149; Hellmann, Strafprozeßrecht, Teil II, § 5, Rdnr. 7.

außer durch Flucht, auch nicht entziehen. In diesem Umfang ist der Beschuldigte oder der Angeklagte Gegenstand des Verfahrens und nicht gleichberechtigter Beteiligter. Allerdings ist seine Stellung dabei nicht ungeschützt.

2. Subjekt des Verfahrens

Neben seiner Rolle als Objekt des Verfahrens ist der Beschuldigte nämlich gleichzeitig ein mit selbständigen Verfahrensrechten ausgestattetes Prozesssubjekt[111]. Während der Beschuldigte im gemeinrechtlichen Inquisitionsprozess dem staatlichen Strafverfahren fast wehrlos ausgeliefert war, haben ihn liberale Reformen seit dem 19. Jahrhundert zu einem das Verfahren mitgestaltendem Beteiligten gemacht[112]. Je mehr die individuellen Rechte eines jeden Menschen in den Vordergrund des gesellschaftlichen Grundverständnisses rückten, um so umfangreicher wurde auch der Beschuldigte im Strafverfahren mit eigenen Rechten ausgestattet. Nicht zu Unrecht wird das Strafverfahrensrecht als der Seismograph einer jeden Staatsverfassung bezeichnet[113]. Ob ein Beschuldigter als ein mit mehr oder weniger Rechten ausgestattetes Subjekt respektiert oder nur als passives Objekt behandelt werde, gäbe Aufschluss über das dahinterstehende Staatsverständnis[114].

Das geltende Strafprozessrecht und somit die rechtliche Stellung des Beschuldigten ist geprägt durch das Grundgesetz der Bundesrepublik, insbesondere durch das Rechtsstaatsprinzip. Rechtsstaatlichkeit kann nur gewährt werden, wenn sichergestellt ist, dass Straftäter im Rahmen der geltenden Gesetze abgeurteilt werden.

Heutzutage ist sowohl selbstverständlich, dass ein Beschuldigter durch die Einleitung eines Ermittlungsverfahrens seiner Grundrechte nicht verlustig geht, als auch, dass ein Angeklagter trotz Anklageerhebung Grundrechtsschutz genießt. Zwar können die Grundrechte in gewissem Umfange eingeschränkt werden, z.B. das Freiheitsrecht des Art. 2 Abs. 1 GG durch die Untersuchungshaft. Dabei sind jedoch die rechtsstaatlichen Voraussetzungen zu beachten. Jeder Eingriff muss dabei insbesondere gesetz- und verhältnismäßig sein. Verstanden werden diese Eingriffe als Art Sonderopfer des Beschuldigten zugunsten der erforderlichen Verbrechensaufklärung[115].

Für das Bundsverfassungsgericht folgt daraus, dass dem Beschuldigten das Recht auf ein faires, rechtsstaatliches Strafverfahren wegen des Rechtsstaatsprinzips i.V.m. dem allgemeinen Freiheitsrecht aus Art. 2 Abs. 1 GG gewährleistet sein müsse. Der Beschuldigte sei nicht nur Objekt des Verfahrens, ihm müsse die Möglichkeit gegeben werden, zur Wahrung seiner Rechte auf den Gang und das Ergebnis des Verfahrens Einfluss zu nehmen[116]. Auch für den Bundesgerichtshof ist der Beschuldigte Beteiligter, nicht Gegenstand des Verfahrens[117].

---

[111] Eser, Die Rechtsstellung des Beschuldigten im Strafprozeß der Bundesrepublik Deutschland, S. 149; Hellmann, Strafprozeßrecht, Teil II, § 5, Rdnr. 6; Kahlo, KritV 1997, S. 183, 193ff.; Roxin, Strafverfahrensrecht, § 18 A, Rdnr.1.

[112] Roxin, Strafverfahrensrecht, § 18 A, Rdnr.1.

[113] Roxin, Strafverfahrensrecht, § 2 A I, Rdnr. 1.

[114] Pfeiffer, in Karlsruher Kommentar, Einl., Rdnr. 23; Roxin, Strafverfahrensrecht, § 2 A I, Rdnr. 1.

[115] Eser, Die Rechtsstellung des Beschuldigten im Strafprozeß der Bundesrepublik Deutschland, S. 149.

[116] BVerfGE 63,380 = NJW 1983, S. 1599.

[117] BGHSt 5, 332.

Diese Stellung als Prozesssubjekt wird durch die Schutz- und Beteiligungsrechte der Strafprozessordnung gesichert. Aus Art. 1 Abs. 1 GG leitet das Bundesverfassungsgericht ab, dass der Beschuldigte nicht zum bloßen Objekt des Strafverfahrens herabgewürdigt werden dürfe und ihm ein Mindestbestand an aktiven verfahrensrechtlichen Befugnissen garantiert sei[118].

Das Strafverfahren ist keineswegs im Sinne eines autoritären Bestimmens und Anordnens durch das Gericht oder die Staatsanwaltschaft einerseits und eines passiven Duldenmüssens des Angeklagten andererseits ausgerichtet[119]. Auch der Angeklagte hat einen Anspruch, das Verfahren mitzugestalten.

Zahlreiche Vorschriften in der Strafprozessordnung sehen als Voraussetzung für den weiteren Verfahrensweg die Zustimmung des Beschuldigten oder anderer Verfahrensbeteiligter vor. Ohne vorherige Verständigung zwischen den Beteiligten ist dies jedoch nicht denkbar[120]. Sie sind Beispiele für ein einvernehmliches Zusammenwirken des Gerichtes, der Staatsanwaltschaft und des Angeklagten bzw. seines Verteidigers. So ist das Einverständnis des Angeklagten z.B. erforderlich, wenn die Anklage in der Hauptverhandlung auf weitere Straftaten erstreckt werden soll, § 266 Abs. 1 StPO. Gemäß § 245 Abs. 1 Satz 2 StPO können die Verfahrensbeteiligten auf die Erhebung einzelner Beweise verzichten. Voraussetzung ist, dass alle Beteiligten, also die Staatsanwaltschaft, der Verteidiger und der Angeklagte, auf die Beweiserhebung verzichten. Im Regelfall wird dieser Vorgehensweise die Erzielung eines Konsenses vorausgegangen sein[121]. § 265a StPO eröffnet dem Gericht die Möglichkeit, den Angeklagten zu befragen, ob er bereit sei, Leistungen zur Genugtuung des begangenen Unrechtes zu erbringen. Im Falle einer Weisung i.S.v. § 56c Abs. 3 StGB ist dazu die Einwilligung des Angeklagten erforderlich. Auch diesem Verfahren wird eine Verständigung zwischen den Beteiligten vorausgehen[122]. In den Fällen der §§ 303, 411 Abs. 3 StPO kann ein Rechtsmittel, über das aufgrund mündlicher Verhandlung zu entscheiden ist, nur zurückgenommen werden, wenn der Gegner dem zustimmt. Auch dies ist Ausprägung eines kooperativen Elementes in der Strafprozessordnung.

Auch wo Verzichts- oder Einverständniserklärungen bestimmte Abschnitte des Verfahrens vereinfachen sollen, z.B. §§ 245 Abs. 1 S. 2, 249 Abs. 2 S. 1, 251 Abs. 1 Nr. 4 StPO, ist die Erzielung eines Konsenses zwischen den Beteiligten erforderlich. Die Liste von Vorschriften, die eine Übereinkunft zwischen den Verfahrensbeteiligten voraussetzen, ließe sich noch weiter fortsetzen[123]. All diesen Vorschriften ist jedenfalls zu entnehmen, dass die Durchführung des Strafverfahrens nicht auf ein strenges Gegeneinander ausgelegt ist[124]. Die Erzielung eines Konsenses wiederum setzt voraus, dass die Beteiligten die Möglichkeiten hatten, einen solchen Konsens zu finden[125]. Dazu ist ein Austausch von Argumenten und Positionen erforderlich, wie es auch im Rahmen einer Verständigung in der Hauptverhandlung geschieht. Festzuhalten bleibt deshalb, dass die StPO – unabhängig von der Frage, ob die im Gesetz

---

118 BVerfGE 57, 250 = NJW 1981, S. 1719, 1722.
119 Schmidt-Hieber, NJW 1982, S. 1018.
120 Kremer, Absprachen zwischen Gericht und Verfahrensbeteiligten, S. 6.
121 Kremer, Absprachen zwischen Gericht und Verfahrensbeteiligten, S. 6.
122 Kremer, Absprachen zwischen Gericht und Verfahrensbeteiligten, S. 7.
123 Siehe unten 3. Teil, III.
124 Kremer, Absprachen zwischen den Verfahrensbeteiligten, S. 8; Schmidt-Hieber, NJW 1982, S. 1018.
125 Schmidt-Hieber, NJW 1982, S. 1018.

vorgesehenen Regelungen abschließend sind oder nicht - durchaus Raum bietet für einvernehmliche Lösungen und dass es durchaus mit der Struktur des Strafprozesses vereinbar scheint, wenn die Prozessbeteiligten versuchen, Einvernehmen über den weiteren Fortgang des Verfahrens zu erzielen.

III. In der Strafprozessordnung enthaltene Ansätze zu Absprachen

Die StPO und andere Gesetze sehen im übrigen sogar mehrere Regelungen vor, in denen die Verfahrensbeteiligten durch Einigung oder durch abgestimmtes Verhalten ein bestimmtes Verfahrensergebnis herbeiführen. Dem geltenden Strafverfahrensrecht sind insofern Absprachen nicht fremd.

1. §§ 153 ff. Strafprozessordnung

Insbesondere die §§ 153 ff. StPO können als Beispiel für eine vorhandene konsensuale Erledigungsform im Strafprozess angeführt werden. Nach Maßgabe der §§ 153 ff. StPO kann bei Vorliegen bestimmter Voraussetzungen die Erhebung der öffentlichen Klage unterbleiben[126] oder das Verfahren nach Anklageerhebung eingestellt werden[127]. Trotz hinreichender Beweislage wird von der Strafverfolgung abgesehen. Es handelt sich um ein vereinfachtes Erledigungsverfahren im Bereich der kleineren und mittleren Kriminalität, das durch einen Beschleunigungs- und Entlastungseffekt geprägt ist und hinter dem in erster Linie verfahrensökonomische Erwägungen stehen[128].

a. Einstellung wegen Geringfügigkeit gemäß § 153 StPO

Gemäß § 153 Abs. 1 StPO, der über § 45 Abs. 1 oder § 47 Abs. 1 Nr. 1 JGG auch im Jugendstrafverfahren gilt, kann die Staatsanwaltschaft bei Vergehen von der Strafverfolgung absehen, wenn die Schuld des Täters als gering anzusehen wäre und kein öffentliches Interesse an der Strafverfolgung besteht[129]. Erforderlich ist die Zustimmung des für die Hauptverhandlung zuständigen Gerichts, außer in bestimmten Bagatellfällen gemäß § 153 Abs. 1 Satz 2 StPO. Nach Erhebung der Anklage und im gerichtlichen Verfahren ist die Zustimmung des Angeklagten erforderlich, § 153 Abs. 2 StPO.

Die Anwendung des § 153 StPO setzt nicht voraus, dass die Tat vollständig aufgeklärt ist. Dies ergibt sich aus der Formulierung „ wenn die Schuld des Täters als gering anzusehen wäre". Allerdings muss zumindest eine Schuldhypothese bestehen. Andernfalls wäre § 170 Abs. 2 StPO einschlägig, wonach die Staatsanwaltschaft das Verfahren einstellen muss, wenn kein hinreichender Tatverdacht besteht. Insoweit ist § 170 Abs. 2 StPO vorrangig[130]. Im gerichtlichen Verfahren wäre der Angeklagte frei-

---

[126] Z.B. gemäß § 153 Abs. 1 StPO; Schmidt-Hieber, Verständigung im Strafverfahren, Rdnr. 41.
[127] Z.B. gemäß § 153 Abs. 2 StPO; Hellmann, Strafprozeßrecht, Teil II, § 8, Rdnr. 21
[128] Hellmann, Strafprozeßrecht, Teil II, § 8 IV, Rdnr. 17.
[129] Hellmann, Strafprozeßrecht, Teil II, § 8 IV 1, Rdnr. 18; Müller, in KMR, § 153, Rdnr. 2 ff.; Pfeiffer / Fischer, StPO, § 153, Rdnr. 1; Rieß, in LR, § 153 Rdnr. 6 f.
[130] Krey, Strafverfahrensrecht, Rdnr. 215; Kühne, Strafprozeßrecht, Rdnr. 298; Rieß, in LR, § 153, Rdnr. 32.

zusprechen, wenn nicht einmal ein hinreichender Tatverdacht festgestellt würde. Eine Schuldfeststellung setzt § 153 StPO jedoch nicht voraus[131].

Die Staatsanwaltschaft kann bei Vorliegen der Voraussetzungen des § 153 Abs. 1 StPO von der Strafverfolgung absehen, muss es aber nicht. Es handelt sich demnach um eine Opportunitätsentscheidung der Staatsanwaltschaft. Insoweit wird von dem Grundsatz der Strafverfolgungspflicht bei Vorliegen eines hinreichenden Tatverdachtes abgewichen und das Legalitätsprinzip zugunsten des Opportunitätsprinzips durchbrochen[132].

Die Bestimmung des § 153 StPO dient in erster Linie der Arbeitsentlastung der Justiz[133]. Das Verhältnis von Tatgewicht und Ermittlungsaufwand kann deshalb die Anwendung des § 153 StPO beeinflussen[134]. Ebenso spielt die voraussichtliche Verfahrensdauer eine Rolle[135]. Das Merkmal der geringen Schuld kann um so eher bejaht werden, je länger die Tat zurück liegt. Das öffentliche Interesse an der Strafverfolgung kann nach längerem Zeitablauf so erheblich gemindert sein, dass eine Einstellung nach § 153 StPO geboten scheint[136]. Aber auch andere Umstände können das öffentliche Interesse derart „vermindern", dass das Verfahren gemäß § 153 StPO eingestellt werden kann.

Es muss zwischen den Verfahrensbeteiligten ein Konsens über die Verfahrenseinstellung bestehen oder erzielt werden, weil die Verfahrensbeteiligten nicht gezwungen sind, ihre jeweils erforderliche Zustimmung zum Verfahren gemäß § 153 StPO zu erteilen[137]. Dabei verzichtet der Angeklagte auf ein Verfahren, das mit einem Freispruch enden könnte. Die Gegenleistung des Staates besteht in dem Verzicht auf die Durchsetzung des öffentlichen Strafanspruchs[138].

b. Einstellung gegen Auflagen gemäß § 153a StPO

Gemäß § 153a S. 1 StPO kann bei Erfüllung von Auflagen und Weisungen durch den Beschuldigten von der Erhebung der öffentlichen Klage abgesehen werden; auch noch nach Einleitung des gerichtlichen Verfahrens kommt eine Einstellung gemäß § 153a S . 2 StPO in Betracht. Voraussetzung ist, dass das öffentliche Interesse an der Strafverfolgung, das im Gegensatz zu den Fällen des § 153 StPO vorhanden ist, z.B. durch Schadenswiedergutmachung beseitigt werden kann, und die Schwere der Schuld der Verfahrenseinstellung nicht entgegensteht. Zumeist werden dem Beschuldigten oder dem Angeklagten Geldauflagen erteilt werden. Die Einstellung nach § 153a StPO bedarf der Zustimmung des Beschuldigten. Die Mitwirkung der Gerichtes ist mit Ausnahme des in § 153a Abs. 1 S. 7 i.V.m. § 153 Abs. 1 S. 2 StPO geregelten Falles eines Vergehens, das nicht mit einer im Mindestmaß erhöhten Strafe bedroht ist und bei dem die durch die Tat verursachten Folgen gering sind,

---

[131] BVerfGE 82, 106, 116; Hellmann, Strafprozeßrecht, Teil II, § 8, Rdnr. 18; Schoreit, in Karlsruher Kommentar, § 153, Rdnr. 7.
[132] Göbel, Strafprozeß, S. 92; Krey, Strafverfahrensrecht, Rdnr. 212; Kühne, Strafprozeßrecht, Rdnr. 295.
[133] Hellmann, Strafprozeßrecht, Teil II, § 8 IV, Rdnr. 17; Hirsch, ZStW 92 (1980), S. 221.
[134] Schmidt-Hieber, Verständigung im Strafverfahren, Rdnr. 46.
[135] Schmidt-Hieber, Verständigung im Strafverfahren, Rdnr. 49.
[136] BVerfG, NJW 1984, S. 967; Kleinknecht / Meyer-Goßner, StPO, § 153, Rdnr. 7.
[137] Sinner, Der Vertragsgedanke im Strafprozeßrecht, S. 144.
[138] Sinner, Der Vertragsgedanke im Strafprozeßrecht, S. 144

ebenfalls erforderlich. Vor Anklageerhebung muss das für die Hauptverhandlung zuständige Gericht einer Einstellung zustimmen, nach Anklageerhebung stellt das Gericht selber das Verfahren ein. Während § 153 StPO keine Schuldfeststellung voraussetzt, impliziert die Formulierung des § 153a StPO, dass die Schwere der Schuld der Anwendung nicht entgegenstehen darf, das Vorliegen von Schuld[139]. Die Einführung des § 153a StPO zum 01.01.1975[140] in die Strafprozessordnung war sehr umstritten[141]. Insbesondere der „Einbruch in das Legalitätsprinzip" wurde beanstandet[142]. Rechtsstaatliche Prinzipien des Strafverfahrens würden in unzulässiger Weise preisgegeben[143]. Befürchtet wurde weiterhin, dass § 153a StPO gut situierte Bevölkerungskreise bevorzuge, indem ein Freikaufen von Strafe ermöglicht werde[144]. Damit werde der öffentliche Strafanspruch einer vergleichsähnlichen Ebene des „Feilschens" zwischen Strafverfolgungsorganen und Beschuldigten preisgegeben[145]. Außerdem fehle es für eine Übertragung der Entscheidungskompetenz über den staatlichen Strafanspruch vom Richter auf den Staatsanwalt an der erforderlichen demokratischen Legitimation[146].

Trotzdem hat die Praxis von der Einstellungsmöglichkeit nach § 153a StPO in zunehmendem Maße Gebrauch gemacht. Während 1977 etwa 90.000 Verfahren nach § 153a StPO eingestellt wurden, waren es 1988 schon 200.000 Verfahren jährlich[147].

Für die Anwendung des § 153a StPO spricht genauso wie für die des § 153 StPO das Ziel der Verfahrensbeschleunigung, indem beispielsweise umfangreiche Beweisaufnahmen erspart werden, sowie die damit verbundene Justizentlastung. Denn ein Verstoß gegen das Beschleunigungsgebot, das aus Art. 6 MRK folgt[148] , kann nach der Rechtsprechung des Bundesverfassungsgerichtes zu einem Verfahrenshindernis führen mit der Folge, dass das Verfahren einzustellen ist[149].

Daneben kommt § 153a StPO eine wichtige kriminalpolitische Funktion zu[150]. Die §§ 153, 153a StPO sind dabei Teil eines Gesamtkonzeptes abgestufter strafrechtlicher Intervention, in dem Strafe als „ultima ratio" eingesetzt wird. Gerade im Bereich der kleineren und mittleren Kriminalität dienen die §§ 153, 153a StPO der Entkriminalisierung durch Vermeidung des formellen Schuldspruches und der Vorbestraftheit[151]. Gleichzeitig ermöglichen die §§ 153, 153a StPO, Ressourcen der Justiz den Fällen schwererer Kriminalität vorzubehalten.

---

[139] Hellmann, Strafprozeßrecht, Teil II, § 8 Rdnr. 23.
[140] durch das EGStGB vom 02.03.1974, BGBl. I 469.
[141] kritisch insbesondere: Baumann, ZRP 1972, S. 273 ff.; ders., in Festschrift für Peters, 1974, S. 3 ff.; ders., JZ 1980, S. 464 ff.; Hirsch, ZStW 92 (1980), S. 218 ff.; Schmidhäuser, JZ 1973, S. 529 ff.
[142] Hirsch, ZStW 92 (1980), S. 226, m.w.N.
[143] Schmidhäuser, JZ 1973, S. 529, 536.
[144] Baumann, JZ 1980, S. 464, 469; Dencker, JZ 1973, S. 144, 149; Schmidhäuser, JZ 1973, S. 529, 533.
[145] Dencker, JZ 1973, S. 144, 149 f.; Schmidhäuser, JZ 1973, S. 529, 534 f; weitere Nachweise bei Meinberg, Geringfügigkeitseinstellungen, S. 5.
[146] Hirsch, ZStW 92 (1980), S. 231; weitere Nachweise bei Kühne, Strafprozeßrecht, Rdnr. 300.
[147] Böttcher, Thesen 58. DJT, L 25; Schöch, Thesen 58. DJT, L 92.
[148] Art. 6 MRK verlangt, daß jedermann innerhalb einer angemessenen Frist von einem Gericht gehört wird.
[149] BVerfG, NJW 1984, S. 967.
[150] Rieß, in LR, § 153 Rdnr. 5, 20 ff.
[151] BT/Drs. 7/550, 298; Kühne, Strafprozeßrecht, Rdnr. 295; Rieß, in LR, § 153, Rdnr. 1.

Auch im Rahmen des § 153a StPO kooperieren die Verfahrensbeteiligten. Der Tatverdächtige sagt die Erfüllung von Auflagen und Weisungen zu, zu denen er nicht gezwungen werden kann[152]. Im Gegenzug sehen Gericht und Staatsanwaltschaft vorläufig von der Erhebung der öffentlichen Klage ab bzw. stellen das Verfahren vorläufig ein. Voraussetzung für die Einstellung nach § 153a StPO ist in jedem Fall das Einverständnis sämtlicher Verfahrensbeteiligter. Denn sie können nicht gezwungen werden, dem Procedere nach § 153a StPO zuzustimmen.

c. Einstellung nach § 153b StPO

Nach § 153 b StPO kann auf die Anklageerhebung verzichtet werden, wenn die Voraussetzungen vorliegen, unter denen das Gericht von Strafe absehen könnte. Von einer Strafe absehen kann das Gericht zum Beispiel nach § 60 StGB, wenn die Folgen der Straftat, die den Täter selbst getroffen haben, so schwer sind, dass die Verhängung einer Strafe offensichtlich verfehlt wäre. Zahlreiche Einzelvorschriften des Strafgesetzbuches, die es erlauben, wegen tätiger Reue oder sonstiger Schuldminderungsgründe von einer Strafe abzusehen, gehören ebenso dazu[153], z.B. § 83a StGB (tätige Reue bei Hochverrat), § 84 Abs. 4 StGB (geringe Schuld bei Beteiligung am Fortführen einer für verfassungswidrig erklärten Partei), § 85 Abs. 3 StGB (geringe Schuld bei Beteiligung am Verstoß gegen das Versammlungsgebot), § 86 Abs. 4 StGB (geringe Schuld bei Verbreiten von Propagandamitteln verfassungswidriger Organisationen), § 129 Abs. 5 und 6 StGB (geringe Schuld bei der Beteiligung an einer kriminellen Vereinigung und geringe Schuld bei deren Bildung bzw. tätige Reue), § 174 Abs. 4 StGB (geringes Unrecht der Tat bei sexuellem Missbrauch von Schutzbefohlenen).

d. Parallelen zu Absprachen in der Hauptverhandlung

Ein Vorgehen nach den §§ 153 ff. StPO erfordert, zumindest nach Einleitung des gerichtlichen Verfahrens, die Übereinstimmung zwischen Gericht, Staatsanwaltschaft und Angeklagtem. Um diese Übereinkunft zu erreichen, muss zuvor eine Kontaktaufnahme und eine Abgleichung der jeweiligen Standpunkte erfolgen. Es entsteht dann eine der Absprache vergleichbare Austauschbeziehung[154]. Im Rahmen der §§ 153 ff. StPO verzichtet der Angeschuldigte bzw. der Angeklagte auf ein Verfahren, das für ihn mit einem Freispruch enden könnte, und erfüllt nach § 153a StPO zusätzlich noch Auflagen oder Weisungen, um z.B. Schaden wiedergutzumachen. Im Gegenzug sieht die Staatsanwaltschaft und das Gericht von der Strafverfolgung ab und verzichtet auf die Durchsetzung des öffentlichen Strafanspruchs.
Zur Absprache in der Hauptverhandlung besteht insoweit eine Parallele[155], als dieses Verhältnis von Leistung und Gegenleistung den Konsens zwischen den Verfahrensbeteiligten voraussetzt[156].

---

[152] BGHSt 28, 69; Köhler, Strafrecht AT, III 2.
[153] Pfeiffer / Fischer, StPO, § 153 b, Rdnr. 1; Rieß, in LR, § 153 b, Rdnr. 3.
[154] Sinner, Der Vertragsgedanke im Strafprozeßrecht, S. 144.
[155] BGHSt 43, 195 ff. = NJW 1998, S. 86; Böttcher, Thesen 58. DJT, L 25 f; Schmidt-Hieber, NJW 1982, S. 1018; Tscherwinka, Absprachen im Strafprozeß, S. 51 ff.
[156] Dencker / Hamm, Der Vergleich, S. 103 f; Siolek, Verständigung in der Hauptverhandlung, S. 84.

2. Privatklageverfahren

Eine weitere Ausnahme vom absoluten Strafverfolgungszwang bildet § 374 StPO[157]. Das Privatklageverfahren kann herangezogen werden, um zu belegen, dass es in der StPO bereits Regelungen zumindest teilweise konsensualer Verfahrensformen gibt. Bei den in § 374 Abs. 1 StPO abschließend aufgezählten Delikten, den sogenannten Privatklagedelikten, z.B. Hausfriedensbruch, Beleidigung, Verletzung des Briefgeheimnis etc., kann an die Stelle der öffentlichen Klage des Staatsanwaltes die private Klage des Verletzten treten[158]. Das Verfahren dient unter anderem dem Schutz und der Einbeziehung des Verletzten[159]. Denn primär klageberechtigt ist der Verletzte bzw. dessen gesetzlicher Vertreter, § 374 Abs. 1 StPO. Für den Fall, dass der Verletzte verstorben ist, sind dessen Familienangehörige bzw. dessen Dienstvorgesetzter klageberechtigt.

Der Privatkläger kann auch nach Eröffnung des Hauptverfahrens, selbst noch in der Revisionsinstanz[160], die Klage zurücknehmen, § 391 StPO. Nach Beginn der Vernehmung des Angeklagten zur Sache in der Hauptverhandlung bedarf die Klagerücknahme gemäß § 391 Abs. 1 Satz 2 StPO allerdings der Zustimmung des Angeklagten. Grundsätzlich geht dann nämlich das möglicherweise vorhandene Interesse des Angeklagten, in öffentlicher Verhandlung von dem Tatvorwurf befreit zu werden, vor[161]. Damit ähnelt das Verfahren einem Parteiverfahren[162].

Anders als im Offizialverfahren ist somit beim Privatklageverfahren eine Verfügung der Parteien über den Prozessgegenstand möglich. Da das Gericht jedoch den der Urteilsfindung zugrundeliegenden Tatsachenstoff selbst ermitteln muss und nicht die Verhandlungsmaxime des Zivilprozesses gilt, handelt es sich beim Privatklageverfahren nicht um ein echtes Parteiverfahren[163].

Obwohl ein Vergleich[164] zwischen den Verfahrensbeteiligten im Gesetz nicht als Beendigungsgrund erwähnt ist, kommt er in der Praxis nicht selten vor[165]. Allgemein vertretene Ansicht dazu ist, dass ein Vergleichsschluss über die Klagerücknahme zulässig ist[166]. Der Vergleich wird in der Regel einerseits die Rücknahme der Privatklage enthalten, andererseits wird er eine Einigung über die Schadensregulierung oder eine Ehrenerklärung sowie eine Vereinbarung über die Kosten beinhalten[167]. Auch der formlose außergerichtliche Vergleich (also nicht nur der vor einer staatlichen Vergleichsbehörde abgeschlossene Vergleich) ist vom Gericht zu beachten

---

157 Schmidt-Hieber, Verständigung im Strafverfahren, Rdnr. 72.
158 Pelchen, in Karlsruher Kommentar, Vorbem. zu § 374, Rdnr. 3; Pfeiffer / Fischer, StPO, Vorbem. § 374, Rdnr. 1 ff.; Ranft, Strafprozeßrecht, Rdnr. 2419.
159 Roxin, Strafverfahrensrecht, § 61 A, Rdnr. 2.
160 Hellmann, Strafprozeßrecht, Teil VI, § 1 Rdnr. 6; Roxin, Strafverfahrensrecht, § 61 F, Rdnr. 22.
161 Ranft, Strafprozeßrecht, Rdnr. 2450.
162 Roxin, Strafverfahrensrecht, § 61 A, Rdnr. 2.
163 Roxin, Strafverfahrensrecht, § 61 A, Rdnr. 2.
164 Der Terminus „Vergleich" ist an dieser Stelle problematisch, da er einen bestimmten rechtlichen Gehalt hat, der hier nicht gegeben ist. Er wird jedoch in der Literatur in diesem Zusammenhang benutzt, weswegen er auch hier verwandt wird.
165 Kühne, Strafprozeßrecht, Rdnr. 120; Roxin, Strafverfahrensrecht, § 61 F, Rdnr. 23.
166 Kleinknecht / Meyer-Goßner, StPO § 391 Rdnr. 1; Pelchen, Karlsruher Kommentar, § 391, Rdnr. 3; Peters, Strafprozeß, S. 579; Roxin, Strafverfahrensrecht, § 61 F, Rdnr. 23; Schlüchter, Das Strafverfahren, Rdnr. 828; Wendisch, in LR, § 391, Rdnr. 14.
167 Roxin, Strafverfahrensrecht, § 61 F, Rdnr. 23; Schmidt-Hieber, Verständigung im Strafverfahren , Rdnr. 204.

und muss zur Einstellung des Verfahrens führen, wenn er dem Gericht nachgewiesen wird[168]. Damit haben die Verfahrensbeteiligten, ähnlich wie bei Absprachen in der Hauptverhandlung, die Möglichkeit, das Verfahren vorzeitig einvernehmlich zu beenden[169].

3. Nebenklage

Die Regelung der Nebenklage in den §§ 395 – 402 StPO ist ein weiterer Beleg für das Vorhandensein konsensualer Elemente in der Strafprozessordnung und widerlegt damit das Argument der grundsätzlichen Unvereinbarkeit von einvernehmlichen Lösungswegen mit dem Wesen des deutschen Strafverfahrens. Die Nebenklage ermöglicht demjenigen, der durch eine Straftat verletzt wurde, neben der Staatsanwaltschaft prozessuale Rechte wahrzunehmen[170]. Ihm wird eine aktive Beteiligung am Verfahren eingeräumt, um ihm als Opfer einer Straftat Genugtuung zu verschaffen, aber auch um die Staatsanwaltschaft kontrollieren zu können[171].

Als Nebenkläger kommen in Frage Verletzte einer Straftat gegen die sexuelle Selbstbestimmung, einer Beleidigung, wegen Körperverletzung und gegen die persönliche Freiheit, der durch einen Mord- oder Totschlagsversuch Verletzte, aber auch derjenige, der ein Klageerzwingungsverfahren erfolgreich durchgeführt hat, nahe Angehörige eines Getöteten und die in den Fällen der §§ 90, 90b StGB verletzten Amtsträger. Außerdem kommt jeder in Betracht, der nach § 374 Abs. 1 Nr. 7 und 8 StPO Privatklageberechtigter ist, § 395 Abs. 2 Nr. 3 StPO.

Auch für das Nebenklageverfahren ist anerkannt, dass der Nebenkläger sich mit dem Angeklagten darüber einigen kann, dass er auf sein Strafantragsrecht verzichtet und seine Anschlusserklärung oder seinen Strafantrag zurücknimmt[172]. Ein Vergleich im Nebenklageverfahren wird üblicherweise ebenfalls Regelungen zur Schadenswiedergutmachung, Ehrenerklärung oder Rücknahme von Behauptungen enthalten[173].

---

[168] KG, NJW 1960, S. 2207; Roxin, Strafverfahrensrecht, § 61 F, Rdnr. 23; Wendisch, in LR, § 391, Rdnr. 27.

[169] Siolek, Verständigung in der Hauptverhandlung, S. 84.

[170] Pelchen, in Karlsruher Kommentar, Vorbem. zu § 395, Rdnr. 1 ff.; Ranft, Strafprozeßrecht, Rdnr. 2456.

[171] Beulke, Strafprozeßrecht, Rdnr. 593; Fabricius, NStZ 1994, S. 257, 260; Hellmann, Strafprozeßrecht, Teil VI § 1, Rdnr. 8; Roxin, Strafverfahrensrecht, § 62 A, Rdnr. 1.

[172] Dahs, Handbuch des Strafverteidigers, Rdnr. 955; Kleinknecht / Meyer-Goßner, StPO, vor § 395, Rdnr. 13; Pelchen, Karlsuher Kommentar, vor § 395, Rdnr. 6; Schmidt-Hieber, Verständigung im Strafverfahren, Rdnr. 207.

[173] Schmidt-Hieber, Verständigung im Strafverfahren, Rdnr. 207.

4. Kronzeugenregelung und § 31 BtMG

Durch das Gesetz zur Änderung des Strafgesetzbuches, der Strafprozessordnung und des Versammlungsgesetzes und zur Einführung einer Kronzeugenregelung bei terroristischen Straftaten[174] wurde mit Art. 4 des Gesetzes die sogenannte Kronzeugenregelung eingeführt und durch das Verbrechensbekämpfungsgesetz[175] auf bestimmte Bereiche der Organisierten Kriminalität erweitert. Das Gesetz war bis Ende 1999 befristet[176]. In den durch das Gesetz bestimmten Fällen konnte danach entweder durch die Staatsanwaltschaft oder das Gericht von Strafe abgesehen werden bzw. das Gericht konnte die Strafe nach seinem Ermessen mildern.

Die Kronzeugenregelung war geprägt durch ein gegenseitiges Geben und Nehmen, der Beschuldigte offenbart seine Kenntnisse und erhält im Gegenzug Straffreiheit oder –milderung. Insoweit ist die Regelung mit der Verständigungssituation vergleichbar[177], zumal der Beschuldigte bzw. der Angeklagte auch hier in Vorleistung zu treten hat.

Die sogenannte „kleine" Kronzeugenregelung[178] enthält § 261 Abs. 10 StGB. Danach kann das Gericht die Strafe für die Geldwäsche gem. § 49 Abs. 2 StGB nach seinem Ermessen mildern oder von Strafe für diese Tat absehen, wenn der Täter durch freiwillige Offenbarung seines Wissens wesentlich dazu beigetragen hat, dass die Tat über seinen eigenen Tatbeitrag hinaus oder eine Katalogtat iSv. § 261 Abs. 1 StGB aufgedeckt werden konnte.

Zwei weitere Regelungen, die eine Verständigung zwischen dem Beschuldigten bzw. Angeklagten und der Justiz voraussetzen, sind in § 31 und § 31a BtMG enthalten. Wenn der Täter willentlich zur Aufklärung der Tat über seinen eigenen Beitrag hinaus oder zur Verhinderung von Straftaten nach den §§ 29 Abs. 3, 29a Abs. 1, 30 Abs. 1, 30a Abs. 1 BtMG beiträgt, kann das Gericht gemäß § 31 BtMG die Strafe nach seinem Ermessen mildern oder von einer Bestrafung nach § 29 Abs. 1, 2, 4 oder 6 BtMG absehen[179]. Gemäß § 31 a BtMG können die Staatsanwaltschaft im Ermittlungsverfahren sowie nach Anklageerhebung das Gericht mit Zustimmung der Staatsanwaltschaft und grundsätzlich auch des Angeschuldigten von der Verfolgung eines Vergehens nach § 29 Abs. 1, 2 oder 4 BtMG absehen, wenn die Schuld des Täters gering ist, kein öffentliches Interesse an der Strafverfolgung besteht und es sich lediglich um geringe Mengen eines Betäubungsmittels zum Eigenverbrauch handelt.

Während § 31a BtMG dem § 153 StPO ähnelt, gleicht § 31 BtMG der Kronzeugenregelung. Zumindest bei § 31 BtMG eröffnet der Gesetzgeber die Möglichkeit, ein Entgegenkommen des Beschuldigten bzw. Angeklagten durch eine mildere Strafe zu honorieren. Dies ist mit dem Prototyp der Absprache, bei der im Gegenzug zu einem Geständnis eine mildere Strafe angekündigt wird, vergleichbar.

---

174 Gesetz vom 09.06.1989, BGBl. I, S. 1059.
175 Gesetz vom 28.10.1994, BGBl. I, S. 3186.
176 Siehe BGBl. I von 1996, S. 58.
177 Hassemer / Hippler, StV 1986, S. 363; Siolek, Verständigung in der Hauptverhandlung, S. 85.
178 Stree, Schönke / Schröder, § 261, Rdnr. 26.
179 Körner, BtMG, § 31, Rdnr. 3.

5. Strafbefehlsverfahren

Auch im Rahmen des Strafbefehlsverfahrens können die Verfahrensbeteiligten Übereinstimmung über den Verfahrensfortgang erzielen, weshalb es als Beispiel für die grundsätzliche Vereinbarkeit von konsensorientierten Lösungen mit der Strafprozessordnung herangezogen werden. Bei dem in den §§ 407 ff. StPO normierten Strafbefehlsverfahren handelt es sich um ein schriftliches, summarisches Verfahren, das für die Ahndung von leichteren und mittleren Vergehen vorgesehen ist[180]. Während ursprünglich nur Geldstrafen und verschiedene Nebenstrafen und –folgen verhängt werden durften, kann aufgrund des durch das Rechtspflegeentlastungsgesetz vom 11.01.1993 eingefügten § 407 Abs. 2 Satz 2 StPO nunmehr auch eine Freiheitsstrafe bis zu einem Jahr festgesetzt werden, wenn der Angeschuldigte einen Verteidiger hat und die Vollstreckung zur Bewährung ausgesetzt wird[181]. 1997 wurde in etwa 43 % der amtsgerichtlichen Strafverfahren im Land Berlin der Antrag auf Erlass eines Strafbefehls gestellt[182]. Somit kommt dem Strafbefehlsverfahren in der Praxis große Bedeutung zu.

Staatsanwalt und Verteidiger können sich im Rahmen eines Kontaktgespräches darüber einigen, dass ein Ermittlungsverfahren nicht im Wege der Anklageerhebung, sondern durch einen Strafbefehlsantrag abgeschlossen werden soll[183]. Die Richtlinien für das Strafverfahren und das Bußgeldverfahren[184] gehen offensichtlich von einer solchen Kontaktaufnahme zwischen der Staatsanwaltschaft und dem Beschuldigten bzw. dessen Verteidiger aus. Andernfalls wäre die Regelung der Nr. 175 Abs. 3 RiStBV nicht erklärbar, wonach ein Strafbefehl nicht beantragt werden soll, wenn ein Einspruch des Beschuldigten zu erwarten ist. Dies kann der Staatsanwalt jedoch in der Regel nur abschätzen, wenn er zuvor mit dem Beschuldigten Kontakt aufgenommen hat. Eine Abklärung zwischen der Staatsanwaltschaft und dem Beschuldigten über das weitere Vorgehen wird danach also vorausgesetzt.

Für die Justiz birgt ein solches Vorgehen – ähnlich wie bei in der Hauptverhandlung getroffenen Absprachen – den Vorteil der Verfahrensbeschleunigung und -vereinfachung. Der Beschuldigte kann der Durchführung einer Hauptverhandlung aus dem Wege gehen. Die Beteiligten können sich aber nicht nur über das „ob" eines Strafbefehlsverfahrens einigen, sondern auch über den Inhalt. Die Beteiligten können sich über die im Strafbefehl festzusetzende Strafe einigen und im Gegenzug den Verzicht auf einen Einspruch vereinbaren. Oft wird der Strafbefehl auch als Gegenleistung für ein abgelegtes Geständnis ergehen[185] oder im Falle der Ablegung eines Geständnisses eine Strafermäßigung gewährt.

Damit stellt das Strafbefehlsverfahren eine Ausnahme von dem Grundsatz dar, dass eine Kriminalstrafe nur aufgrund einer mündlichen Verhandlung verhängt werden darf[186]. Gegen dieses summarische Verfahren wird eingewandt, dass die Strafen vorschnell und ohne hinreichendes rechtliches Gehör ausgesprochen würden und dass

---

[180] BT-Drs. 10/1313, S. 13; BVerfGE 3, 248, 253 = NJW 1954, S. 69; BGHSt 29, 305, 307; Kleinknecht / Meyer-Goßner, StPO, Vorbem. § 407, Rdnr. 1; Schäfer, in LR, Einl., Kap. 7, Rdnr. 5; Meurer, JuS 1987, 882.

[181] Fezer, ZStW 106 (1994), S. 16; Roxin, Strafverfahrensrecht, § 66 A, Rdnr. 1.

[182] ABl. Berlin vom 3.7.1998 Nr. 34, S. 2545.

[183] Schmidt-Hieber, Verständigung im Strafverfahren, Rdnr. 74.

[184] Kleinknecht / Meyer-Goßner, StPO, Anhang A/4.

[185] Schmidt-Hieber, Verständigung im Strafverfahren, Rdnr. 83.

[186] Roxin, Strafverfahrensrecht, § 66 A, Rdnr. 1.

dem Beschuldigten der Ernst seiner Tat nicht genügend zu Bewusstsein gebracht werde[187]. Angesichts der großen Anzahl bagatellarischer Straftaten ist das Strafbefehlsverfahren jedoch unentbehrlich[188]. Gegen die Art von Absprachen, die oft mit dem Strafbefehlserlass in Zusammenhang stehen, bestehen deshalb kaum Bedenken in der Literatur. Überwiegend wird das Strafbefehlsverfahren als konsensorientiertes Verfahren angesehen[189]. Solche Verständigungen werden nicht nur für statthaft, sondern sogar für typische Beispiele einer sinnvollen verfahrensfördernden und vereinfachenden Kooperation gehalten[190]. Im Strafbefehlsverfahren sind Absprachen schlicht Normalität[191].

6. Beschleunigtes Verfahren, §§ 417 ff. StPO

Konsensuale Elemente weist auch das beschleunigte Verfahren auf. Dabei handelt es sich um eine besondere Verfahrensart, die es ermöglichen soll, in geeigneten Fällen zu einer schnellen Erledigung zu gelangen. Die Neuregelung der §§ 417 ff. StPO ist durch das Verbrechensbekämpfungsgesetz vom 28.10.1994[192] eingeführt worden und ersetzt die bisherigen §§ 212 – 212b StPO. Ziel der Neuregelung war, eine rasche Aburteilung minder schwerer Straftaten zu ermöglichen, um die Justiz zu entlasten[193].

Die Erleichterungen in der Hauptverhandlung nach §§ 420 ff. StPO sind die wesentlichen Punkte, in denen sich das reformierte beschleunigte Verfahren von dem früheren der §§ 212 ff. StPO unterscheidet[194]. Insbesondere die Beweisaufnahme wird vereinfacht[195]. Nach § 420 Abs. 4 StPO ist der Strafrichter an die in §§ 244 Abs. 3 und 4 und 245 StPO geregelten Gründe zur Ablehnung eines Beweisantrages nicht gebunden. Insbesondere gilt das Verbot der Vorwegnahme der Beweiswürdigung nicht[196]. Beweisanträge dürfen daher auch mit der Begründung abgelehnt werden, das Gegenteil der Beweistatsache sei bereits erwiesen und das beantragte Beweismittel nicht geeignet, die Überzeugung des Gerichtes zu erschüttern. § 420 Abs. 2 StPO enthält zudem eine Regelung, die ein Einverständnis des Angeklagten, des Verteidigers und der Staatsanwaltschaft, soweit sie in der Hauptverhandlung anwesend sind, verlangt, um nach § 420 Abs. 1 und 2 StPO von dem Gebot der Verwertung des sachnächsten Beweismittels abzuweichen. Vor allem das Prinzip der persönlichen Vernehmung des § 250 StPO kann mit der Zustimmung des Angeklagten eingeschränkt werden. Die Vernehmung von Zeugen, Sachverständigen oder Mitbeschuldigten kann durch Verlesung von Niederschriften über eine frühere Vernehmung sowie von Urkunden, die eine von ihnen stammende schriftliche Äußerung enthalten, ersetzt werden[197]. Kritisiert wird, dass damit eine erhebliche Einschränkung

---

[187] Roxin, Strafverfahrensrecht, § 66 A, Rdnr. 2; Schmidt-Hieber, NJW 1982, S. 1020.
[188] Roxin, Strafverfahrensrecht, § 66 A, Rdnr. 1 f.
[189] Dahs, Handbuch des Strafverteidigers, Rdnr. 960; Rönnau, Die Absprache im Strafprozeß, S. 134; Weigend, JZ 1990, S. 774.
[190] Schmidt-Hieber, Verständigung im Strafverfahren, Rdnr. 75; Schünemann, in Absprache, Symposium Triberg 1986, S. 141.
[191] Tscherwinka, Absprachen im Strafprozeß, S. 51 ff, mit weiteren Nachweisen.
[192] BGBl. I S. 3186.
[193] BT-Drs. 12/6853 S. 34 f.
[194] Kleinknecht / Meyer-Goßner, StPO, vor § 417, Rdnr. 2.
[195] Hellmann, Strafprozeßrecht, Teil VI, § 2, Rdnr. 2, 8; Pfeiffer / Fischer, StPO, § 420, Rdnr. 1.
[196] Kleinknecht / Meyer-Goßner, StPO, § 420, Rdnr. 10 i.V.m. § 384, Rdnr. 14.
[197] Ranft, Strafprozeßrecht, Rdnr. 2337.

der Rechte und Verteidigungsmöglichkeiten des Beschuldigten einhergehe und dass der Beschuldigte gar nicht überblicken kann, auf was er sich einlässt, wenn er der Verlesung zustimmt[198]. Außerdem eröffne die notwendige Zustimmung zu der vereinfachten Beweiserhebung neue Möglichkeiten eines „Deals" zwischen den Verfahrensbeteiligten[199]. Gleichzeitig birgt das beschleunigte Verfahren jedoch die Möglichkeit in sich, einerseits die Ressourcen der überlasteten Justiz zu schonen und für die intensivere Bekämpfung schwererer Kriminalität freizusetzen, andererseits ein für den Beschuldigten als Belastung empfundenes Strafverfahren schnell hinter sich zu bringen[200].

Voraussetzung für diese Verfahrensvereinfachung ist jedenfalls die Erzielung eines Konsenses zwischen Gericht, Staatsanwaltschaft und Angeklagtem, so zu verfahren. Denn der Angeklagte kann durch Einlegung eines Rechtsmittels den Übergang zum normalen Verfahren, das ohne die Erleichterungen in der Hauptverhandlung der §§ 420 ff. durchzuführen wäre, einleiten. Damit ist auch das beschleunigte Verfahren eine in der Strafprozessordnung niedergelegte Regelung, die ein einvernehmliches Zusammenwirken der Beteiligten erfordert.

IV. Zwischenergebnis

Es ist deutlich geworden, dass eine konsensorientierte Lösung im Strafverfahren dem deutschen Strafprozess tatsächlich gar nicht so fremd ist[201], wie oft behauptet. So soll die Strafprozessordnung den „Keim für das Entstehen eines Verhandlungselementes in der Strafrechtspflege" schon in ihrer ersten Fassung selbst gelegt haben, indem sie die Möglichkeit des Strafbefehlsverfahrens und den inzwischen abgeschafften Strafverfügungen und Strafbescheiden Erledigungsformen einführte, die ein mindestens sukzessiv zustande gekommenes Einvernehmen mit dem Beschuldigten voraussetzten[202]. Das gegen die Zulässigkeit von Absprachen in die Diskussion gebrachte Argument, eine Verständigung zwischen den Prozessbeteiligten laufe dem gesamten System der Strafprozessordnung zuwider[203], ist deshalb nicht aufrechtzuerhalten. Das deutsche Strafprozessrecht ist durchaus nicht auf Konflikt ausgerichtet und lässt Raum für Verständigung und konsensuale Erledigung[204].

Das wird auch von den Gegnern von Absprachen grundsätzlich zugestanden. Sie behaupten aber, dass den gesetzlich geregelten Fällen, die ein Einverständnis zwischen den „Parteien" voraussetzen, vier Eckpunkte gemeinsam seien[205]. Deshalb seien konsensuale Verfahrenserledigungen auch nur im Rahmen dieser vier Charakteristika statthaft. Sobald eine Verständigungskommunikation außerhalb des so vorgegebenen Rahmens anzusiedeln sei, sei sie unzulässig.

---

198 Bandisch, StV 1994, S. 157; Hamm, StV 1994, 456 ff.; Loos / Radtke, NStZ 1996, S. 11; Neumann, StV 1994, S. 276; Ranft, Strafprozeßrecht, Rdnr. 2337; Scheffler, NJW 1994, S. 2191, 2195.
199 Hamm, StV 1994, S. 458.
200 Loos / Radtke, NStZ 1996, S. 12.
201 BGHSt 43, 195 ff. = NJW 1998, S. 86.
202 Dencker / Hamm, Der Vergleich, S. 103 f.
203 Ranft, Strafprozeßrecht, S. 269, m.w.N.
204 Weigend, JZ 1990, S. 774
205 Schünemann, Gutachten 58. DJT, B 66 f.

Der erste Punkt dieser vier Prinzipien sei der Entscheidungszwang, was bedeute, dass am Ende des Verfahrens immer eine Entscheidung des Gerichtes stehe[206]. Ein erzieltes Einverständnis der Beteiligten ersetze nicht die gerichtliche Entscheidung, sondern ermögliche sie lediglich. Das Gericht werde zudem nicht davon befreit, die gesetzlichen Voraussetzungen der jeweils anzuwendenden Vorschrift zu prüfen. In der Tat ist all den oben angesprochenen Konstellationen gemeinsam ist, dass das Verfahren nur durch eine Entscheidung des Gerichtes bzw. in den Fällen der §§ 153 Abs. 1, 153a Abs. 1 StPO der Staatsanwaltschaft beendet wird. Das spricht aber nicht gegen die Statthaftigkeit von Absprachen. Denn auch Strafverfahren, in denen Absprachen getroffen werden, werden durch eine gerichtliche Entscheidung beendet, da die Absprache keineswegs das Urteil oder einen verfahrensbeendenden Beschluss ersetzt.

Der zweite Punkt sei der der Einseitigkeit[207], worunter verstanden wird, dass die jeweiligen Erklärungen der Prozessbeteiligten zwar kumulativ vorliegen müssen, in ihrem Inhalt aber einseitig und unabhängig voneinander sind. Es handele sich nie um vertragsähnliche Vereinbarungen.

§ 251 StPO beispielsweise verlange, dass jeder der Prozessbeteiligten einer Verlesung eines Protokolls zustimmen müsse. Erforderlich sei allein das additive Vorliegen der einzelnen Erklärungen, ohne dass die eine von der anderen abhängig sei. Zum Teil trifft das auf die gesetzlich vorgesehenen Fälle des Vorliegens von Einvernehmlichkeit zwischen den Prozessbeteiligten zu, zum Teil jedoch nicht. Während man bei einer Zustimmung zur Verfahrenseinstellung nach den §§ 153 ff. StPO durchaus behaupten kann, dass die einzelnen Zustimmungserklärungen nicht voneinander abhängen, gilt dies bei der Kronzeugenregelung nicht. Wenn der Kronzeuge zur Aufklärung der Tat beiträgt, dann nur in Abhängigkeit von der ihm zuvor zugesagten Verfahrenseinstellung. Beides steht im Verhältnis eines gegenseitigen Gebens und Nehmens zueinander und weist insoweit Ähnlichkeiten mit einem Vertrag auf. Auch im Falle des Strafbefehles wird der Angeklagte nur dann davon Abstand nehmen, gegen den Strafbefehl Einspruch einzulegen, wenn ihm die auferlegte Strafe vertretbar erscheint. Fühlt er sich ungerecht behandelt, wird er Einspruch einlegen. Insofern besteht auch dort eine Abhängigkeit der jeweiligen Erklärungen bzw. Handlungen der Prozessbeteiligten.

Als dritter Eckpfeiler wird der Verfügungscharakter genannt[208], weil die in der Strafprozessordnung geregelten Erklärungen bestehende rechtliche Hindernisse für eine bestimmte Verfahrensweise unmittelbar beseitigen und nicht lediglich die Verpflichtung begründen, eine Rechtswirkung durch zukünftige weitere Erklärungen herbeizuführen. Damit werde ein wesentlicher Unterschied zum Zivilrecht unterstrichen. Bei einem Kaufvertrag wird getrennt zwischen einerseits der schuldrechtlichen Verpflichtung, einen Gegenstand zu übereignen, und andererseits der tatsächlichen Verfügung, der Übereignung des Kaufgegenstandes, sogenanntes Abstraktionsprinzip. Dies gelte im Strafprozess grundsätzlich nicht.

---

[206] Schünemann, Gutachten 58. DJT, B 66 f.
[207] Schünemann, Gutachten 58. DJT, B 66 f.
[208] Schünemann, Gutachten 58. DJT, B 66 f.

Allerdings lässt sich im Falle einer Einstellung gegen Auflagen gemäß § 153a StPO durchaus unterscheiden zwischen einerseits der Zustimmung des Beschuldigten zu einer Einstellung gegen Auflagen und der Verpflichtung, die Auflage zu erfüllen, und andererseits der tatsächlichen Erfüllung der Auflage, damit das Verfahren gegen ihn endgültig eingestellt werden kann. Auch bei der Kronzeugenregelung ist allein die Erklärung des Beschuldigten, er werde zur Aufklärung terroristischer Straftaten beitragen, nicht ausreichend. Vielmehr muss dieser Erklärung noch die Tat folgen, d.h. er muss tatsächlich zur Aufklärung beitragen. Auch hier kann man zwischen einem verpflichtenden und einem verfügendem Element differenzieren. Das Merkmal „Verfügungscharakter" ist deshalb ebenfalls nicht allen gesetzlichen Regelungen konsensualer Erledigungsformen gemeinsam.

Der vierte Punkt schließlich, der die geregelten Fälle von Übereinkunft zwischen den Verfahrensbeteiligten kennzeichnen soll, ist der der Koppelungslosigkeit[209]. Zwischen verschiedenen prozessualen Positionen finde kein Austausch statt, sondern das Verhältnis sei gesetzlich eindimensional definiert. So sei z.B. das Anerbieten einer Leistung gem. § 265 a StPO nicht mehr und nicht weniger als eine Voraussetzung für das vorläufige Absehen von einem Auflagenbeschluss des Gerichtes gem. § 56 b Abs. 3 StGB. In der Zivilprozessrechtslehre seien solche verpflichtenden Koppelungsgeschäfte in der Kategorie „Prozessverträge" zwischenzeitlich trotz der öffentlich-rechtlichen Natur des Prozessrechtes anerkannt. Dies jedoch nur insoweit, als sie dispositives Prozessrecht berühren. Daraus soll abzuleiten sein, dass auch im Strafverfahren eine Selbstverpflichtung nur in dem Umfang wirksam sein könne, in dem nicht nur über einzelne Prozesshandlungen, sondern über den Prozessgegenstand insgesamt verfügt werden könne[210]. Ein Beispiel sei das Privatklageverfahren, in dem der Verletzte anerkanntermaßen im Rahmen eines verpflichtenden Koppelungsvertrages wirksam die Nichtverfolgung seiner prozessualen Rechte versprechen könne. Schünemann selbst nennt jedoch bereits eine Ausnahme zu der von ihm aufgestellten Prämisse der Koppelungslosigkeit [211], nämlich das Strafbefehlsverfahren. Legt ein Beschuldigter gegen einen Strafbefehl keinen Einspruch ein, so lässt er eine Straffestsetzung rechtskräftig werden, die nur auf einem durch die Ermittlungsakten begründeten hinreichenden Tatverdacht beruht. Der Beschuldigte kann in diesem Fall also auf die Ermittlung der materiellen Wahrheit verzichten, ohne über den Prozessgegenstand verfügungsbefugt zu sein. Gleiches gilt für die Kronzeugenregelung oder § 31 BtMG: trotz fehlender Dispositionsbefugnis des Beschuldigten über den staatlichen Strafanspruch bzw. der Justizorgane über die Auffindung der materiellen Wahrheit kann der Beschuldigte durch Ablegung eines Geständnisses die Ermittlungs- und Aufklärungstätigkeit der Justizorgane erheblich reduzieren. Damit bleibt festzuhalten, dass den gesetzlich vorgesehenen Fällen einer konsensorientierten Lösung im Strafprozess nur eines gemeinsam ist: Am Ende steht immer die gerichtliche Entscheidung. Die Beteiligten können niemals allein durch den erzielten Konsens das Verfahren beenden. Dieser Gesichtspunkt ist jedoch genauso für Absprachen im Strafverfahren kennzeichnend. Die Prozessbeteiligten können sich absprechen, das Verfahren beenden kann jedoch allein das Gericht, in der Regel durch ein Urteil. Angesichts dieser Parallele ist festzustellen, dass Absprachen im Strafverfahren sich durchaus in das System des deutschen Strafverfahrensrechtes einfügen. Sie sind keineswegs systemfremd, wie so oft unterstellt.

---

[209] Schünemann, Gutachten 58. DJT, B 66 f.
[210] Schünemann, Gutachten 58. DJT, B 66 f.
[211] Schünemann, Gutachten 58. DJT, B 69.

4. Teil
Zulässigkeit von Absprachen unter Berücksichtigung der wesentlichen Verfahrensgrundsätze der Strafprozessordnung

A. Tendenzen

I. Die Strömungen in der Literatur

Die zahlreichen Veröffentlichungen und Stellungnahmen zur Zulässigkeit der Absprache im deutschen Strafverfahren lassen sich in zwei Lager teilen. Auf der einen Seite stehen die Kritiker, die überwiegend der Rechtswissenschaft zuzuordnen sind, auf der anderen Seite die Befürworter, bei denen es sich zumeist um Praktiker handelt. Im Hinblick auf die Vorzüge von Absprachen für die professionellen Beteiligten erstaunt es nicht, dass sie es sind, die Absprachen grundsätzlich nicht ablehnend gegenüber stehen[212]. Der erste, der Absprachen im deutschen Strafprozess für zulässig erklärt hat, war Schmidt-Hieber[213]. Sein Argument ist dabei, dass Absprachen jedenfalls nicht verboten seien. Andere Autoren knüpfen zur Begründung der Zulässigkeit von Absprachen an eine Reihe von strafprozessualen Vorschriften, wie z.B. § 265 a und §§ 153 ff. StPO, aber auch § 303 oder § 266 StPO an[214]. Zum Teil wird auch argumentiert, dass Absprachen nur zulässig seien, sofern bestimmte Grundsätze beachtet werden[215]. Die Kritiker der Absprachepraxis begründen ihre Skepsis mit der drohenden Verletzung der geltenden Prozessrechtsmaximen[216] und einer Unvereinbarkeit mit dem deutschen Prozessmodell. Insbesondere Verstöße gegen die richterliche Aufklärungspflicht, das Legalitätsprinzip, die Unschuldsvermutung und den Grundsatz des schuldangemessenen Strafens, sowie eine Verletzung des § 136a StPO werden moniert.

II. Die Rechtsprechung

Die Rechtsprechung hat sich inzwischen schon mehrfach mit Absprachen beschäftigt, sich den im Schrifttum vorhandenen Bedenken gegen die Zulässigkeit von Absprachen jedoch im Ergebnis nicht angeschlossen.

1. Das Bundesverfassungsgericht

Der Beschluss des Bundesverfassungsgerichtes vom 27.01.1987[217] war die erste höchstrichterliche Entscheidung zu Verständigungen im Strafverfahren. Das Bundesverfassungsgericht hat eine inhaltsbezogene Verständigung über Ergebnisse eines Strafverfahrens nicht für grundsätzlich und generell unzulässig erachtet. Die Grenzen der Zulässigkeit ergeben sich für das Bundesverfassungsgericht aus den Grundsätzen und den Vorschriften des geltenden Straf- und Strafprozessrechtes. Prüfungsmaßstab für solche Vereinbarungen sei in erster Linie das Recht des Ange-

---

212 Janke, Verständigung und Absprachen, S. 89.
213 Schmidt-Hieber, NJW 1982, S. 1017, 1021.
214 Haas, NJW 1988, S. 1345 ff.; Cramer, in FS für Rebmann, S. 145 ff.
215 Böttcher/Dahs/Widmaier, NStZ 1983, S. 375 ff.; Gallandi, MDR 1987, S. 801.
216 Baumann, NStZ 1987, S. 157; Günter, DRiZ 1989, S. 151; Hassemer, JuS 1989, S. 892; Küpper / Bode, Jura 1999, S. 351 ff., 393 ff.; Nestler-Tremel, DRiZ 1988, S. 288; Schünemann, Gutachten 58. DJT; Seier, JZ 1988, S. 683; Siolek, DRiZ 1989, S. 321.
217 BVerfG, NJW 1987, S. 2662 = NStZ 1987, S. 419.

klagten auf ein faires, rechtsstaatliches Verfahren. Dabei stellt das Bundesverfassungsgericht, was die wesentlichen Bestandteile der Rechtsstaatlichkeit angeht, auf die Idee der Gerechtigkeit, an der sich die Strafrechtspflege messen lassen müsse, das Gebot einer funktionstüchtigen Strafrechtspflege sowie den Anspruch aller Beschuldigten auf Gleichbehandlung ab. Das Gericht betont in diesem Zusammenhang, dass das zentrale Anliegen des Strafprozesses die Ermittlung des wahren Sachverhaltes sei, ohne die das materielle Strafrecht nicht verwirklicht werden könne. Der Erforschung der materiellen Wahrheit seien Gericht und Staatsanwaltschaft gleichermaßen verpflichtet, denn nur so könne eine Entscheidung über Schuld oder Nichtschuld getroffen werden.

Aus diesen Grundsätzen folgt nach Ansicht des Bundesverfassungsgerichtes jedoch nicht, dass eine Verständigung zwischen dem Gericht und den anderen Verfahrensbeteiligten verboten sei. Zu beachten sei dabei, dass die richterliche Aufklärungspflicht, die rechtliche Subsumtion und die Grundsätze der Strafbemessung in einer Hauptverhandlung nicht zur Disposition der Verfahrensbeteiligten oder des Gerichtes gestellt würden. Weder dürften Gericht und Staatsanwaltschaft sich auf einen „Vergleich im Gewandes des Urteiles" noch auf einen „Handel mit der Gerechtigkeit" einlassen. Insbesondere dürfe eine geständnisbedingte Strafmilderung den Boden schuldangemessenen Strafens nicht verlassen. Ein Hinweis auf die Beweislage oder die positiven Folgen eines Geständnisses hat das Bundesverfassungsgericht jedoch für zulässig erachtet, sofern der Stand der Hauptverhandlung eine sachliche Grundlage dafür hergäbe und der Schutz der Willensentschließungs- und -betätigungsfreiheit des Angeklagten im Sinne des § 136a StPO gewährleistet sei.

In dem der Entscheidung zugrundeliegenden Sachverhalt war aus Sicht des Bundesverfassungsgerichtes kein Verstoß gegen die vorgenannten Grundsätze erkennbar. Die Beweisaufnahme sei nicht vernachlässigt worden, da die Beweisaufnahme kurz vor ihrem Abschluss gestanden habe. Die Höhe der in Rede stehenden Strafe habe im Bereich des Schuldangemessenen gelegen. Auch die Willensentschließungsfreiheit des Angeklagten sei nicht beeinträchtigt worden, zumal er die Verständigung angeregt hatte. Da das Geständnis in der Hauptverhandlung abgelegt worden sei, seien auch die Grundsätze der Öffentlichkeit und der Unmittelbarkeit nicht verletzt worden. Denn die dem Geständnis vorausgehende Verständigung sei gerade nicht als Urteilsgrundlage herangezogen worden. Mit seinem Beschluss hat das Bundesverfassungsgericht erste Richtlinien festgelegt, die bei Absprachen im Strafverfahren zu beachten sind. Viele Gesichtspunkte sind jedoch unberücksichtigt, viele Fragen unbeantwortet geblieben. Deshalb wird diese bisher einzige Entscheidung des Bundesverfassungsgerichtes im Schrifttum auch unterschiedlich und nicht selten im Sinne der Bestätigung der jeweils selbst vertretenen Position gedeutet[218]. Eine generelle Unzulässigkeit von Urteilsabsprachen lässt sich mit dem Verfassungsrecht jedoch nicht begründen.

218 Rieß, in LR, Einl. Abschn. G, Rdnr. 65.

2. Der Bundesgerichtshof

Die Rechtsprechung des Bundesgerichtshofes hat sich bereits mehrfach mit Absprachen im Strafverfahren befasst. Zunächst wurde die Zulässigkeit von solchen Verständigungen zurückhaltend beurteilt[219]. Die Entscheidungen des Bundesgerichtshofes betreffen in erheblichem Umfang die Frage der Befangenheit des an der Absprache beteiligten Richters[220]. Andere Entscheidungen behandeln das Problem der Offenlegung der Absprache in der Hauptverhandlung[221] oder das Erfordernis eines Hinweises durch das Gericht für den Fall des Abrückens von der Absprache[222]. Für den Fall einer gescheiterten Absprache hat der BGH entschieden, dass die Nichteinhaltung einer Zusage der Staatsanwaltschaft, eine Tat nach § 154 StPO einzustellen, als Strafmilderungsgrund zu berücksichtigen sei[223]. Die Frage der Verwertbarkeit von Geständnissen aufgrund von Absprachen hat die Rechtsprechung in der Tendenz bejaht[224].

In einer Grundsatzentscheidung hat der Bundesgerichtshof[225] nunmehr die grundsätzliche Zulässigkeit von inhaltsbezogenen Vereinbarungen bejaht, zugleich aber präzise und begrenzende Anforderungen an Inhalt und Verfahrensweise gestellt. Danach ist inhaltlich eine Absprache nur dergestalt zulässig, dass das Gericht für den Fall eines Geständnisses eine Strafmilderung in Aussicht stellt und hierbei eine Sanktionsobergrenze benennt, die es nicht überschreiten werde. Der BGH betont, dass die schuldangemessene Strafe hierbei nicht unterschritten werden dürfe. Das Geständnis könne jedoch strafmildernd berücksichtigt werden, selbst wenn es auf einer Absprache beruhe. Die Absprache müsse in verfahrensmäßiger Hinsicht nach Beratung des gesamten Gerichtes in der Hauptverhandlung erfolgen bzw. offengelegt werden.

Eine solche Verständigung habe grundsätzlich Bindungswirkung, die nur entfalle, wenn nach der Verständigung schwerwiegende neue Tatsachen zutage treten, die eine andere Entscheidung erforderten. Ein eventueller Rechtsmittelverzicht dürfe nicht Gegenstand der Absprache sein. Damit hat der Bundesgerichtshof die grundsätzliche Zulässigkeit von Absprachen bejaht. Der Rahmen, innerhalb dessen solch inhaltsbezogene Verständigungen zulässig sind, ergibt sich aus den einzelnen Verfahrensprinzipien der Strafprozessordnung.

---

[219] BGHSt 37, 298 = NStZ 1991, S. 346 = StV 1991, S. 303 mit Anmerkungen Wieder; dazu Böttcher / Widmaier, JR 1991, S. 353; BGHSt, NStZ 1994, S. 196.
[220] BGHSt 37, 99; BGHSt 37, 298; BGHSt 42, 191; BGH wistra 1992, S. 222.
[221] BGHSt 38, 102, 104=NStZ 1992, S. 139.
[222] BGHSt 36, 210, 214=NStZ 1989, S. 438.
[223] BGHSt 37, 10=NStZ 1990, S. 399.
[224] BGHSt 38, 102, 104; BGHSt 42, 191, 193; BGHSt NStZ 1997, S. 561.
[225] BGHSt 43, 195 = NJW 1998, S. 86 = JR 1998, S. 245 mit Anmerkungen Kintzi; Stellungnahme dazu Rönnau, wistra 1998, S. 49 ff.

B. Die einzelnen Prinzipien

I. Das Legalitätsprinzip

Die Gegner der Verständigungspraxis begründen ihre Zweifel an der Zulässigkeit von Absprachen zumeist mit einer Verletzung des Legalitätsprinzips[226]. Durch Vereinbarungen zwischen den Prozessbeteiligten würde der Verfolgungs- und Anklagezwang verwässert[227]. Es wird sogar geäußert, dass es sich kaum lohne, in diesem Zusammenhang über das Legalitätsprinzip zu reden, da der Vergleich auf Konsens beruhe und nicht das Gesetz seine eigentliche Basis sei[228], das Legalitätsprinzip also faktisch umgangen werde.

Um die Absprachen in ein Verhältnis zu diesem tragenden Grundsatz des deutschen Strafverfahrens zu setzen, müssen zunächst der Inhalt und die Begründung sowie die bestehenden Einschränkungen des Legalitätsprinzips dargestellt werden. In einem weiteren Schritt ist herauszuarbeiten, ob das Legalitätsprinzip tatsächlich durch die Absprache berührt werden kann, wenn man berücksichtigt, worin der eigentliche Sinn und Zweck des Legalitätsprinzips besteht.

1. Inhalt und Reichweite

Das Legalitätsprinzip ist als Grundsatz der Strafverfolgung in den §§ 152 Abs. 2, 160, 170 StPO niedergelegt. Danach ist die Staatsanwaltschaft verpflichtet, Ermittlungen aufzunehmen, wenn ein Tatverdacht besteht[229]. Über § 163 Abs. 1 StPO gilt dieser Grundsatz auch für die Polizei[230]. Damit wird er zum tragenden Grundsatz des Vorverfahrens.

Inwieweit das Legalitätsprinzip dann für die Hauptverhandlung fortgilt, ist weitgehend ungeklärt. Teilweise wird die Beteiligung der Staatsanwaltschaft am gerichtlichen Verfahren nach der Klageerhebung als prozessuale Aufgabe eigener Art bezeichnet, die nicht mehr Teil des Legalitätsprinzips sei[231]. Jedenfalls soll das Legalitätsprinzip das weitere Prozessverhalten der Staatsanwaltschaft zumindest mittelbar beeinflussen[232]. Diese mittelbare Wirkung des Legalitätsprinzips ist vor dem Hintergrund, dass die Staatsanwaltschaft als Beteiligte des Hauptverfahrens auf deren Gang erheblichen Einfluss nehmen kann, indem sie z.B. einer Einstellung des Verfahrens zustimmen muss, einzig sinnvoll, um das Legalitätsprinzip zu vervollständigen und um ihm umfassende Geltung zu verschaffen[233]. Das Legalitätsprinzip wird als das Gegenstück des Opportunitätsprinzips gewertet[234], das die Entscheidung zwischen

---

[226] Callies, NJW 1989, S. 1341; Dencker / Hamm, Der Vergleich, S. 101; Koch, ZRP 1990, S. 250; Ranft, Strafprozeßrecht, S. 274.

[227] Hassemer, JuS 1989, S. 892; Nestler-Tremel, KJ 1989, S. 451; Siolek, DRiZ 1989, S. 25; Zuck, MDR 1990, S. 19.

[228] Dencker / Hamm, Der Vergleich, S. 52.

[229] BVerfG NStZ 1982, S. 430; Geppert, Jura 1982, S. 139, 142 f; Kleinknecht / Meyer-Goßner, StPO, § 152, Rdnr. 2; Rieß, in LR, § 152, Rdnr. 8; Roxin, Strafverfahrensrecht, § 14 Rdnr. 1; Schmidt-Jortzig, NJW 1989, S. 130; Schoreit, in Karlsruher Kommentar, § 152, Rdnr. 2.

[230] Geppert, Jura 1982, S. 139, 140 f; Hellmann, Strafprozeßrecht, 1. Teil, § 1 IV Rdnr. 17; Rieß, in LR, § 152, Rdnr. 13; Schoreit, in Karlsruher Kommentar, § 152, Rdnr. 18.

[231] Schoreit, in Karlsruher Kommentar, § 152, Rdnr. 6; Strate, StV 1985, S. 338.

[232] Kleinknecht, Bruns-FS, 476; Kleinknecht / Meyer-Goßner, StPO, § 152, Rdnr. 2.

[233] Geppert, GA 1979, S. 300; Gössel, Strafverfahrensrecht, S. 116.

[234] Rieß, in LR, § 152, Rdnr. 9; Roxin, Strafverfahrensrecht, S. 78.

Verfahrenseinstellung und Anklageerhebung nach Opportunitätsgesichtspunkten zulässt.

2. Herleitung und Begründung

Zur Begründung und Legitimation des Legalitätsprinzips werden sehr unterschiedliche Auffassungen vertreten. Insbesondere für die Verfechter absoluter Straftheorien ist es die notwendige Konsequenz der staatlichen Strafdrohung[235]. Jedes Delikt bedürfe einer Strafe - nullum crimen sine poena. Es wird auch als zwingendes Korrelat zum Anklagemonopol gesehen[236]. Wenn der Staat einerseits Privatrache und Fehde verbiete, erwachse ihm daraus als Kehrseite die Pflicht, selbst für den Schutz seiner Bürger Sorge zu tragen[237]. Andernfalls könnten die Opfer sich im Stich gelassen fühlen und ihr Verlangen nach Wiedergutmachung doch selbst in die Hände nehmen wollen. Teilweise wird das Legalitätsprinzip mit der verfassungsrechtlichen Gesetzesbindung jeder hoheitlichen Tätigkeit, insbesondere aber solch einschneidender wie der Verhängung von Freiheitsstrafen, begründet[238].

Die heute überwiegende Auffassung ist, dass das Legalitätsprinzip Garant von Gerechtigkeit ohne Ansehen der Person sei. Es stellt nach Ansicht des Bundesverfassungsgerichtes „eine Aktualisierung des Willkürverbotes als eines allgemeinen Rechtsgrundsatzes des Grundgesetzes" dar[239]. Mit ihm sollen die Grundsätze der Gleichheit vor dem Gesetz, Art. 3 Abs. 1 GG, und der Gerechtigkeit im Rahmen des Möglichen verwirklicht werden[240]. Nur bei bestehender Verfolgungspflicht soll eine einheitliche Handhabung gewährleistet[241] und so eine Gleichbehandlung aller Straftäter möglich sein. Jede Straftat soll abgeurteilt werden, ohne dass die Person des Täters und seine soziale Stellung eine Rolle spielen, und zugleich soll das Vertrauen der Bürger in eine unparteiliche und sachliche Rechtspflege gesichert werden[242]. Gleichzeitig kommt dem Legalitätsprinzip dabei eine rechtsfriedensichernde Funktion zu, und es ist Ausdruck der staatlichen Verpflichtung, eine funktionstüchtige Strafrechtspflege zu gewährleisten[243].

Seinen Ursprung hat das Legalitätsprinzip in der Vergeltungstheorie als absoluter Straftheorie[244]. Jede Tat müsse vergolten werden, um der Gerechtigkeit zum Sieg zu verhelfen[245]. Nach der absoluten Vergeltungstheorie wäre jedwede Einschränkung des Verfolgungszwanges unmöglich[246].

---

235 Nachweise bei Rieß, in LR, § 152, Rdnr. 12; vgl. auch Maurach/Zipf, AT 1, S. 63 ff.; Jeutter, Sinn und Grenzen des Legalitätsprinzips, S. 13 ff.
236 BGHSt 15, 155, 159; Schäfer, in LR, Einl. Kap. 13, Rdnr. 13.
237 Eser, ZStW 104, S. 361, 363; Jeutter, Sinn und Grenzen des Legalitätsprinzips, S. 37.
238 Roxin, Strafverfahrensrecht, § 14 I.
239 BVerfG NStZ 1982, S. 430.
240 Eckl, ZRP 1973, S. 139.
241 Eser, ZStW 104, S. 367.
242 Rönnau, Die Absprache im Strafprozeß, S. 112.
243 Rieß, NStZ 1981, S. 5; Roxin, Strafverfahrensrecht, § 14 A, Rdnr. 1 f; Ulrich, ZRP 1982, S. 169.
244 Roxin, Strafverfahrensrecht, S. 65; Maurach / Zipf, AT, S. 63 ff., m.w.N.
245 Vgl. dazu Zipf, in Festschrift für Peters, 1974, S. 487, 495.
246 Rönnau, Die Absprache im Strafprozeß, S. 110.

Diese absolute Vergeltungstheorie ist heutzutage jedoch abgelöst durch general- und spezialpräventive Auffassungen, die die Bestrafung an ihre gesellschaftliche Notwendigkeit und Zweckmäßigkeit knüpfen[247]. Insofern ist die heute geltende Bedeutung und Reichweite des Legalitätsprinzips umstritten. Denn das Legalitätsprinzip ist kein Selbstzweck und muss nicht wegen einer prinzipientreuen Durchsetzung von Prozessrechtsnormen aufrechterhalten werden. Es steht vielmehr im Dienste einer bestmöglichen Verwirklichung der Strafrechtspflege[248].

Indem sich jedoch die Grundvorstellungen über Sinn und Zweck von Strafe geändert haben, hat sich auch der Inhalt des Legalitätsprinzips geändert. Ohne den Absolutheitsanspruch der Vergeltungstheorie ist eine vollständige und lückenlose Ausnahmslosigkeit des Legalitätsprinzips in seiner ursprünglichen Fassung nicht mehr durchzuhalten[249]. Berücksichtigt werden müssen auch die tatsächlichen Gegebenheiten, insbesondere die vorhandenen Ressourcen der Justiz, denen eine steigende Zahl von Strafverfahren gegenübersteht. Ein absolutes Legalitätsprinzip führte jedoch notwendig zu einer Kollision zwischen dem Verfolgungsinteresse und der begrenzten Kapazität[250].

3. Die Durchbrechung des Legalitätsprinzips

Uneingeschränkt gilt das Legalitätsprinzip heute nur noch hinsichtlich der Verfahrenseinleitung. Das Gesetz eröffnet zahlreiche Möglichkeiten der Verfahrensbeendigung aus Opportunitätsgründen. Eine Anklagezwang besteht demnach nicht[251]. Dabei hat sich die Erkenntnis durchgesetzt, dass ein absolutes Legalitätsprinzip der Strafrechtspflege nicht dienlich sei, jedenfalls aber nicht zu realisieren[252].

a. Die faktische Durchbrechung des Legalitätsprinzips

Faktisch ist die Durchsetzung des Legalitätsprinzips dort eingeschränkt, wo es zu einer Arbeitsüberlastung der Justiz kommt. So führen pragmatische und kriminaltaktische Erwägungen dazu, dass sowohl die Polizei als auch die Staatsanwaltschaft angesichts begrenzter personeller Ressourcen gegenüber einer steigenden Geschäftsbelastung den Ermittlungsaufwand abhängig von der Schwere des Deliktes, den Erfolgserwartungen und dem Aufklärungsaufwand dosieren[253]. Gerechtfertigt werden diese in der Verfahrenswirklichkeit zustande kommenden faktischen Einschränkungen der Durchsetzung des Legalitätsprinzips mit der Kollision mit anderen Verfassungsgütern[254]. Zu diesen gehören unter anderem auch die Strafrechtspflege

---

247 Jeutter, Sinn und Grenzen des Legalitätsprinzips im Strafverfahren, 1976; Rieß, NStZ 1981, S. 2, 4; Weigend, Anklagepflicht, S. 63 ff.

248 Hassemer, JuS 1989, S. 892; Rönnau, Die Absprache im Strafprozeß, S. 109; Schünemann, Gutachten 58. DJT, B 91.

249 Tscherwinka, Absprachen im Strafprozeß, S. 125.

250 Schünemann, Gutachten 58. DJT, B 90.

251 Hellmann, Strafprozeßrecht, Teil II, Rdnr. 18.

252 Schmidt-Jortzig, NJW 1989, S. 131; Zipf, in: Ist das Legalitätsprinzip noch zeitgemäß?, S. 34.

253 Gerlach, Absprachen im Strafverfahren, S. 56; Rieß, in LR, § 152, Rdnr. 40; Schmidt-Jortzig, NJW 1989, S. 133.

254 Roxin, Strafverfahrensrecht, § 14 A, Rdnr. 2.

und die Verbrechensbekämpfung als wichtige Elemente eines Rechtsstaates[255]. Dabei hat dann zwischen den kollidierenden Verfassungsgütern eine Abwägung zu erfolgen nach dem Prinzip des schonendsten Ausgleichs, sogenannte praktische Konkordanz. Eine funktionierende Strafrechtspflege, wie sie in einem Rechtsstaat existieren muss, ist heutzutage nur noch um den Preis selektiver Strafverfolgung zu haben[256]. Deshalb sind vom Legalitätsprinzip Abstriche zu machen.

b. Die gesetzliche Durchbrechung des Legalitätsprinzips

Neben faktischen Einschränkungen gibt es die gesetzlich geregelten Ausnahmen vom Legalitätsprinzip, die bereits im Wortlaut des § 152 Abs. 2 StPO angelegt sind, als es dort heißt „soweit nicht gesetzlich ein anderes bestimmt ist". An die Stelle der Verfolgungspflicht tritt dann eine Opportunitätsentscheidung, ob trotz hinreichendem Tatverdacht die Strafverfolgung einzustellen ist oder nicht. Es handelt sich dabei jedoch nicht um eine Ermessensentscheidung im Sinne eines echten Wahlrechtes zwischen Verfolgung und Nichtverfolgung, sondern um Rechtsanwendung[257]. Denn die Möglichkeit der Nichtverfolgung ist, zumindest im Regelfall, von der Bejahung unbestimmter Rechtsbegriffe, wie z.B. geringe Schuld oder fehlendes öffentliches Interesse, abhängig[258].

Zu diesen gesetzlich geregelten Ausnahmen vom Legalitätsprinzip gehören insbesondere die §§ 153 ff. StPO, aber zum Beispiel auch § 374 StPO (Vergehen, die im Wege der Privatklage verfolgt werden können), da hier bei Vorliegen der gesetzlichen Voraussetzungen entgegen der grundsätzlichen Verfolgungspflicht, auf die Ahndung von Straftaten oder Teilen einer Tat verzichtet werden kann.

Während ursprünglich die Zahl der Abweichungen vom Legalitätsprinzip gering war, hat der Gesetzgeber diese bis zum heutigen Zeitpunkt laufend erweitert. Angesichts der wachsenden Zahl neugeschaffener Straftatbestände sollen die Justizorgane vor einer Überflutung mit Fällen der kleinen und mittleren Kriminalität bewahrt werden.

4. Funktionstüchtigkeit der Rechtspflege

Da das Legalitätsprinzip insbesondere unter dem Gebot der Funktionstüchtigkeit der Strafrechtspflege steht[259], kann dessen Zweck, den staatlichen Strafanspruch gleichmäßig und tat- und schuldangemessen durchzusetzen, am ehesten gewährleistet sein, wenn umfangreiche Verfolgungsmaßnahmen und unangemessene Belastungen des Beschuldigten dann hintenan gestellt werden, wenn diese Maßnahmen zu der Verfolgung des Zieles der Durchsetzung des staatlichen Strafanspruches außer Verhältnis stehen[260].

---

255 Schmidt-Jortzig, NJW 1989, S. 134.
256 Weigend, ZStW 109 (1997), S. 110 f.
257 Kleinknecht / Meyer-Goßner, StPO, § 152 Rdnr. 7; Schoreit, in Karlsruher Kommentar, § 152 Rdnr. 25.
258 Schlüchter, Das Strafverfahren, S. 406.1; Rieß, in LR, § 152, Rdnr. 50.
259 BVerfGE 49, 24, 54; 51, 324, 345.
260 Landau, DRiZ 1995, S. 134.

Unter dieser Prämisse stellen auch Absprachen zwischen den Prozessbeteiligten keine Verletzung des Legalitätsprinzips dar. Eine Verständigung in der Konstellation, dass ein Geständnis strafmildernde Berücksichtigung findet, berührt dessen Geltungsbereich gar nicht. Auch bei der Höhe der Strafe geht es nicht allein um den Grundsatz der Strafverfolgung. Lediglich Verständigungen, bei denen die Beteiligten auf Seiten der Justiz eine Einstellung der Strafverfolgung hinsichtlich einzelner Straftaten zusagen, tangieren das Legalitätsprinzip. Da bei dessen Umsetzung auch das Gebot der Funktionstüchtigkeit der Strafrechtspflege und der Erhalt des Rechtsfriedens zu beachten ist[261], ist es gerechtfertigt, zugunsten zumindest teilweiser Sanktionierung auf einen anderen Teil zu verzichten, wenn Gesichtspunkte der Effektivität und der begrenzten Kapazitäten dies gebieten. Dies ermöglichte ein ausgewogenes Verhältnis von Verfahrensinput und Sanktionierungsoutput[262]. Deshalb ist es der Funktionstüchtigkeit der Strafrechtspflege und der Sicherung des Rechtsfriedens dienlicher, wenn eine zügige Verurteilung erreicht wird.

In diesem Zusammenhang wird vertreten, die Ausermittlung aller Strafschärfungsmomente in einer Sache, die auf Kosten der Durchführung eines anderen Verfahrens ginge, würde das Ziel einer möglichst effektiven Durchsetzung des materiellen Strafrechtes wesentlich empfindlicher treffen[263]. Eine schnelle Verurteilung wegen 10 % eines Tatenkomplexes sei für die Verteidigung der Rechtsordnung förderlicher als jahrelange Ermittlungen und endlose Verfahren[264]. Unzulässig wegen Verstoßes gegen die dem Legalitätsprinzip innewohnende Erforschungspflicht sind Absprachen allein dann, wenn erfolgversprechende Aufklärungsmöglichkeiten, die keinen unverhältnismäßigen Aufwand verursachen, vorhanden sind[265]. Allerdings sind diejenigen Fälle, in denen eine vollständige Aufklärung des Sachverhaltes problemlos möglich ist, in der Regel nicht die, in denen Absprachen getroffen werden.

5. Das Legalitätsprinzip und das Gleichbehandlungsgebot

Vorstehende Ausführungen zur Reichweite des Legalitätsprinzips gelten im Hinblick auf die Funktionstüchtigkeit der Strafrechtspflege und der Sicherung des Rechtsfriedens. Durch den Grundsatz der Erforschungs- und Anklagepflicht soll jedoch zugleich gewährleistet werden, dass auch im Strafrecht der aus Art. 3 Abs. 1 GG folgende Gleichbehandlungssatz seine Wirkung entfalten kann. Weil im Bereich der Strafverfolgung besonders intensiv in die Rechtssphäre des einzelnen eingegriffen werden kann, muss Art. 3 Abs. 1 GG insbesondere im Strafrecht Beachtung finden[266].

---

[261] BVerfGE 49, 24, 54; 51, 324, 345.
[262] Schünemann, Gutachten 58. DJT, B 90.
[263] Schünemann, Gutachten 58. DJT, B 90.
[264] Baumann, NStZ 1987, S. 157.
[265] Schoreit, in Karlsruher Kommentar, § 152, Rdnr. 13 a.
[266] Gubelt, in von Münch / Kunig, Grundgesetz, Art. 3, Rdnr. 43.

a. Bedeutung des Gleichbehandlungsgebotes

Art. 3 Abs. 1 GG verlangt die Gleichheit vor dem Gesetz, die sogenannte Rechtsanwendungsgleichheit[267]. Der Gleichheitssatz verbietet, „wesentlich Gleiches willkürlich ungleich zu behandeln"[268]. Die Bürger sollen vor willkürlichen Benachteiligungen durch die Staatsgewalt geschützt werden[269].

Das Legalitätsprinzip scheint dabei in der Tat dem Bemühen um Rechtsanwendungsgleichheit zum Erfolg zu verhelfen, indem jeder, gegen den ein hinreichender Tatverdacht besteht, ohne Ansehen der Person vor den Richter gestellt wird[270]. Danach garantiert der Verfolgungszwang der Staatsanwaltschaft eine gleichmäßige Rechtsanwendung und die Gleichheit aller vor dem Gesetz[271].

Nach dieser Argumentation würde jede Durchbrechung des Legalitätsprinzips den Gleichbehandlungsgrundsatz mit der Folge einer Art „Zwei-Klassen-Justiz" verletzen. Dabei bliebe jedoch die eigentliche Bedeutung des aus Art. 3 Abs. 1 GG folgendem Gleichheitsgebot unberücksichtigt. Zwar beinhaltet Art. 3 Abs. 1 GG die Forderung, dass Gleiches gleich zu behandeln sei. Daraus folgt jedoch im Umkehrschluss auch, dass Ungleiches seiner Eigenart entsprechend verschieden zu behandeln ist[272]. Nur die Ungleichbehandlung von wesentlich Gleichem tangiert das Gleichheitsgebot des Art. 3 Abs. 1 GG. Verletzt ist der Gleichheitssatz erst dann, wenn sich keine vernünftigen Erwägungen finden lassen, die eine differenzierte Behandlung rechtfertigen, sich aus der Natur der Sache ergeben oder sonst wie einleuchtend sind[273]. Eine Ungleichbehandlung ist dagegen unter Umständen sogar geboten, wenn für die unterschiedliche Behandlung vernünftige Gründe bestehen[274].

Man muss deshalb differenzieren, ob es sich bei den Betroffenen überhaupt um Personen handelt, die im wesentlichen gleich sind. Diese Vergleichbarkeit bedarf eines gemeinsamen Oberbegriffes, unter den diese Personen fallen[275]. In einem zweiten Schritt ist dann zu prüfen, ob die Ungleichbehandlung dieser Personen, so sie unter denselben Oberbegriff fallen und deshalb als wesentlich gleich gelten, gerechtfertigt ist. Verfassungsrechtlich gerechtfertigt ist eine Ungleichbehandlung nur, wenn die Rechtsanwendung bei einer Würdigung der das Grundgesetz beherrschenden Gedanken verständlich ist und nicht auf sachfremden Erwägungen beruht[276].

---

267 Pieroth / Schlink, Grundrechte, Staatsrecht II, Rdnr. 471.
268 BVerfGE 49, 148, 165.
269 BVerfGE 22, 387.
270 Kohlhaas, GA 1956, S. 243; Willms, JZ 1954, S. 465.
271 Ulrich, ZRP 1982, S. 169.
272 BVerfGE 3, 58, 135 f; 18, 38, 46.
273 BVerfGE 10, 234, 246.
274 BVerGE 1, 52; 71, 271.
275 Pieroth / Schlink, Grundrechte, Staatsrecht II, Rdnr. 476.
276 BVerfGE 4, 1, 7; 18, 85, 96; 74, 102, 127.

b. Absprachen im Lichte des Gleichbehandlungsgebotes

Nach einer verbreiteten Ansicht verletzen Absprachen im Strafprozess das Gleichbehandlungsgebot[277]. Die Befürchtungen gründen sich darauf, dass im Straffolgenbereich unterschiedliche, willkürliche Vergünstigungen in Aussicht gestellt werden[278].

Bei Absprachen im Strafprozess ist eine Verletzung des Art. 3 Abs. 1 GG unter verschiedenen Gesichtspunkten denkbar. Einerseits könnte der Gleichheitssatz dadurch verletzt sein, dass die Absprachepraxis von den Gerichten unterschiedlich gehandhabt wird. Dabei sind folgende Konstellationen denkbar:

- Das Gericht am Ort X bemüht sich grundsätzlich um eine Absprache, das Gericht am Ort Y ist strikt gegen Absprachen.
- Die 1. Strafkammer eines Gerichtes ist grundsätzlich bereit, sich mit dem Angeklagten bzw. seinem Verteidiger zu verständigen, die 2. Strafkammer lehnt Absprachen grundsätzlich ab.
- Dieselbe Strafkammer verständigt sich in einem Verfahren mit dem Angeklagten, in einem anderen nicht.
- In ein und demselben Verfahren verständigt sich das Gericht mit einem Mitangeklagten, mit einem anderen nicht.

Außerdem ist denkbar, dass der Gleichheitssatz dadurch verletzt wird, dass Absprachen hauptsächlich bei besonderen Deliktstypen, insbesondere im Bereich der Wirtschaftskriminalität, vorkommen und die Täter in diesem Bereich möglicherweise überwiegend wohlhabend und einflussreich sind. So wird argumentiert, dass erst ein bestimmter Deliktstypus und eine bestimmte gesellschaftliche Position das Zustandekommen von Absprachen ermögliche[279].

Eine Verletzung des Gleichheitsgebotes wird zudem befürchtet, weil die Gerichte oder die Staatsanwaltschaft eher geneigt sind, mit Verteidigern, nicht jedoch mit den Angeklagten selbst Kontakt aufzunehmen, um Vereinbarungen zu treffen, weshalb diejenigen Angeklagten, denen kein Verteidiger zur Seite steht, benachteiligt sein könnten. In der Tat ergeben die von Hassemer/Hippler und Schünemann durchgeführten Untersuchungen, dass die Rechtsprechungsorgane in der Regel nur mit Verteidigern verhandeln[280].

Im Bereich der Verständigungspraxis kann es demnach vorkommen, dass die Möglichkeit, eine Absprache zu treffen, uneinheitlich wahrgenommen wird. Ob dies jedoch gegen Art. 3 Abs. 1 GG verstößt, ist zweifelhaft. Jeder Fall unterscheidet sich von dem anderen und jeder Täter ist anders als der andere. Es lassen sich deshalb zahlreiche Differenzierungskriterien denken, die eine Ungleichbehandlung rechtfertigen, möglicherweise sogar erfordern könnten[281]. So werden z.B. die kriminelle Energie der Täter, das Interesse des Opfers an der Strafverfolgung oder die Schwere des Deliktes sich von Fall zu Fall unterscheiden. Allein die Gemeinsamkeit des An-

---

[277] Deal, StV 1982, S. 549; Dencker / Hamm, Der Vergleich, S. 63; Küpper / Bode, Jura 1999, S. 357; Nestler-Tremel, DRiZ 1988, S. 291; Olters, DRiZ 1988, S. 52; Pfeiffer, ZRP 1990, S. 356; Ranft, Strafprozeßrecht, S. 276; Rönnau, Die Absprache im Strafprozeß, S. 206.

[278] Siolek, DRiZ 1989, S. 329.

[279] Olters, DRiZ 1988, S. 52; Schäfer, DRiZ 1988, S. 296; Siolek, DRiZ 1989, S. 329; Terhorst, DRiZ 1988, S. 297; Weigend, JZ 1990, S. 780.

[280] Hassemer / Hippler, StV 1986, S. 362; Schünemann, AnwBl. 1989, S. 500.

[281] Weigend, Anklagepflicht, S. 76 f.

geklagtseins zwingt nicht zu einer völlig gleichen Behandlung, da es als Kriterium zu allgemein ist, um zu gerechten Ergebnissen zu gelangen[282]. Es kommt daher im Einzelfall darauf an, ob der unterschiedlichen Behandlung sachgerechte Kriterien zugrunde liegen. Letztlich geht es ohnehin nicht darum, ob eine Absprache getroffen wurde oder nicht, was für sich genommen weder eine Begünstigung noch eine Benachteiligung darstellte, sondern um die mit der Absprache möglicherweise verbundenen Vorteile, wie z.B. eine mildere Strafe. Eine Verletzung des Gleichheitsgebotes könnte nur an dem Ergebnis des Verfahrens, insbesondere der Strafzumessung festgemacht werden.

Zu beachten ist jedoch, dass Art. 3 Abs. 1 GG nur einen Anspruch vermittelt, nicht willkürlich benachteiligt zu werden. Eine Gleichheit im Unrecht gibt es dagegen nicht. Ein Straftäter kann die eigene Straflosigkeit nicht deshalb verlangen, weil sie einem anderen möglicherweise gewährt wurde[283]. Dies gilt ebenso für die Höhe der Strafe. Ein Straftäter hat keinen Anspruch auf ein mildes Urteil, nur weil es einem anderen gewährt wurde. Genauso wenig gibt es ein subjektives Recht darauf, dass ein anderer entsprechend bestraft wird, weil man selbst bestraft wurde[284].

Dem Tatrichter in den Instanzgerichten verbleibt bei der Strafzumessung ein gewisser Strafzumessungsspielraum, nach der sogenannten Spielraumtheorie des Bundesgerichtshofes[285]. Das konkrete Strafmaß ist Sache des tatrichterlichen Ermessens, überprüft werden können deshalb nur Rechtsverstöße, z.B. das Zugrundelegen eines falschen Strafrahmens. Können keine Rechtsverstöße festgestellt werden, ist die Strafzumessung in der Regel nicht angreifbar. Allein, wenn es sich um einen erkennbar besonders groben Fehlgriff handelt, eine übermäßig hohe oder niedrige Strafe verhängt wurde und das Missverhältnis von Strafe und Schuld offensichtlich ist, gilt etwas anderes. Für die oben dargestellten Konstellation ergibt sich daher folgendes:

Wenn verschiedene Gerichte verschiedene Normen unterschiedlich auslegen oder eine verschiedene Strafpraxis entwickeln, verletzt das innerhalb des gesetzlichen Rahmens nicht das Gleichbehandlungsgebot[286]. Handelt es sich um zwei Strafkammern desselben Gerichtes, die eine voneinander abweichende Verständigungspraxis haben, gilt im Prinzip das Gleiche. Entscheidend ist allein, ob im Ergebnis die Strafzumessungskriterien eingehalten sind[287]. Die getroffene Entscheidung muss – mit oder ohne Absprache – nach den Umständen des Falles vertretbar sein und im Rahmen des Schuldangemessenen liegen[288]. Haben zum Beispiel zwei Angeklagte vor jeweils verschiedenen Strafkammern je ein Geständnis abgelegt, der eine im Rahmen einer Absprache, der andere, ohne dass es diesbezüglich eine Verständigung mit dem Gericht gab, kommt es für die Willkürfreiheit der gerichtlichen Entscheidung allein darauf an, wie das Gericht in der Urteilsbegründung das abgelegte Geständnis gewürdigt hat, ob die jeweiligen Strafzumessungskriterien eingehalten wurden und ob sich das gefällte Urteil im Rahmen des Schuldangemessenen bewegt[289].

282 Weigend, Anklagepflicht, S. 76 f.
283 BVerfGE 50, 142, 166; Gerlach, Absprachen im Strafverfahren, S. 93.
284 Herzog, in Maunz / Dürig, GG, Art. 3, Rdnr. 413 E.
285 BGHSt 7, 32; 20, 267; 24, 133; Stree, in Schönke / Schröder, StGB, § 46, Rdnr. 10.
286 BVerfGE 1, 332, 345 f; 19, 38, 47; Gerlach, Absprachen im Strafverfahren, S. 93.
287 Tscherwinka, Absprachen im Strafprozeß, S. 97.
288 BVerfG, NStZ 1987, S. 419.
289 Tscherwinka, Absprachen im Strafprozeß, S. 97.

Wenn in einem Verfahren mehrere Angeklagte wegen desselben Deliktes vor Gericht stehen, ist der Gleichheitssatz wieder nur dann verletzt, wenn die Ungleichbehandlung willkürlich ohne sachlichen Grund erfolgte. Der Bereich der Strafzumessung unterliegt jedoch subjektiven Wertungen, so dass in der Regel mehrere Auslegungen denkbar und möglich sind[290]. Eine willkürliche Ungleichbehandlung liegt nicht schon darin, dass eine frühzeitige Verständigung zu einer milderen Strafe führt als ein spätes, unter dem Druck von stark belastenden Beweisen abgelegtes Geständnis[291]. Ein frühes Geständnis kann durchaus von der Einsicht getragen sein, die auch sonst zu einer strafmildernden Berücksichtigung eines Geständnisses führt, obwohl es im Rahmen einer Verständigung abgelegt wird. Gerade ein aufgrund einer Absprache abgelegtes Geständnis kann zur Aufklärung des Sachverhaltes beitragen, den Verzicht auf Zeugen möglich machen, das Verfahren beschleunigen und der Wahrheitsfindung dienen und deshalb strafmildernd berücksichtigt werden.

Die Tatsache, dass in bestimmten Kriminalitätsbereichen kaum Absprachen getroffen werden, z.B. der Schwerstkriminalität und bei Kapitalverbrechen, findet seine Rechtfertigung in der Schwere des Deliktes. Ab einem bestimmten Grad krimineller Energie lehnen viele Gerichte eine Verständigung mit dem Täter ab. In solchen Fällen scheidet schon die Anwendung der §§ 153 ff. StPO oder der §§ 401 ff. StPO aus, da es sich nicht um Vergehen handelt. Da die Schwere des Deliktes ein sachlich nachzuvollziehender Grund für eine Ungleichbehandlung ist, scheidet eine Verletzung des Art. 3 Abs. 1 GG aus.

Eine rechtswidrige Ungleichbehandlung folgt zudem nicht daraus, dass die Justiz anscheinend lieber mit Verteidigern verhandelt als mit Angeklagten. Das Phänomen mag darin begründet sein, dass Absprachen im Strafprozess bisher noch immer mit dem Makel des Anrüchigen behaftet sind und Zweifel an der rechtlichen Zulässigkeit solcher Vereinbarungen bestanden. Sind diese Bedenken jedoch ausgeräumt und ein unbefangenerer Umgang mit Absprachen möglich, wird sich eine Bereitschaft der Justiz entwickeln, auch mit dem Angeklagten, dem kein Verteidiger zur Seite steht, zu verhandeln[292], sofern dies mit einem strafverfahrensrechtlich möglicherweise unerfahrenen Angeklagten überhaupt möglich ist. Andernfalls wären Vorschläge, wie der von Kauder[293], zu diskutieren, dass Angeklagten immer ein Verteidiger zu bestellen ist, damit mit diesem eine Verständigung erzielt werden könne.

6. Ergebnis

Festzuhalten bleibt, dass Absprachen im Strafverfahren nicht zwingend eine Verletzung des Legalitätsprinzips bedeuten. Soweit im Rahmen von Absprachen der staatliche Strafanspruch gegebenenfalls zügiger durchgesetzt werden kann, dient das dem Gebot der Funktionstüchtigkeit der Strafrechtspflege. Der dem Legalitätsprinzip innewohnenden Erforschungspflicht wird jedoch dann nicht Genüge getan, wenn Aufklärungsmöglichkeiten, die nicht aussichtslos und gleichzeitig keinen unverhältnismäßigen Aufwand verursachen würden, nicht genutzt werden. Das Gleichbehandlungsgebot, das Rechtsanwendungsgleichheit verlangt, wird nicht durch Absprachen tangiert.

---

290 Bruns, Strafzumessungsrecht, S. 87 ff.; Gerlach, Absprachen im Strafverfahren, S. 94; Siolek, DRiZ 1989, S. 329.
291 Tscherwinka, Absprachen im Strafprozeß, S. 97; a.A. aber Ranft, Strafprozeßrecht, S. 276.
292 Gerlach, Absprachen im Strafverfahren, S. 93.
293 Kauder, in Absprache, Symposium Triberg 1986, S. 106 f.

II. Der Untersuchungsgrundsatz

Im Zusammenhang mit der Diskussion um die Vereinbarkeit von Absprachen mit den Grundprinzipien des Strafprozesses wird die Verletzung der Instruktionsmaxime als das Kernproblem von Absprachen gesehen[294]. Ausgangspunkt ist die folgende Fallkonstellation: Die Verfahrensbeteiligten eines komplizierten Wirtschaftsstrafverfahrens setzen sich zu einem frühen Zeitpunkt zusammen, um eine Prozesserledigung abzusprechen. Vereinbart wird, dass der Angeklagte ein Geständnis ablegt, auf dessen Grundlage dann die Verurteilung erfolgt. Dem Angeklagten wird zugesagt, dass ein bestimmtes Strafmaß dabei nicht überschritten werde. Vorrangiges Ziel dieser Absprache ist damit, den Aufklärungsaufwand, insbesondere den Beweisführungsaufwand, zu reduzieren[295]. Ein weiterer Vorteil sei, dass oft gerade der Verzicht auf das genaue Ausleuchten sämtlicher Details die Gewährung eines spürbaren Strafrabattes ohne allzu schlechtes Gewissen ermögliche[296]. Für die Richter sei es schwerer, ein mildes Urteil gegenüber den Schöffen zu vertreten, nachdem z.B. die Opfer als Zeugen ihr Elend plastisch im Gerichtssaal ausgebreitet hätten.

1. Der Unterschied zum Zivilprozess

Das Strafverfahren dient dazu, festzustellen, ob gegen eine bestimmte Person ein staatlicher Strafanspruch entstanden ist und besteht[297]. Es bedarf dazu einer umfassenden Erforschung des Sachverhaltes[298]. Deshalb gilt im Strafprozess gem. §§ 150 Abs. 2, 244 Abs. 2 StPO der Untersuchungsgrundsatz. Anders als im Zivilprozess, in dem die Verhandlungs- und die Dispositionsmaxime herrschen und das Gericht nur über den von den Parteien unterbreiteten Sachverhalt entscheidet, ist das Gericht im Strafprozess nicht an Anträge und Erklärungen der Prozessbeteiligten gebunden. Es muss vielmehr die beweiserheblichen Tatsachen von Amts wegen ermitteln[299]. Das Gericht muss - selbst gegen den Willen der Staatsanwaltschaft - belastende, und - auch gegen den Willen des Angeklagten - entlastende Beweismöglichkeiten ausschöpfen, wenn bekannte Umstände es dazu drängen oder den Gebrauch zumindest nahelegen[300]. Während dem Zivilurteil die formelle Wahrheit zugrunde liegt, ist Gegenstand des Strafverfahrens die materielle Wahrheit[301]. Für die Prozessbeteiligten begründet die Amtsaufklärungspflicht gleichzeitig einen unverzichtbaren Anspruch darauf, dass die Beweisaufnahme auf alle Tatsachen und alle tauglichen und erlaubten Beweismittel erstreckt wird, die für eine Entscheidung von Bedeutung sind[302].

---

294 Braun, Die Absprache, S. 49 f; Dencker / Hamm, Der Vergleich, S. 53; Schünemann, Gutachten 58. DJT, B 80.

295 Braun, Die Absprache, S. 49; Dencker / Hamm, Der Vergleich, S, 53; Kremer, Absprachen zwischen Verfahrensbeteiligten, S. 110 ff.; Schünemann, Gutachten, 58. DJT, B 81.

296 Dencker / Hamm, Der Vergleich, S. 53.

297 Schäfer, in LR, StPO, Einl. Kap. 6, Rdnr. 7.

298 Rönnau, Die Absprache im Strafprozeß, S. 140.

299 Kleinknecht / Meyer-Goßner, StPO, § 244, Rdnr. 11; Roxin, Strafverfahrensrecht, § 15 A, Rdnr. 3 ff.; Schlüchter, Strafverfahren, Rdnr. 471.

300 Gollwitzer, in LR, StPO, § 244 Rdnr. 48; Herdegen, in Karlsruher Kommentar, StPO, § 244, Rdnr. 19; Kleinknecht / Meyer-Goßner, StPO, § 244, Rdnr. 12; Wessels, JuS 1969, 1, 6.

301 Hellman, Strafprozeßrecht, Teil IV, § 2, Rdnr. 38 f; Kremer, Absprachen zwischen Gericht und Verfahrensbeteiligten, S. 110.

302 BGHSt 1, 94, 96; BGHSt 32, 115, 124; Kleinknecht / Meyer-Goßner, StPO, § 244, Rdnr. 11; Kremer, Absprachen zwischen Gericht und Verfahrensbeteiligten, S. 111.

2. Inhalt und Bedeutung des Untersuchungsgrundsatzes

Die Ermittlung des wahren Sachverhaltes ist das zentrale Anliegen des Strafprozesses[303]. Sie dient der Sicherung von Gerechtigkeit im Strafverfahren. So hat das Bundesverfassungsgericht mehrfach das öffentliche Interesse an einer möglichst vollständigen Wahrheitsermittlung hervorgehoben und die Aufklärung schwerer Straftaten als wesentlichen Auftrag eines rechtsstaatlichen Gemeinwesens anerkannt[304]. Dabei handelt es sich einerseits um eine Ausprägung des Rechtsstaatsprinzips, andererseits dient die richterliche Aufklärungspflicht auch dem Schutz des Angeklagten vor einer ungerechtfertigten Verurteilung[305]. Da es sich bei diesem Grundsatz um den wesentlichen, das deutsche Strafprozessrecht charakterisierenden handelt, steht weder die Handhabung der richterlichen Aufklärungspflicht zur freien Disposition der Verfahrensbeteiligten[306] noch können die Prozessbeteiligten über den Prozessstoff verfügen[307].

Allerdings ist anerkannt, dass die Wahrheitserforschung nicht um jeden Preis zu erfolgen hat[308]. Ihr stehen rechtsstaatliche Grundsätze und die Beweisverbote, z.B. Aussageverweigerungsrechte, entgegen[309], so dass im Einzelfall eine Abwägung der einzelnen Rechtsgüter zu erfolgen hat und gegebenenfalls die Wahrheitserforschung zugunsten eines anderen schutzwürdigen Rechtsgutes einzuschränken ist. Teilweise wird sogar die Auffassung vertreten, dass das Ziel der materiellen Wahrheit praktisch unerreichbar sei und die Justiz überfordere[310]. Dem Verfahrensziel der materiellen Wahrheitsfindung stehe zunächst einmal die menschliche Unfähigkeit entgegen, sich überlagernde Wahrscheinlichkeitsgrade abzuschätzen; zudem würden Wahrscheinlichkeiten überschätzt. Auch die Abhängigkeit von sogenannten weichen Beweismitteln wie Zeugenaussagen führe dazu, dass die materielle Wahrheit oft nicht aufgeklärt werden können, da der Beweiswert von Zeugenaussagen sehr gering sei[311]. Die materielle Wahrheit sei zudem praktisch nicht erreichbar, weil Entscheidungsträger von getroffenen Vorentscheidungen nur schwer abweichen und die Berufsroutine zu bestimmten Feindbild-Akzentuierungen führe.

---

[303] BVerfGE 57, 250, 275; BVerfGE 63, 45, 61.
[304] BVerfGE 33, 367, 383, m.w.N.
[305] Siolek, Verständigung in der Hauptverhandlung, S. 114 f.
[306] BVerfG, NStZ 1987, S. 419.
[307] Gerlach, Absprachen im Strafverfahren, S. 60; Siolek, Verständigung in der Hauptverhandlung, S. 114 f.
[308] BGHSt, 14, 358, 365; 31, 304, 309; Braun, Die Absprache, S. 49ff.; Rönnau, Die Absprache im Strafprozeß, S. 142.
[309] Gollwitzer, in LR, StPO, § 244, Rdnr. 43; Pfeiffer, in Karlsruher Kommentar, StPO, Einl., Rdnr. 7; Rönnau, Die Absprache im Strafprozeß, S. 142; Schlüchter, Strafverfahren, Rdnr. 496; Wenner, Aufklärungspflicht, S. 42 ff.
[310] Schünemann, in Festschrift für Pfeiffer, 1988, S. 474 ff.
[311] Schünemann, in Festschrift für Pfeiffer, 1988, S. 474 ff.

3. Problemstellung im Zusammenhang mit Absprachen

a. Das Geständnis als Entscheidungsgrundlage

Der Verstoß gegen § 244 Abs. 2 StPO wird in der Unterlassung weiterer Sachaufklärung gesehen. Insbesondere auf die sogenannten „schlanken" Geständnisse, die knapp formuliert, vom Verteidiger verlesen und vom Angeklagten nur bestätigt würden, wird in diesem Zusammenhang verwiesen[312]. Unproblematisch seien allein die Absprachen, die nach Schuldspruchreife getroffen würden[313]. Zu diesem Zeitpunkt habe das Gericht sich bereits unter Ausschöpfung der Beweismittel seine Überzeugung von der Schuld des Angeklagten gebildet. Allerdings ist das nicht die typische Erscheinungsform der Absprache. Hat das Gericht sich bereits von der Schuld des Angeklagten überzeugen können, besteht keine Veranlassung mehr, eine Absprache zu treffen. Der wesentliche Vorteil von Verständigungen, die Verfahrensverkürzung, entfiele.

Vertreten wird, dass der Angeklagte, indem er sich auf eine Absprache einlasse, auf die auch seinem Schutz dienende vollständige Sachverhaltsaufklärung verzichte[314]. Erstens handelt es sich bei der Instruktionsmaxime jedoch um ein unverzichtbares, nicht zur Disposition der Verfahrensbeteiligten stehendes Element des Strafverfahrens und zweitens dient sie nicht allein dem Schutz des Angeklagten, sondern ist gleichzeitig eine Konkretisierung rechtsstaatlicher Grundsätze. Das Bundesverfassungsgericht hat wiederholt die unabweisbaren Bedürfnisse einer wirksamen Strafverfolgung anerkannt, dabei das öffentliche Interesse an einer möglichst vollständigen Wahrheitsermittlung hervorgehoben sowie die Aufklärung schwerer Straftaten als wesentlichen Auftrag eines rechtsstaatlichen Gemeinwesens bezeichnet[315]. Weder der Angeklagte noch die anderen Verfahrensbeteiligten können deshalb auf die Erforschung der Wahrheit verzichten. Ein Blick auf das Strafbefehlsverfahren und die §§ 153 ff. StPO zeigt jedoch, dass dort zumindest zum Teil der Untersuchungsgrundsatz nur sehr eingeschränkt zur Anwendung kommt. Die §§ 407 ff. StPO ermöglichen die Festsetzung der Strafe durch einen Strafbefehl ohne Hauptverhandlung und ohne Urteil. Für den Erlass des Strafbefehls genügt gem. § 408 Abs. 2 StPO hinreichender Tatverdacht. De facto entscheidet das Gericht also nach Aktenlage, ohne in einer Beweisaufnahme alle ihm zur Verfügung stehenden Beweismittel ausgeschöpft zu haben[316]. Auch §§ 153 ff. StPO ermöglichen eine Entscheidung nach Aktenlage, ohne dass zuvor alle Beweismittel ausgeschöpft wurden, wenn das Verfahren vor Eröffnung der Hauptverhandlung eingestellt wird. Diese Verfahrensarten weisen Parallelen zur Absprachepraxis insoweit auf, als zugunsten einer Verfahrensbeschleunigung auf vollständige Sachaufklärung verzichtet wird. Trotzdem lässt sich nach h.M. mit dieser Parallele das Abweichen vom Untersuchungsgrundsatz aufgrund der Absprachepraxis nicht rechtfertigen. Das Strafbefehlsverfahren sei nur für die gesetzlich normierten Fälle anwendbar und seine Ausgestaltung deshalb nicht ohne weiteres übertragbar[317]. Die §§ 153 ff., 154 ff. StPO griffen nicht derart in

---

[312] Gerlach, Absprachen im Strafverfahren, S. 60 ff.

[313] Braun, Die Absprache, S. 49; Kremer, Absprachen zwischen Gericht und Verfahrensbeteiligten, S. 111 f.

[314] Braun, Die Absprache, S. 50.

[315] BVerfGE 33, 367, 383.

[316] Braun, Die Absprache, S. 50.

[317] Braun, Die Absprache, S. 50; Siolek, Verständigung in der Hauptverhandlung, S. 117.

die Rechte des Beschuldigten ein wie ein Urteil, das am Ende einer Absprache stehe, und seien deshalb nicht mit der Absprache zu vergleichen[318].

Gegen die Annahme, dass Absprachen in der Hauptverhandlung die richterliche Aufklärungspflicht verletzen, spricht, dass es im normalen streitigen Verfahren grundsätzlich ebenso möglich ist, ein Geständnis zur wesentlichen Grundlage eines Urteiles zu machen[319]. Dies muss dann auch im Falle eines durch eine Absprache bestimmten Verfahrens gelten. Dagegen wird wiederum eingewandt, die auf Absprachen basierenden Geständnisse seien öfter falsch als im Normalfall, zumindest sei die Gefahr, dass ein falsches Geständnis abgelegt werde, erheblich größer[320]. Deswegen dürfe das Gericht sich nicht mit einem abgesprochenen Geständnis begnügen. Die Gerichte neigten jedoch dazu, nachdem es sie unter Umständen viel Mühe gekostet hat, den Angeklagten zur Abgabe eines Geständnisses zu bewegen, dieses ungeprüft dem Urteil zugrunde zu legen und die Beweisaufnahme abzuschließen[321]. Andere Beweismittel würden nicht oder nur unzureichend in die Beweiswürdigung einbezogen. Damit ersetze das abgesprochene Geständnis die Beweisaufnahme[322].

Die erste Prämisse dieser Argumentation muss in Frage gestellt werden. Die Behauptung, dass Geständnisse, die auf Absprachen beruhen, häufiger falsch seien und vermehrt Anlass zur Überprüfung gäben, als Geständnisse, denen keine Verständigung zwischen den Verfahrensbeteiligten vorausgegangen ist, ist unbewiesen und nicht einmal plausibel. Als Gründe, weswegen bei Absprachen verstärkt mit falschen Geständnissen zu rechnen sei, werden angeführt, der Wille, den wahren Täter zu decken, von weiteren zusätzlichen Straftaten abzulenken und ein Gefühl der Aussichtslosigkeit beim Angeklagten[323]. All diese Gründe können jedoch auch bei einem Angeklagten gegeben sein, der sich nicht mit dem Gericht verständigt hat. Festzuhalten bleibt, dass Geständnisse in ihrer Mehrzahl nicht falsch sind[324] und dies auch für Geständnisse, die auf einer Absprache beruhen, gilt.

Der zweite Gesichtspunkt der Argumentation, die in dem auf einem abgesprochenen Geständnis beruhenden Urteil eine Verletzung des Untersuchungsgrundsatzes sieht, betrifft den Umfang der Prüfungspflicht des Geständnisses durch das Gericht.

Teilweise wird die Auffassung vertreten, das Gericht erfülle seine Aufklärungspflicht nur dann, wenn es das Geständnis in jedem Einzelfall auf seinen Beweiswert kritisch überprüfe[325]. Eine weitere Beweisaufnahme erübrige sich nur, wenn an dem Wahrheitsgehalt des Geständnisses keinerlei Zweifel mehr bestehen. Grundsätzlich sei ein ausgehandeltes Geständnis als primäre oder gar alleinige Grundlage des in der Hauptverhandlung zu führenden Tatnachweises untauglich, weil ein derartiges Geständnis keinerlei Beweiswert besitze, da die Absprache den Beweiswert von vorn-

[318] Siolek, Verständigung in der Hauptverhandlung, S. 117.
[319] Rönnau, Die Absprache im Strafprozeß, S. 140 ff.
[320] Kremer, Absprachen zwischen Gericht und Verfahrensbeteiligten, S. 110 ff.; Schünemann, Gutachten, 58. DJT, B 81 f.
[321] Rönnau, Die Absprache im Strafprozeß, S. 146; Schünemann, NJW 1989, S. 1985, 1898; Siolek, DRiZ 1989, S. 321, 327.
[322] Kremer, Absprachen zwischen Gericht und Verfahrensbeteiligten, S. 110 ff.
[323] Kremer, Absprachen zwischen Gericht und Verfahrensbeteiligten, S. 110 ff.
[324] Peters, Fehlerquelle, Bd. II, S. 13; Rönnau, Die Absprache im Strafprozeß, S. 147, Fn. 2.
[325] Schünemann, Gutachten, 58. DJT., B 80 ff.

herein ruiniert habe[326]. Nur wenn das Geständnis von besonderer inhaltlicher Qualität sei, könne sich eine weitere Beweisaufnahme erübrigen. Die Auffassung, dass das Gericht im Normalfall seine Aufklärungspflicht erfülle, wenn es sich mit dem Geständnis begnüge[327], sei deswegen unrichtig[328].

Eine andere Ansicht stützt sich in erster Linie darauf, dass wahre Geständnisse und nicht falsche die Regel seien, weswegen ein Gericht das Geständnis nicht überprüfen müsse, wenn keine Anhaltspunkte vorlägen, die darauf hindeuteten, dass das Geständnis falsch sei[329]. In die gleiche Richtung geht das Argument, dass auch ein „schlankes" Geständnis glaubhaft sein kann[330].

Grundsätzlich, d.h. im „Normalverfahren", reicht die Aufklärungspflicht so weit, wie die Umstände, die bekannt sind oder aus den Akten und dem Verfahrensablauf bekannt sein müssen, das Gericht zum Gebrauch eines Beweismittels drängen oder den Gebrauch nahe legen[331].

Wenn nur die noch so entfernte Möglichkeit einer Änderung der durch die bisherige Beweisaufnahme begründeten Vorstellungen von dem zu beurteilenden Sachverhalt in Betracht kommt, hat das Gericht alle ihm bekannten oder erkennbaren und verfahrensrechtlich zulässigen Beweismittel auch zu verwenden[332].

Letztlich muss das Gericht eine Prognose treffen, ob durch eine weitere Beweisaufnahme das bisher schon gewonnene Verfahrensergebnis noch eine Änderung erfahren könnte[333]. Darin liegt zugleich ein gewisser Spielraum des Tatgerichtes, der es ihm gestattet, in „verständiger Würdigung der Sachlage" trotz vorhandener Aufklärungsmöglichkeiten die Notwendigkeit einer weiteren Sachaufklärung zu verneinen[334].

Diese Grundsätze lassen sich auf das auf einer Absprache beruhende Geständnis übertragen. Das Gericht kann das abgesprochene Geständnis zur Grundlage des Tatnachweises machen, wenn keine Anhaltspunkte vorliegen, die zum Gebrauch weiterer Beweismittel drängen oder den Gebrauch nahe legen. Die Überprüfung des Geständnisses ist nur dann erforderlich, wenn aus Akteninhalt oder Prozessgeschehen Zweifel an dessen Richtigkeit entstehen[335].

Liegen keine Anhaltspunkte vor, dass das Geständnis falsch ist, kann das Gericht sich mit ihm begnügen. Hat das Gericht jedoch Zweifel an der Richtigkeit des abgelegten Geständnisses, muss es die Glaubhaftigkeit einer genaueren Prüfung unterziehen[336]. Die Bedenken, dass durch ein derartiges Vorgehen Fehler des Er-

---

[326] Schünemann, JZ 1989, S. 985.
[327] Schmidt-Hieber, Verständigung im Strafverfahren, Rdnr. 178.
[328] Schünemann, Gutachten 58. DJT, B 80 ff.
[329] Schmidt-Hieber, in Festschrift für Wassermann, 1985, S. 1004.
[330] Böttcher, Thesen, 58. DJT, L 25 f.
[331] BGHSt 3, 169, 175; BGHSt NJW 1978, S. 113.
[332] BGHSt 23, 176, 188; BGHSt MDR 1981, S. 455.
[333] Janke, Verständigung und Absprachen, S. 102; Kintzi, JR 1990, S. 315; Nestler-Tremel, StV 1989, S. 109, 112.
[334] BGHSt NJW 1951, S. 283; BayOBLG MDR 1979, S. 603.
[335] Landau / Eschelbach, NJW 1999, S. 321, 324.
[336] Janke, Verständigung und Absprachen, S. 106; Schäfer, DRiZ 1989, S. 295; Schmidt-Hieber, RuP 1988, S. 143; ders., NStZ 1988, S. 304; ders., in Festschrift für Wassermann, 1985, S. 1004.

mittlungsverfahrens perpetuiert würden[337], sind kein spezielles Problem von Absprachen, sondern genereller Natur[338].

Zutreffend ist deshalb, dass das Gericht dem Gebot der Wahrheitsfindung verpflichtet bleibt und das Geständnis deswegen auf seine Glaubwürdigkeit überprüfen muss; sich hierzu aufdrängende Beweiserhebungen dürfen nicht unterbleiben[339]. Keinesfalls darf das Gericht sich ungeprüft zu eigen machen, was der Angeklagte durch sein Geständnis als Tatsache anbietet[340].

Allerdings ist eine zusätzliche über das abgesprochene Geständnis hinausgehende Aufklärung nicht erst dann erforderlich, wenn sie sich aufdrängt[341], sondern schon dann, wenn sie nahe liegt bzw. irgendwelche Anhaltspunkte für die Unrichtigkeit vorliegen. Das Risiko, auf der Grundlage eines falschen Geständnisses zu verurteilen, darf das Gericht nicht eingehen.

b. Verfahrensdauer

Der zumeist mit Absprachen verfolgte Zweck ist der, sich Beweiserhebungen zu ersparen. Es kann durchaus Absprachen geben, in denen das Gericht auf die Verifizierung bestimmter Anklagevorwürfe verzichtet und sich mit einem Geständnis begnügt, in dem nur ein Teil des Anklagevorwurfes eingeräumt wird. In diesem Fall liegen offensichtlich Anhaltspunkte vor, die das Gericht eigentlich veranlassen müssten, zur Ausforschung auch des nicht eingestandenen Sachverhaltes weitere Beweise zu erheben.

Da jedoch einerseits anerkannt ist, dass die Wahrheit nicht um jeden Preis zu erforschen ist, und andererseits die materielle Wahrheit praktisch unerreichbar ist, stellt sich die Frage, ob dem unerreichbaren Idealziel der Wahrheitserforschung vor dem Ziel der Verfahrensökonomie der Vorrang einzuräumen ist[342]. In der Tat stehen die umfassende Aufklärung und die rasche Verfahrenserledigung in einem Spannungsverhältnis zueinander.

Das Recht auf ein rechtsstaatliches Verfahren, wie es in Art. 6 MRK normiert ist, beinhaltet das Gebot auf Beschleunigung des Verfahrens[343]. Die Gerichtsbarkeit ist so zu organisieren, dass sie in der Lage ist, das Verfahren in angemessener Frist zu beenden. Die Dauer von Rechtsstreitigkeiten soll möglichst kurz gehalten werden, um schnell den Rechtsfrieden wieder herzustellen[344]. Eine angemessene Verfahrensdauer erhöht zugleich die Glaubwürdigkeit und die Effizienz der Gerichtsbarkeit. Im Strafverfahren dient das Gebot der Beschleunigung auch dazu, zu ver-

---

337 Siolek, Verständigung in der Hauptverhandlung, S. 116.

338 Landau / Eschelbach, NJW 1999, S. 321, 324.

339 BGHSt 43, 195 ff. = NJW 1998, S. 86, 88; Schlüchter, in Festschrift für Spendel, 1992, S. 737, 740, 755.

340 Küpper / Bode, Jura 1999, S. 360.

341 siehe Bode, DRiZ 1988, S. 281, 285.

342 Braun, Die Absprache, S. 49 ff.

343 EGMR NJW 1984, 2749; Frowein, Europäische Menschenrechtskonvention, Art. 6, Rdnr. 98 ff.; Kleinknecht / Meyer-Goßner, StPO, Art. 6 MRK, Rdnr. 7; Kühne, Strafprozeßrecht, Rdnr. 125; Pfeiffer, in Karlsruher Kommentar, Einl., Rdnr. 11; Rieß, in LR, Einl. G, Rdnr. 32; Villiger, Handbuch, § 22, Rdnr. 447 ff.

344 Pfeiffer, in Karlsruher Kommentar, Einl., Rdnr. 11; Villiger, Handbuch, § 22, Rdnr. 447 ff.

hindern, dass der Angeklagte zu lange im Ungewissen über den Ausgang des Strafverfahrens bleibt[345]. So ist die Verfahrensbeschleunigung anerkanntermaßen ein gewichtiges Interesse.

Um das Ziel der vollständigen Ermittlung des wahren Sachverhaltes und das der Verfahrensbeschleunigung zu einem Ausgleich zu bringen, gibt es gesetzlich geregelte abgestufte Anforderungen an Form und Umfang der Wahrheitserforschung und somit auch bezüglich des Begriffs Wahrheit[346]. Der Begriff Wahrheit ist kein absoluter. Auf der ersten Stufe befindet sich die Einstellung des Verfahrens nach § 153a StPO aufgrund des schriftlichen Akteninhaltes. Auf der zweiten Stufe folgt dann das Strafbefehlsverfahren, in dem die Sanktion aufgrund einer summarischen Auswertung des Akteninhaltes ohne persönliche unmittelbare Eindrücke einer Hauptverhandlung erfolgt. Auf der dritten Stufe steht schließlich das Verfahren mit der mündlichen Hauptverhandlung und der entsprechenden Beweisaufnahme.

Da der Begriff der Wahrheit relativ ist, stellt das Abspracheverfahren unter diesem Gesichtspunkt lediglich eine neue Stufe der Wahrheitserforschung dar.

4. Ergebnis

Eine verfahrensbeendende Absprache bedeutet nicht die gleichzeitige Verletzung des Untersuchungsgrundsatzes. Allein der Umstand, dass das Urteil auf einem Geständnis basiert, führt jedenfalls nicht zu einer Verletzung dieses Verfahrensgrundsatzes. Diesbezüglich hat das Gericht nicht mehr oder weniger Prüfpflichten hinsichtlich der Glaubwürdigkeit des Geständnis als im Normalfall.

III. Öffentlichkeitsgrundsatz

In den zahlreichen Stellungnahmen zu Absprachen im Strafprozess heißt es, Absprachen würden überwiegend außerhalb der Hauptverhandlung getroffen und verstießen deswegen gegen das Öffentlichkeitsprinzip[347].

1. Ursprung

Der in § 169 Satz 1 GVG und in § 6 Abs. 1 EMRK niedergelegte Grundsatz der Öffentlichkeit besagt, dass die Verhandlung vor dem erkennenden Gericht einschließlich der Verkündung der Urteile und Beschlüsse öffentlich sein muss. Das bedeutet, dass ein unbeteiligter, nicht nach bestimmten Kriterien eingegrenzter Personenkreis die Möglichkeit haben muss, der Hauptverhandlung beizuwohnen[348]. Zwar ist der Öffentlichkeitsgrundsatz nicht im Grundgesetz verankert. Dennoch wird der

345 Peters, Strafprozeß, S. 209; Rieß, in LR, Einl. G, Rdnr. 31; Villiger, Handbuch, § 22, Rdnr. 447 ff.
346 Braun, Die Absprache, S. 278; Kintzi, DRiZ 1994, S. 325, 329.
347 Dahs, NStZ 1988, S. 153, 155; Dencker / Hamm, Der Vergleich, S. 52; Nestler-Tremel, KJ 1989, S. 448, 451; Schünemann, in Absprache, Symposium Triberg 1986, S. 46.
348 BGHSt 5, 75; Hellmann, Strafprozeßrecht, Teil IV § 2, Rdnr. 4; Kleinknecht / Meyer-Goßner, StPO, § 169 GVG, Rdnr. 1 ff.; Kühne, Strafprozeßrecht, § 39 I Rdnr. 378 ff.; Peters, Strafprozeß, S. 554; Roxin, Strafverfahrensrecht, § 45 A.

Wahrung des Öffentlichkeitsgrundsatzes grundlegende Bedeutung im Rechtsstaat zugemessen[349].

Der Gedanke, die Öffentlichkeit an den Gerichtsverhandlungen zu beteiligen, entstand als Reaktion auf den geheimen und schriftlichen Inquisitionsprozess, wie er in Deutschland bis ins 19. Jahrhundert hinein praktiziert wurde[350]. Im Zuge der Aufklärung erstarkte die Forderung nach einem öffentlichen Strafverfahren[351] und fand 1871 ihren Ausdruck in § 169 GVG. Die Bürger am Akt der Rechtsfindung teilhaben zu lassen, ist Ausdruck einer Demokratisierung[352] und ermöglicht die öffentliche Kontrolle der Justiz und den Schutz vor Willkür[353]. Insbesondere soll der Möglichkeit vorgebeugt werden, dass sachfremde Umstände auf das Gericht Einfluss gewinnen[354].

Gleichzeitig soll die Öffentlichkeit der Hauptverhandlung das Informationsinteresse der Allgemeinheit befriedigen[355], dadurch in die Rechtsgemeinschaft hineinwirken und das Recht als Teil des Gesellschaftssystems lebendig halten[356]. Die Bürger erhalten so die Gelegenheit, sich über die Funktionsweise des Rechtswesens zu informieren[357]. Durch die Öffentlichkeit der Hauptverhandlung soll kundgetan werden, dass die Rechtsprechung eine Angelegenheit des Volkes ist[358].

Insgesamt stärkt der Öffentlichkeitsgrundsatz das Vertrauen der Allgemeinheit in die Unabhängigkeit und Objektivität der Rechtspflege[359]. Daneben dient die Öffentlichkeit der Hauptverhandlung auch der Generalprävention. Die öffentliche Bestätigung der Rechtsordnung soll gleichzeitig warnen und abschrecken[360].

Die Verletzung des Öffentlichkeitsgrundsatzes stellt gem. § 338 Nr. 6 StPO einen absoluten Revisionsgrund dar. Auf die Öffentlichkeit können die Verfahrensbeteiligten deshalb auch nicht verzichten[361]. Daran wird erkennbar, dass der Öffentlichkeit der Hauptverhandlung ein herausragender Stellenwert im System des Strafverfahrens eingeräumt wird[362].

---

349 BGHSt 1, 335; BGHSt 2, 57; BGHSt 9, 281; BGHSt 22, 297, 301; Alwart, JZ 1990, S. 883; Kleinknecht / Meyer-Goßner, StPO, § 169 GVG, Rdnr. 1; Meurer, JR 1990, S. 391.

350 Albrecht, Jugendstrafrecht, § 47 B; Kühne, Strafprozeßrecht, § 39 I, Rdnr. 378 ff.

351 Hellmann, Strafprozeßrecht, Teil IV § 2, Rdnr. 2; Kohlmann, JA 1981, S. 581; Kühne, Strafprozeßrecht, § 39 I, Rdnr. 378; Ranft, Jura 1995, S. 573.

352 Kühne, Strafprozeßrecht, § 39 I, Rdnr. 378.

353 BGHSt 43, 195 ff. = NJW 1998, S. 86, 88;Hellmann, Strafprozeßrecht, Teil IV § 2 Rdnr. 2; Kleinknecht / Meyer-Goßner, StPO, § 169 GVG, Rdnr. 1; Ranft, Strafprozeßrecht, Rdnr. 1421; Roxin, Strafverfahrensrecht, § 45, Rdnr.2.

354 BGHSt 9, 282.

355 Beulke, Strafprozeßrecht, Rdnr. 376; Kleinknecht / Meyer-Goßner, StPO, § 169 GVG, Rdnr. 1.

356 Kleinknecht / Meyer-Goßner, StPO, § 169 GVG, Rdnr. 1.

357 Kühne, Strafprozeßrecht, § 39 I, Rdnr. 378.

358 Peters, Strafprozeß, S. 554.

359 BGHSt 4, 279; BGHSt 7, 221; BGHSt 9, 282; Bockelmann, NJW 1960, S. 217; Hellmann, Strafprozeßrecht, Teil IV § 2, Rdnr. 2; Peters, Strafprozeß, S. 554; Ranft, Strafprozeßrecht, Rdnr. 1421; Roxin, Strafverfahrensrecht, § 45, Rdnr. 2; Eb. Schmidt, Lehrkommentar I, Rdnr. 401 ff.; Schroeder, Strafprozeßrecht, Rdnr. 232.

360 Kühne, Strafprozeßrecht, § 39 I, Rdnr. 378 ff.

361 Pfeiffer, in Karlsruher Kommentar, Einl., Rdnr. 22; Roxin, Strafverfahrensrecht, § 45, Rdnr. 6.

362 BHGSt 9, 280 f; Hellmann, Strafprozeßrecht, Teil IV, § 2, Rdnr. 2; Ranft, Strafprozeßrecht, Rdnr. 1421; Roxin, Strafverfahrensrecht, § 45, Rdnr. 19.

Im 19. Jahrhundert musste die Öffentlichkeit noch vor jedem Versuch verteidigt werden, sie zugunsten einer geheimen Kabinettsjustiz zu unterhöhlen[363]. In einem funktionierenden und etablierten Rechtsstaat mit unabhängigen Richtern, mit Angeklagten und Verteidigern, die mit einklagbaren Rechten ausgestattet sind[364], hat das Bedürfnis nach Kontrolle der Justiz sicher an Bedeutung verloren.

Allerdings gilt auch an dieser Stelle „Vertrauen (in den Rechtsstaat) ist gut, Kontrolle ist besser". Zumal gerade die Justiz oft ein Einfallstor für die Etablierung von Diktaturen war[365].

2. Beschränkungen

Der Grundsatz der Öffentlichkeit gilt jedoch nicht uneingeschränkt. Aus dem Spannungsverhältnis zwischen den Informationsbelangen der Öffentlichkeit und den Schutzbelangen der Verfahrensbeteiligten ergeben sich zwangsläufig Einschränkungen[366]. Zu diesen Schutzbelangen gehören insbesondere das Persönlichkeitsrecht des Angeklagten und dessen Intimsphäre[367]. Denn die Öffentlichkeit dient zwar einerseits dem Schutz vor willkürlicher Justiz und damit dem Angeklagten, aber sie ist nicht immer nur vorteilhaft für den Angeklagten. Die öffentliche Hauptverhandlung kann ihn diskriminieren und damit seiner Resozialisierung abträglich sein[368]. In diesem Zusammenhang wird von der „seelischen Entkleidung des Angeklagten" gesprochen[369].

Als weitere, der Öffentlichkeit gegenläufige Interessen werden die Beschleunigung des Verfahrens und die damit verbundene Entlastung der Justiz genannt, ebenso wie eine bessere Erkenntnismöglichkeit für die Richter durch das Zurückdrängen des „Rollenverhaltens" der Beteiligten bei bestehender Öffentlichkeit[370]. Deshalb sieht der Alternativentwurf (AE) zur Strafprozessordnung von 1980 ein nichtöffentliches Verfahren für den Bereich der kleineren und mittleren Kriminalität vor[371]. Mit den vorgeschlagenen Änderungen hat sich auch der 54. Deutsche Juristentag 1982 in Nürnberg beschäftigt, ohne sich jedoch im Ergebnis die Reformvorschläge zu eigen zu machen. Es blieb dann auch bei der alten Rechtslage.

Das Jugendstrafverfahren ist grundsätzlich nichtöffentlich, wenn ausschließlich Jugendliche (14 – 17jährige) angeklagt sind, § 48 Abs. 1 JGG. Der Ausschluss der Öffentlichkeit ist in diesen Fällen zwingend[372]. Er geschieht im Interesse der Erziehung[373] und soll die Jugendlichen insbesondere vor dem nachteiligen Einfluss einer öffentlichen Verhandlung auf die – in der Regel noch unfertige – Persönlichkeit

---

363 Kühne, Strafprozeßrecht, § 39 I, Rdnr. 383.
364 Kühne, Strafprozeßrecht, § 39 I Rdnr. 383.
365 Müller, Furchtbare Juristen, 1987; ähnlich auch Küpper / Bode, Jura 1999, S. 361.
366 Baumann, NJW 1982, S. 1559; Zipf, Gutachten 54. DJT, C 27.
367 Baumann, NJW 1982, S. 1558, 1559; Rönnau, Die Absprache im Strafprozeß, S. 163; Zipf, Gutachten 54. DJT, C 27 f.
368 Roxin, Strafverfahrensrecht, § 45 A.
369 Zipf, Gutachten 54. DJT, C31.
370 Baumann, NJW 1982, S. 1558, 1559.
371 AE 1980.
372 Peters, Strafprozeßrecht, S. 554; Roxin, Strafverfahrensrecht, § 45 Rdnr. 11.
373 Albrecht, Jugendstrafrecht, § 47 B I; Brunner / Dölling, JGG, § 48, Rdnr. 1; Eisenberg, JGG, § 48, Rdnr. 8.

schützen[374], aber auch verhindern, dass die Jugendlichen in dem Gefühl, Mittelpunkt des Geschehens zu sein, ein falsches Selbstwertgefühl und möglicherweise falschen Stolz entwickeln[375]. Da im Jugendstrafrecht der resozialisierende und erzieherische Aspekt im Vordergrund steht, sollen die Bloßstellung und die stigmatisierenden Folgen einer öffentlichen Verhandlung vermieden werden[376]. Gleichzeitig sollen Hemmungen abgebaut werden, um eine Atmosphäre für eine möglichst freie Kommunikation zu schaffen - Ostendorf nennt dies „jugendspezifische" Kommunikation[377]. Der Gesetzgeber hat sich hier in dem Widerstreit des Persönlichkeitsschutzes mit dem Interesse der Öffentlichkeit zugunsten des Persönlichkeitsschutzes der Jugendlichen entschieden.

Die Öffentlichkeit kann außerdem in den Fällen der §§ 171a ff. GVG ausgeschlossen werden, wenn das Persönlichkeitsrecht eines Beteiligten besonders schutzwürdig gegenüber der Öffentlichkeit erscheint. Dies kann z.B. angenommen werden, wenn Gegenstand des Verfahrens die Anstaltsunterbringung des Beschuldigten ist, § 171a GVG. Die Entscheidung über den Ausschluss der Öffentlichkeit steht dabei im Ermessen des Gerichtes[378], die Gründe der §§ 171a ff. GVG, nach denen der Ausschluss der Allgemeinheit von der Hauptverhandlung in Betracht kommt, sind jedoch abschließend[379].

Einzelne Personen können gem. §§ 175 ff. GVG von der Verhandlung ausgeschlossen werden, wenn sie die Würde des Gerichtes verletzen, bei Ungehorsam, Ungebühr oder bei Begehung einer strafbaren Handlung. Eine Begrenzung der Öffentlichkeit kann auch aus den tatsächlichen Gegebenheiten folgen, z.B. einer eingeschränkten räumlichen Kapazität[380].

3. Streitstand zur Vereinbarkeit von Absprachen mit dem Grundsatz der Öffentlichkeit

Fraglich ist, ob die Absprachepraxis mit dem Grundsatz der Öffentlichkeit vereinbar ist. Heimlichkeit und Verschwiegenheit sollen typische Begleiterscheinungen, sogar Voraussetzungen für Verständigungen zwischen den Verfahrensbeteiligten sein[381].

---

374 Peters, Strafprozeßrecht, S. 554.

375 Albrecht, Jugendstrafrecht, § 47 B I; Brunner / Dölling, JGG, § 48, Rdnr. 3.

376 Brunner / Dölling, JGG, § 48, Rdnr. 3; Eisenberg, JGG, § 48, Rdnr. 8; Ostendorf, JGG, Grdl. Z. §§ 48 – 51, Rdnr. 3.

377 Ostendorf, JGG, Grdl. Z. §§ 48 – 51, Rdnr. 3; ebenso: Brunner / Dölling, JGG, § 48, Rdnr. 3; Eisenberg, JGG, § 48, Rdnr. 8.

378 Kleinknecht / Meyer-Goßner, StPO, § 172 GVG, Rdnr. 1.

379 Hellmann, Strafprozeßrecht, Teil IV, § 2, Rdnr. 1; Roxin, Strafverfahrensrecht, § 45, Rdnr. 5.

380 BGHSt 21, 72; BGHSt 24, 72; Hellmann, Strafprozeßrecht, Teil IV, § 2, Rdnr. 7; Kleinknecht / Meyer-Goßner, StPO, § 169 GVG, Rdnr. 5; Pfeiffer, in Karlsruher Kommentar, Einl., Rdnr. 21 f; Ranft, Strafprozeßrecht, Rdnr. 1423; Roxin, Strafverfahrensrecht, § 45, Rdnr. 5.

381 Hassemer, JuS 1989, S. 892.

Ob Absprachen typischerweise außerhalb der öffentlichen Hauptverhandlung getroffen werden[382], ob häufig[383] oder nur vereinzelt, ist kaum mit Sicherheit festzustellen. Inwieweit vorhandene Umfragen und deren Ergebnisse [384] allgemeingültig und übertragbar bzw. aktuell sind, muss offen bleiben. Jedenfalls wird es durchaus vorkommen, dass die Vereinbarung zum Verfahren außerhalb der öffentlichen Hauptverhandlung getroffen werden. Nicht zu leugnen ist auch der Eindruck, dass Absprachen deshalb hinter verschlossenen Türen getroffen werden, weil die an der Absprache Beteiligten das Licht der Öffentlichkeit scheuen und die Absprache letztlich mit „schlechtem Gewissen" treffen[385]. In diesem Zusammenhang sind auch Vorwürfe, dass es sich um „Mauschelei" oder „Schmierentheater"[386] handelt, zu sehen. Praktisch gibt es drei mögliche Konstellationen, wie Absprachen getroffen werden können:

1. Die Absprache wird mitsamt der dazu erforderlichen Gespräche inklusive der Initiierung der Absprache öffentlich in der Hauptverhandlung geführt.

2. Die Absprache wird außerhalb der öffentlichen Hauptverhandlung getroffen. Allein deren Ergebnis, in der Regel das Geständnis oder der Verzicht auf Beweismittel, gelangt in die öffentliche Verhandlung, wird „transferiert", ohne dass jedoch offengelegt wird, dass dem eine Absprache zugrunde liegt.

3. Die Absprache wird nichtöffentlich vereinbart. In der öffentlichen Hauptverhandlung wird dann das Ergebnis und die Tatsache, dass eine diesbezügliche Vereinbarung erzielt wurde, offengelegt.

Die Möglichkeit, dass eine Absprache nichtöffentlich erfolgt und nicht einmal deren Ergebnis in die Hauptverhandlung gelangt, gibt es nicht. Ein Geständnis außerhalb der Hauptverhandlung, ohne dass es in die Verhandlung eingeführt wird, macht keinen Sinn. Genauso kann über die Höhe des Strafmaßes nicht außerhalb der Hauptverhandlung entschieden werden. Auch können Beweisanträge nicht zurückgenommen werden, ohne dass dies in die Hauptverhandlung gelangt.

a. Die rein formale Auffassung

Zum Teil wird der Öffentlichkeitsgrundsatz rein formal verstanden. Er gelte gar nicht, wenn die Verfahrensbeteiligten außerhalb der öffentlichen Verhandlung etwas vereinbarten, da § 169 GVG nicht einschlägig sei, weil er sich allein auf die Hauptverhandlung vor dem erkennenden Gericht beziehe und die Absprache gerade nicht in der Hauptverhandlung getroffen würde[387]. Andere gerichtliche Verhandlungen in den

[382] so Janke, Verständigung und Absprachen, S. 112; Schmidt-Hieber, Verständigung, S. 90; Schünemann, Gutachten 58. DJT, B 87, Fn. 229 : am AG werden danach mehr als die Hälfte, am LG dagegen nur 42 % offen mitgeteilt; Tscherwinka, Absprachen im Strafprozeß, S. 148 f.

[383] Baumann, NStZ 1987, S. 157, 158; Gerlach, Absprachen im Strafverfahren, S. 84; Weigend, JZ 1990, S. 774, 777.

[384] z.B. Repräsentativumfrage von Schünemann / Bandilla, s. Gutachten 58. DJT, B 13, Fn.6.

[385] Janke, Verständigung und Absprachen, S. 112.

[386] „Deal", StV 1982, 552; Dencker/Hamm, Der Vergleich, S. 52; Hassemer, JuS 1989, S. 892.

[387] Baumann, NStZ 1987, S. 157, 158; Cramer, in Festschrift für Rebmann, 1989, S. 149; Jähnke, Triberg 1986, S. 151.

Sitzungspausen oder in dem Zeitraum zwischen den Verhandlungstagen würden dagegen nicht von § 169 GVG erfasst[388]. Eine außerhalb der öffentlichen Verhandlung getroffene Vereinbarung müsse auch nicht mitgeteilt werden, da sie nicht Verfahrensbestandteil sei. Diese Auffassung beruft sich auf eine BGH-Entscheidung[389], in der der BGH erkannt hat, dass es dem Richter grundsätzlich nicht verwehrt sei, zwecks Förderung des Verfahrens auch außerhalb der Verhandlung Kontakt zu den Verfahrensbeteiligten aufzunehmen, ohne dadurch den Öffentlichkeitsgrundsatz zu verletzen. In einer anderen Entscheidung[390] betont der BGH noch einmal, dass es den Verfahrensbeteiligten grundsätzlich nicht verwehrt sei, sich außerhalb der Hauptverhandlung zu treffen und Vereinbarungen zu erzielen, wenn dies der Förderung des Verfahrens dienlich und die Kontaktaufnahme sachlich geboten sei. Allerdings dürfen solche Fühlungnahmen nur den Verfahrensablauf, einschließlich eventueller Anregungen zu §§ 154, 154a StPO, nicht die Festlegung einer zu verhängenden Strafe oder deren Aussetzung zur Bewährung betreffen[391].

Der Ansicht, der Öffentlichkeitsgrundsatz gelange überhaupt nicht zur Geltung, wenn die Absprache außerhalb der Hauptverhandlung getroffen werde, kann jedoch nicht gefolgt werden[392]. Aus materieller Sicht gebietet das Öffentlichkeitsprinzip nämlich, dass alle Gegenstände, deren Behandlung wesensmäßig in die Hauptverhandlung gehört, auch öffentlich verhandelt werden müssen[393]. Sollte § 169 S. 1 GVG immer dann nicht anwendbar sein, wenn etwas außerhalb der Hauptverhandlung geschehe, stellte man das Prinzip der Öffentlichkeit zur Disposition der Verfahrensbeteiligten[394]. Es kann jedoch nicht in der Hand der Beteiligten liegen, was Teil der öffentlichen Verhandlung ist und was nicht. Deshalb ist der Öffentlichkeitsgrundsatz auch kein Verfahrensgrundsatz, auf dessen Beachtung der Angeklagte verzichten kann. Denn der Grundsatz soll gerade davor schützen, dass die Verfahrensbeteiligten willkürlich bestimmen, was der Öffentlichkeit zugänglich gemacht wird und was nicht. Der Schutzzweck des Öffentlichkeitsprinzips liefe nach dieser Ansicht ins Leere.

b. Der pragmatische Ansatz

Eine andere Auffassung in der Literatur akzeptiert, dass Absprachen außerhalb der öffentlichen Verhandlung getroffen werden. Für die Wahrung des Öffentlichkeitsgrundsatzes genüge es, wenn anschließend die Ergebnisse der erzielten Verständigung in die Hauptverhandlung eingebracht würden[395]. Nur diejenigen besprochenen Umstände, die für das Urteil des Gerichtes materiell relevant seien, müssten in der Verhandlung zur Sprache kommen, da sie allein feststellungs- bzw. revisionsrelevant seien[396]. So sei z.B. das Geständnis als solches wichtig, nicht dagegen die Einzelheiten seiner Vorgeschichte[397]. Zudem sei nicht erforderlich, dass

[388] Cramer, in Festschrift für Rebmann, 1989, S. 149.
[389] BGH StV 1984, S. 449; siehe auch BGH StV 1988, S. 417 f; BGH StV 1989, S. 336 f.
[390] BGH NStZ 1991, S. 347.
[391] BGH NStZ 1991, S. 347.
[392] Braun, Die Absprache, S. 64 f; Kintzi, in Festschrift für Hanack, 1999, S. 180 f.; Kremer, Absprachen zwischen Gericht und Verfahrensbeteiligten, S. 122.
[393] Janke, Verständigung und Absprachen, S, 114; Kintzi, JR 1990, S. 315.
[394] Siolek, Verständigung, S. 154 f.
[395] Haas, NJW 1988, S. 1345, 1351; Hanack, StV 1987, S. 500, 503; Kleinknecht / Meyer-Goßner, StPO, Einl., Rdnr. 119 a; Schäfer, DRiZ 1989, S. 294ff.; Widmaier, StV 1986, S. 357, 359.
[396] Tscherwinka, Absprachen im Strafprozeß, S. 152 f.
[397] Hanack, StV 1987, S. 500, 503.

Selbstverständlichkeiten, wie die strafmildernde Berücksichtigung eines Geständnisses, offengelegt würden. Im übrigen werde faktisch von der Möglichkeit, an Verhandlungen teilzunehmen, kein Gebrauch gemacht, in der Regel seien die Gerichtssäle leer. Außerdem handele es sich bei den Zuschauern zumeist um juristische Laien, die den Feinheiten der rechtlichen Begründung gar nicht folgen könnten[398].

Die Vertreter dieser Auffassung argumentieren mit der nichtöffentlichen Beratung des Gerichtes, so dass die Allgemeinheit ohnehin nicht wisse, welche Gründe ausschlaggebend für das gefällte Urteil waren, da man nicht nachvollziehen könne, ob die in den Gründen des Urteiles öffentlich gemachten Erwägungen auch tatsächlich die tragenden waren[399]. Es sei deshalb überzogen zu verlangen, dass die Öffentlichkeit Einblick in all die Kenntnisse habe, die das Gericht zu einem bestimmten Urteil führen. Weiter wird argumentiert, dass auch in Fällen, in denen der Angeklagte ein Geständnis ohne nichtöffentliche Vereinbarung ablegt, die inneren Beweggründe, die ihn zu dem Geständnis bewogen haben, der Öffentlichkeit in der Regel verschlossen bleiben[400].

Wegen der Tatsache, dass von der Möglichkeit, an dem Vorgang der Rechtsprechung teilzunehmen, kaum Gebrauch gemacht würde und der in der Regel nicht über juristisches Spezialwissen verfügende Zuschauer den Feinheiten der Urteilsfindung sowieso nicht folgen könne, die Geltung des Öffentlichkeitsgrundsatzes einschränken zu wollen, ist ein Fehlschluss. Nur weil ein Recht nicht wahrgenommen wird, kann es nicht abgeschafft oder eingeschränkt werden. Auch die Behauptung, es reiche, die feststellungs- bzw. revisionsrelevanten Erklärungen öffentlich zu machen[401], trägt nicht. Diese Argumentation verkennt, dass der Öffentlichkeitsgrundsatz nicht der besseren Vorbereitung der nächsten Instanz dient, sondern der Nachvollziehbarkeit von Entscheidungen und der Kontrolle durch die Allgemeinheit. In seiner Grundsatzentscheidung zu Absprachen im Strafprozess führt der BGH deshalb zu Recht aus, dass die Hauptverhandlung zur bloßen Fassade würde und jeglichen Einblick der Öffentlichkeit in die dem Urteil zugrunde liegenden Umstände verschleiere, wenn die Absprache in der öffentlichen Hauptverhandlung nicht offengelegt würde[402]. Die Allgemeinheit könne die Rechtsprechung nur kontrollieren, wenn sie Einblick in die wesentlichen Verfahrensabläufe habe.

[398] Kühne, Strafprozeßrecht, § 39 I, Rdnr. 385.
[399] Tscherwinka, Absprachen im Strafprozeß, S. 152 f.
[400] Siolek, Verständigung in der Hauptverhandlung, S. 158.
[401] Tscherwinka, Absprachen im Strafprozeß, S. 152 f.
[402] BGHSt 43, 195 ff. = NJW 1998, S. 86, 88.

c. Die Gegenmeinung

Die wohl überwiegende Meinung in der Literatur geht jedoch davon aus, der Öffentlichkeitsgrundsatz sei grundsätzlich verletzt, wenn Absprachen außerhalb der Hauptverhandlung getroffen würden[403]. Die tatsächliche Kontrolle der Rechtsprechung sei nur möglich, wenn die Öffentlichkeit Einblick in all die Kenntnisse habe, die das Gericht zu einem bestimmten Urteil führen[404]. Die Allgemeinheit könne nicht nachvollziehen, wie das Urteil zustande gekommen sei, wenn sie keinen Einblick in die Hintergründe habe. Sie könne außerdem nicht ermessen, ob es sich um eine sachlich gerechtfertigte und ausgewogene Verständigung handele. Deshalb müsse in der öffentlichen Verhandlung z.B. auf die schwierige Beweislage hingewiesen werden. Zur Bildung von Vertrauen reiche es nicht, wenn der Öffentlichkeit ein Geständnis präsentiert werde, ohne dass dessen Vorgeschichte bekannt würde. Es sei sogar irreführend, wenn nur das Ergebnis der Absprache in der Hauptverhandlung offengelegt werde, da es z.B. für die Strafzumessung durchaus eine Rolle spiele, ob ein Geständnis aus eigenem Antrieb oder aufgrund einer vorausgegangenen Absprache abgelegt wurde[405].

d. Die Rechtsprechung

Das Bundesverfassungsgericht hat in seinem Beschluss vom 27.01.1987 nicht beanstandet, dass eine Verständigung über den Rechtsfolgenausspruch außerhalb der Hauptverhandlung getroffen wurde.

Der 3. Strafsenat des BGH[406] hat zwar ebenfalls nicht beanstandet, dass Gespräche über eine schnellere Verfahrenserledigung durch die Ablegung eines Geständnisses außerhalb der Hauptverhandlung geführt wurden. Er hat allerdings gefordert, Absprachen seien in der Hauptverhandlung völlig offen zu legen.

In einer weiteren Entscheidung[407] hat derselbe Strafsenat hervorgehoben, dass Fühlungnahmen außerhalb der Hauptverhandlung nur den Verfahrensablauf einschließlich eventueller Anregungen zu §§ 154, 154c StPO, nicht aber die Festlegung einer zu verhängenden Strafe oder deren Aussetzung zur Bewährung und schon gar nicht die Art und Weise des Strafvollzuges betreffen dürfen. Zwar beruft sich der BGH ausdrücklich auf die Entscheidung des Bundesverfassungsgerichtes vom 27.01.1987, widerspricht ihr jedoch in der Hinsicht, dass das Bundesverfassungsgericht gerade Absprachen über die Rechtsfolgen für zulässig erachtet hat. Die Entscheidung des BGH ist deshalb so zu verstehen, dass es dem BGH in seiner Ent-

---

[403] Bussmann / Lüdemann, MschrKrim 1988, S. 81, 88; Dahs, NStZ 1988, S. 153, 155; Dencker / Hamm, Der Vergleich, S. 52; Hassemer, JuS 1989, S. 890, 892; Hübsch, Triberg 1986, S. 82; Nestler-Tremel, DRiZ 1988, S. 288 ff.; Ranft, Strafprozeßrecht, S. 275, Rdnr. 1222 ff.; Rönnau, Die Absprache im Strafprozeß, S. 169; Schünemann, Triberg 1986, S. 46 f.; ders., Gutachten 58. DJT, B 87 ff.; Zuck, MDR 1990, S. 18, 19.

[404] Rönnau, Die Absprache im Strafprozeß, S. 167.

[405] Rönnau, Die Absprache im Strafprozeß, S. 167; Schmidt-Hieber, Verständigung im Strafverfahren, Rdnr. 193; ders., NJW 1982, S. 1021; Siolek, Verständigung in der Hauptverhandlung, S. 158.

[406] BGH NStZ 1990, S. 502.

[407] BGH NStZ 1991, S. 346.

scheidung nicht allgemein um Absprachen zu den Rechtsfolgen ging, sondern vielmehr um die konkrete Strafmaßzusage, die unzulässig sein soll[408].

In seiner Grundsatzentscheidung vom 28.08.1997[409] hat der 4. Strafsenat des BGH formuliert, dass Vorgespräche außerhalb der Hauptverhandlung nicht durch das Öffentlichkeitsprinzip ausgeschlossen seien, der wesentliche Inhalt und das Ergebnis dieser Gespräche jedoch in der Hauptverhandlung offengelegt werden müssen, um den Anforderungen des Öffentlichkeitsgrundsatzes Rechnung zu tragen. Der Senat betont ausdrücklich die herausragende Bedeutung der Öffentlichkeit des Strafverfahrens in einem Rechtsstaat.

4. Die Offenlegung der Absprache

Aus dem Vorgenannten folgt also, dass eine Absprache zwar zulässigerweise außerhalb der Hauptverhandlung getroffen werden kann, dann aber in der Hauptverhandlung offen zu legen ist. Ungeklärt bleibt, welche Anforderungen an diese Offenlegung zu stellen sind. Auch der BGH lässt diesen Aspekt offen.

Überzogen im Zusammenhang mit Absprachen ist es zu verlangen, dass die Öffentlichkeit Einblick in all das haben müsse, was das Gericht zu seinem Urteil geführt hat. Auch die Beratung und die dort angestellten Erwägungen bleiben nichtöffentlich. Es muss demnach nicht der gesamte Kommunikationsprozess, wie Schünemann es verlangt[410], öffentlich stattfinden. Es genügt, wenn das Ergebnis und die Tatsache, dass es auf einer Absprache beruht, offengelegt werden[411]. Dann wird das Urteil für die Öffentlichkeit nachvollziehbar. Es genügt zur Wahrung des Öffentlichkeitsgrundsatzes, in der Hauptverhandlung darzustellen, dass eine Absprache stattgefunden hat, wer daran beteiligt war, wer sie initiiert hat und wie die jeweiligen Zugeständnisse der einzelnen Verfahrensbeteiligten aussehen. So wird dem Erfordernis Rechnung getragen, dass eine Kontrolle der Allgemeinheit, ob die vom Gericht gefällte Entscheidung schuldangemessen ist und rechtsstaatlichen Grundsätzen entspricht, Kenntnis der entscheidungserheblichen Umstände voraussetzt[412]. Durch die Offenlegung in der Hauptverhandlung würde gleichzeitig dem Eindruck der „Mauschelei" entgegengetreten[413]. Insoweit ist der Auffassung zuzustimmen, nach der man den „strafprozessualen Vergleich" am besten dadurch von seiner Anrüchigkeit befreien könnte, wenn man ihn in den Verhandlungssaal und damit in die Öffentlichkeit trägt[414]. Zugleich hat die mit der Offenlegung verbundene Protokollierung des Ergebnisses der Absprache den Vorteil für den Angeklagten, dass er im Revisionsverfahren den Beweis über das Ergebnis der Absprache erbringen kann, wenn das Gericht sie nicht einhält[415].

---

408 Zschockelt, NStZ 1991, S. 308.
409 BGHSt 43, 195.
410 Schünemann, Gutachten 58. DJT, B 87 ff.; ders., in Absprache, Symposium Triberg 1986, S. 46 f.
411 Kintzi, in Festschrift für Hanack, 1999, S. 181; Küpper / Bode, Jura 1999, S. 361.
412 Janke, Verständigung und Absprachen, S. 120.
413 Landau / Eschelbach, NJW 1999, S. 321, 324.
414 Schmidt-Hieber, StV 1986, S. 356.
415 Hellmann, Strafprozeßrecht, Teil IV, § 2 III, Rdnr. 48.

IV. Unmittelbarkeit und Mündlichkeit

1. Definition des Unmittelbarkeitsgrundsatzes

Der Grundsatz der Unmittelbarkeit besagt, dass das Gericht das zu fällende Urteil nur auf Tatsachen stützen darf, die es in der Hauptverhandlung selbst festgestellt und mündlich erörtert hat[416]. Konkret erfordert dies die Gewährleistung, dass das Gericht seine Entscheidung frei von Vorwissen bzw. Vorurteilen fällt und alle Verfahrensbeteiligten denselben Kenntnisstand haben[417]. Dabei wird zwischen der formellen und der materiellen Unmittelbarkeit unterschieden[418]. Die formelle Komponente des Unmittelbarkeitsgrundsatzes verlangt, dass die Entscheidung des Gerichtes ausschließlich auf den Wahrnehmungen beruht, die das Gericht in der Hauptverhandlung selbst getroffen hat[419]. Die materielle Seite fordert, dass jeweils die Beweismittel herangezogen werden, die der Beweistatsache am nächsten sind, d.h. dass keine Beweissurrogate benützt werden dürfen[420].

2. Definition des Mündlichkeitsgrundsatzes

Der Grundsatz der Mündlichkeit besagt, dass nur der mündlich vorgetragene und erörterte Prozessstoff dem Urteil zugrunde gelegt werden darf[421]. Erkenntnisquellen außerhalb der Hauptverhandlung darf das Gericht nicht verwerten[422]. Ausdrücklich enthalten ist der Grundsatz im Gesetz nicht, er ergibt sich jedoch aus §§ 261 und 264 StPO, die mit „Verhandlung" die mündlich ausgestaltete Hauptverhandlung meinen[423]. Deshalb sind grundsätzlich schriftliche Erklärungen als Urteilsgrundlage ausgeschlossen[424]. Personen, die als Beweismittel dienen, müssen selbst vernommen werden.

3. Das abgesprochene Geständnis als Grundlage der richterlichen Entscheidung

In der Literatur ist die Ansicht verbreitet, dass der Unmittelbarkeitsgrundsatz nicht verletzt sei, wenn in der Hauptverhandlung ein Geständnis abgelegt würde, das auf einer zuvor getroffenen Vereinbarung beruhe[425]. Denn die Überzeugungsbildung des Gerichtes beruhe nicht auf der Vereinbarung an sich, sondern auf der Würdigung des Ergebnisses der Beweisaufnahme[426]. Grundlage der richterlichen Entscheidung sei das in der Hauptverhandlung abgelegte Geständnis. Somit würde die richterliche Überzeugung aus dem Inbegriff der Hauptverhandlung geschöpft. Die Verständigung

---

[416] Geppert, Unmittelbarkeit, S. 122 ff.; Hellmann, Strafprozeßrecht, § 2 Abs. 2, Rdnr. 14 ff.; Roxin, Strafverfahrensrecht, § 44 A, Rdnr. 2; Pfeiffer, in Karlsruher Kommentar, Einl., Rdnr. 9.
[417] Hellmann, Strafprozeßrecht, Teil IV, § 2 II, Rdnr. 14.
[418] Hellmann, Strafprozeßrecht, Teil IV, § 2 II, Rdnr. 14.
[419] Geppert, Jura 1991, S. 538, 541
[420] Hellmann, Strafprozeßrecht, Teil IV, § 2 II, Rdnr. 18
[421] BGH NStZ 1990, 229; Pfeiffer / Fischer, StPO, Einl., Rdnr. 7.
[422] BGHSt 5, 278; BGHSt 13, 73.
[423] Roxin, Strafverfahrensrecht, § 44 A. Rdnr. 1.
[424] Roxin, Strafverfahrensrecht, § 44, Rdnr. 4.
[425] Cramer, in Festschrift für Rebmann, 1989, S. 144, 149; Große Strafrechtskommission des DRB, Gutachten Teil I, S. 75.
[426] Cramer, in Festschrift für Rebmann, 1989, S. 149; Gerlach, Absprachen im Strafverfahren, S. 82.

ändere nichts an der unmittelbaren Beweiserhebung, weil sich das Gericht erst ein Bild von dem Beweiswert des Geständnisses mache und machen könne, wenn es in die Hauptverhandlung gelange, das Ergebnis der Absprache also sozusagen transformiert werde[427]. Im übrigen sei das Geständnis der unmittelbarste Beweis überhaupt[428]. Die gegenteilige Ansicht unterstellt, dass abgesprochene Beweismittel von vorneherein qualitativ bedeutungslose Beweismittel seien[429], die nur dem Schein nach der Wahrheitsfindung entsprächen[430]. Ist es für die Schuldfeststellung und die Strafzumessung ohne Bedeutung, dass das Geständnis auf einer zuvor getroffenen Verständigung basiert, ist also allein das in der Hauptverhandlung abgelegte Geständnis entscheidungsrelevant, dann verletzt eine außerhalb der Hauptverhandlung getroffene Absprache den Unmittelbarkeitsgrundsatz nicht. Denn die Entscheidung des Gerichtes basiert dann tatsächlich ausschließlich auf den Wahrnehmungen, die das Gericht in der Hauptverhandlung selbst getroffen hat. Allein das Ergebnis der Absprache bildet in diesem Fall die Grundlage für die richterliche Entscheidung, nicht jedoch die getroffene Absprache.

Spielen jedoch auch die Umstände des Zustandekommens des Geständnisses für die Schuldfrage und die Strafzumessung eine Rolle, dann ist fragwürdig, ob außerhalb der Hauptverhandlung getroffenen Absprachen nicht doch den Unmittelbarkeitsgrundsatz verletzen. So stehe außer Frage, dass die Umstände des Zustandekommens eines Geständnisses für die Schuld- und Tatfrage von Bedeutung seien, weswegen die Initiierung des Geständnisses auch immer innerhalb der Hauptverhandlung zu erfolgen habe[431]. Dem folgend geht eine weit verbreitete Ansicht in der Literatur davon aus, dass die Verletzung des Unmittelbarkeitsgrundsatzes durch außerhalb der Hauptverhandlung getroffene Vereinbarungen geradezu offensichtlich sei[432]. Denn Sinn des Unmittelbarkeits- und des Mündlichkeitsgrundsatzes sei gerade, dass alle für die Urteilsfindung wesentlichen Prozessvorgänge in der mündlichen Hauptverhandlung stattfinden, die alleinige Grundlage des Urteiles sein soll[433]. Da bei Absprachen die Beweisaufnahme jedoch nach einem vorher abgesprochenen Plan verlaufe und zuvor eine entscheidungsrelevante Auslese stattgefunden habe[434], seien Unmittelbarkeits- und Mündlichkeitsgrundsatz verletzt. Die Abgabe eines abgesprochenen Geständnisses sei nur noch eine rein formale Handlung. Ein solches Geständnis sei jedoch nicht geeignet, die richterliche Überzeugungsbildung zu beeinflussen[435].

Die eigentliche Frage ist jedoch nicht die nach dem Beweiswert des Geständnisses, denn es ist nicht ersichtlich, warum ein auf einer Absprache beruhendes Geständnis qualitativ minderwertig sein soll. Entscheidend ist vielmehr, ob der Umstand, dass das Geständnis auf einer Absprache beruht, entscheidungsrelevant ist.

---

427 Siolek, Verständigung in der Hauptverhandlung, S. 162.
428 Siolek, DRiZ 1989, S. 321, 328.
429 Siolek, Verständigung in der Hauptverhandlung, S. 162.
430 Rönnau, Die Absprache im Strafprozeß, S. 156.
431 Schünemann, Gutachten 58. DJT, B 87.
432 Gallandi, MDR 1987, S. 801, 802; Rönnau, Die Abprache im Strafprozeß, S. 161; Schünemann, Gutachten 58. DJT, B 84; Seier, JZ 1988, S. 683; Siolek, Verständigung in der Hauptverhandlung, S. 161.
433 Geppert, Unmittelbarkeit, S. 17; Kleinknecht / Meyer-Goßner, § 250, Rdnr. 1 ff.; Pfeiffer, in Karlsruher Kommentar, Einl., Rdnr. 8 f.
434 Baumann, NStZ 1987, S. 157, 158; Gallandi, MDR 1987, S. 801, 802.
435 Kremer, Absprachen zwischen Gericht und Verfahrensbeteiligten, S. 127.

Da das Motiv für ein Geständnis Aufschluss über die Tat und die Täterpersönlichkeit gibt, ist es für die Strafzumessung nicht unerheblich, weswegen ein Geständnis abgelegt wurde. Denn indem es die Kenntnis von einer getroffenen Vereinbarung ausblendet, macht das Gericht die dem Geständnis zugrunde liegende Motivation jedenfalls nicht zur Grundlage seiner Entscheidung.

Deshalb verdient auch die Behauptung keine Zustimmung, der Aufklärungsbeitrag, der erst durch Ablegen des Geständnisses in der mündlichen Hauptverhandlung erbracht werde, werde honoriert. Es überzeugt nicht, dass es keine Frage des Unmittelbarkeitsprinzips sei, ob ein Geständnis aus Reue oder wegen einer Absprache ergeht. Denn das Motiv des Geständnisses ist entscheidungsrelevant, und die richterliche Entscheidung stützt sich darauf. Deswegen muss in der mündlichen Hauptverhandlung offengelegt werden, dass das Geständnis auf einer Absprache beruht, was im übrigen zur Wahrung des Öffentlichkeitsprinzips ohnedies erforderlich ist. Sonst wären Unmittelbarkeits- und Mündlichkeitsgrundsatz verletzt.

Um den Unmittelbarkeitsgrundsatz zu wahren, darf das Gericht nicht die konkrete Höhe der zu verhängenden Strafe zum Gegenstand der Absprache machen[436]. Andernfalls würde das Gericht unzulässigerweise seine tatsächliche Entscheidung vor Abschluss der Hauptverhandlung treffen. Das Gericht darf jedoch eine Strafobergrenze benennen, die es nicht überschreiten werde[437]. Grundlage dessen ist die vorläufige Meinungsbildung des Gerichtes, die der StPO insgesamt nicht fremd ist. Die konkrete Entscheidung des Gerichtes wird damit nicht vorweggenommen und bleibt der Urteilsberatung vorbehalten.

---

[436] BGHSt 43, 195 ff; siehe dazu auch Kintzi, in Festschrift für Hanack, 1999, S. 179.
[437] BGHSt 43, 195.

V. Die verbotenen Vernehmungsmethoden des § 136a StPO

Eine weitere Vorschrift des deutschen Strafverfahrens, die durch Absprachen im Strafprozess tangiert sein könnte, ist § 136a StPO, der bestimmte Vernehmungsmethoden verbietet, damit sich niemand gegen seinen Willen selber belastet. § 136a StPO ist eine Ausprägung des Prinzips „nemo tenetur se ipsum prodere", nachdem niemand verpflichtet werden kann, sich selbst zu belasten. Möglicherweise wird durch das Anerbieten einer Absprache durch das Gericht der Angeklagte in eine besondere Situation versetzt, so dass er meint, ein Geständnis ablegen und damit sich selbst belasten zu müssen, oder aber er wird unter dem Druck stehen, in seiner Entscheidung, wie er sich prozessual zu verhalten habe, nicht mehr wirklich frei zu sein.

1. Inhalt und Bedeutung des § 136a StPO und des Grundsatzes „nemo tenetur se ipsum prodere"

Das Prinzip „nemo tenetur se ipsum prodere", nach dem ein im Strafverfahren Beschuldigter nicht gezwungen werden darf, sich selbst zu belasten oder in sonstiger Weise an seiner eigenen Überführung mitzuwirken, gehört zu den elementaren Grundsätzen eines rechtsstaatlichen Strafverfahrens[438]. § 136a StPO, der spezielle Vernehmungsmethoden verbietet, wird zum Teil – jedenfalls für Absprachen im Strafverfahren - als lex specialis[439] des nemo tenetur Grundsatzes, zum Teil nur als eine zusätzliche Sicherung[440] des Grundsatzes der Aussagefreiheit gesehen. Jedenfalls besteht zwischen beidem ein enger Zusammenhang.

Der Grundsatz findet im gesamten Strafverfahren Anwendung, wenn der Vernehmende dem Beschuldigten in amtlicher Funktion gegenübertritt[441]. Er schützt den Angeklagten deshalb auch in der Hauptverhandlung. Die Anwendung einer verbotenen Vernehmungsmethode hat gem. § 136a Abs. 3 StPO ein Verwertungsverbot der gewonnenen Erkenntnisse zur Folge und sichert so das Recht des Angeklagten auf ein faires und rechtsstaatliches Verfahren. Insofern ist § 136a StPO Ausprägung des Art. 1 Abs. 1 GG[442]. Eine Beeinträchtigung der Willensentschließung und –betätigung ist verboten, weil der Beschuldigte auch Subjekt und nicht bloß Objekt des Verfahrens ist. Er verliert seinen Anspruch auf Achtung der Menschenwürde nicht, weil er einer Straftat verdächtig ist. § 136a StPO folgt dem Grundsatz, dass die Wahrheit im Strafverfahren nicht um jeden Preis, sondern nur auf justizförmige Weise erforscht werden darf[443].

Gemäß § 136a StPO ist es unzulässig, auf den Beschuldigten durch Misshandlung, Ermüdung, körperlichen Eingriff, Verabreichung von Mitteln, Quälerei, Täuschung oder Hypnose einzuwirken oder ihm mit einer unzulässigen Maßnahme zu drohen. Ebenfalls verbietet § 136a Abs. 1 S. 3 StPO, dem Angeklagten einen gesetzlich nicht vorgesehenen Vorteil zu versprechen.

---

[438] Kleinknecht / Meyer-Goßner, StPO, § 136a, Rdnr. 1 ff.; Schäfer, Dünnebier-FS, S. 11; Volk, JZ 1982, S. 85, 91.
[439] Schünemann, Gutachten 58. DJT, B 98 f.
[440] Rönnau, Die Absprache im Strafprozeß, S. 181.
[441] Kremer, Absprachen zwischen Gericht und Verfahrensbeteiligten, S. 129; Roxin, Strafverfahrensrecht, § 25 IV 1, Rdnr. 14 ff.
[442] BGHSt 5, 333; Kleinknecht / Meyer-Goßner, StPO, § 136a, Rdnr. 1.
[443] BVerfG, NJW 1984, S. 428; Kleinknecht / Meyer-Goßner, StPO, § 136a, Rdnr. 1.

2. Die Problemstellung im Zusammenhang mit Absprachen

Die Prüfung einer Verletzung des § 136a StPO durch Absprachen wird überwiegend mit der besonderen Situation des Angeklagten begründet[444], da er einem erheblichen Druck ausgesetzt und deshalb ein Verstoß gegen § 136a StPO naheliegend sei. Der deutsche Strafprozess sei trotz des Gebotes des fairen Verfahrens von einem Machtgefälle zuungunsten des Angeklagten gekennzeichnet, das auch bei Absprachen gegeben sei bzw. noch gesteigert werde[445].

Angesichts der geringen Freispruchquote von nur 3 %[446] müsse der Angeklagte den Eindruck haben, sich einer Verurteilung nicht entziehen zu können. Insbesondere in den Fällen, in denen die Initiative zu einer Verständigung von der Justiz ausgehe[447], oder wenn der Verteidiger als Art „vollmachtsloser Vertreter" tätig geworden sei[448], sehe sich der möglicherweise nicht absprachebereite oder in Untersuchungshaft befindliche Beschuldigte einer erheblichen psychischen Drucksituation ausgesetzt. Hinzu komme, dass er sich professionellen Juristen gegenüber[449] und deshalb nicht in der Lage sehe, sich zu widersetzen. Außerdem habe der Angeklagte zu befürchten, dass er eine höhere Strafe zu erwarten habe, wenn er nicht kooperationsbereit sei. Eine Befragung von Schünemann[450] hat ergeben, dass 49 % der befragten Rechtsanwälte meinen, dass sich eine fehlgeschlagene Verständigung nicht lediglich in einem schlechteren Verhandlungsklima niederschlage, sondern zu einer Strafschärfung führe. Während die Justiz immer die Möglichkeit habe, den Prozess streng nach der StPO zu Ende zu führen, entstehe für den Angeklagten erheblicher Druck, da über ihm das „Damoklesschwert" des Scheiterns der Gespräche schwebe[451] und er sich dem Risiko höherer Strafen aussetze. Das Entstehen einer Drucksituation sei schon allein darin begründet, dass dem Angeklagten eine Wahlmöglichkeit eingeräumt werde. Bereits durch das Inaussichtstellen einer Absprache erhöhe sich der psychologische Druck auf den Angeklagten. Die besonders belastende Situation des Angeklagten bei Absprachen sei zudem dadurch verstärkt, dass der Angeklagte zur Umsetzung der getroffenen Absprache in Vorleistung zu treten habe und seine Leistung, zumindest, wenn sie in Form eines Geständnisses erfolgt, unumkehrbar ist[452]. Dieser psychologische Druck auf den Angeklagten führe zu einer Verletzung des § 136a StPO. Der Angeklagte sei nicht mehr frei in seiner Entscheidung, ob er eine Absprache treffe und ein Geständnis ablege oder nicht.

Die nähere Untersuchung der vorgetragenen Argumente ergibt zwar, dass die Situation des Angeklagten nicht zwingend belastender ist als im Verfahren ohne Absprache. Auch das reguläre Verfahren ist nämlich von einem in der Natur der Sache liegendem Machtgefälle geprägt. Durch jedes Strafverfahren wird der Beschuldigte vielfältigen psychischen Belastungen ausgesetzt. Auf ihm lastet die Unsicherheit hinsichtlich des Verfahrensverlaufes und –ausgangs, er hat Auswirkungen auf seine

---

444 Kremer, Absprachen zwischen Gericht und Verfahrensbeteiligten, S. 130; Rönnau, Die Absprache im Strafprozeß, S. 182; Siolek, Verständigung in der Hauptverhandlung, S. 176.
445 Rönnau, Die Absprache im Strafprozeß, S. 182; Siolek, Verständigung in der Hauptverhandlung, S. 177.
446 Nestler-Tremel, DRiZ 1988, S. 290.
447 Nestler-Tremel, DRiZ 1988, S. 292; Schmidt-Hieber, DRiZ 1990, S. 323.
448 Koch, ZRP 1990, S. 250.
449 Schünemann, NJW 1989, S. 1901, 1903.
450 zit. bei Siolek, Verständigung in der Hauptverhandlung, S. 178.
451 Rönnau, Die Absprache im Strafprozeß, S. 182.
452 Kremer, Absprachen zwischen Gericht und Verfahrensbeteiligten, S. 130 f.

Reputation, seine Familie, seinen Beruf und finanzielle Belastungen zu befürchten[453]. Außerdem wird jeder Willensentschluss auch von äußeren Umständen und Einflüssen und der Psyche des Vernommenen geprägt[454]. Anhaltspunkte, dass von vorneherein die Absprachesituation einen so erheblichen Druck und dadurch mehr Einflussnahme auf die Willensbetätigungs- und Entscheidungsfreiheit zur Folge haben muss, gibt es aber nicht. Allerdings ist nicht auszuschließen, dass es unter Umständen zu unerlaubter Einflussnahme kommen kann, oder die Situation erheblich belastender ist als üblich. Besonders problematisch sind Fälle, in denen der Angeklagte sich in der Untersuchungshaft befindet und bleiben wird, wenn die Hauptverhandlung mangels Geständnis noch andauern wird.

Unzulässig können je nach den Umständen des Einzelfalles auch Bemerkungen des Gerichtes sein, dass man ohne Geständnis keine Strafmilderungsgründe sehe und deshalb nur eine hohe Strafe verhängt werden könne. Obwohl das Geständnis einen Strafmilderungsgrund darstellt[455] und bei dessen Fehlen tatsächlich ein Strafmilderungsgrund weniger vorliegt, kann unter Umständen eine solche Aussage so verstanden werden, dass das Nichtaussagen negativ bewertet wird, was wegen des Grundsatzes „nemo tenetur se ipsum prodere" unzulässig wäre. Entscheidend ist dabei die konkrete Situation, die Art, wie ein solcher Hinweis erfolgt und wie er vom Angeklagten verstanden werden kann.

Eine unzulässige Drucksituation kann sich auch ergeben, wenn das Gericht, die Staatsanwaltschaft und der Verteidiger, der, wenn es sich um einen Pflichtverteidiger handelt, möglicherweise vom Gericht selber nach seiner Kooperationsbereitschaft ausgewählt und vorgeschlagen wird, offensichtlich derart eng zusammenarbeiten, dass der Angeklagte das Gefühl bekommen muss, dem nichts entgegensetzen zu können.

Es darf nicht verkannt werden, dass solche Vorgehensweisen in der Wirklichkeit des Strafverfahrens durchaus keine Einzelfälle sind. Deshalb ist es wichtig, die Grenzen zulässiger Absprachen genau zu definieren. Per se muss bei einer Absprache allerdings keine für den Angeklagten belastendere Situation als im regulären Verfahren gegeben sein.

Genauso gut kann die Atmosphäre bei außerprozessualen Gesprächen entspannter sein, wobei die Beteiligten sich eher gleichberechtigt gegenüberstehen als im herkömmlichen Strafverfahren. Die geringe Freispruchquote als Argument anzuführen, ist jedenfalls nicht geeignet, generell eine belastende Situation für den Angeklagten zu begründen. Denn auch streitig beendete Strafverfahren enden in den seltensten Fällen mit einem Freispruch. Trotzdem wird nicht grundsätzlich bei jedem Strafverfahren eine Verletzung des § 136a StPO in Betracht gezogen. Die unzulässige Drucksituation ergibt sich auch nicht aus dem durch das Angebot einer Absprache hergestellten Zusammenhang zwischen einerseits der geringen Wahrscheinlichkeit eines Freispruches und andererseits der Option einer milderen Bestrafung. Zwar muss der Angeklagte in der Tat die Entscheidung treffen, ob er die Möglichkeit des Freispruches ganz ausschließt, indem er ein Geständnis ablegt, dafür aber im Gegenzug ein zügigeres Verfahren und eine möglicherweise geringere Strafe erhält. Aber die Entscheidung darüber bleibt ganz ihm überlassen. Die Möglichkeit, eine

---

[453] so auch Rönnau, Die Absprache im Strafprozeß, S. 182 ff.
[454] siehe Rönnau, Die Absprache im Strafprozeß, S. 182 ff.
[455] siehe 4. Teil, B V 3 c.

Entscheidung zu treffen, zwischen zwei Alternativen zu wählen, kann zumindest mehr Freiheit und muss nicht notwendig psychischen Druck bedeuten. Diesbezüglich ist die Argumentation derjenigen, die meinen, bei Absprachen im Strafverfahren dränge sich der Verstoß gegen § 136a StPO geradezu auf, nicht stringent. Einerseits wird behauptet, der Angeklagte habe sowieso keine Wahl, ob er sich verständige, andererseits sei es gerade die ihm eröffnete Wahlmöglichkeit, die den psychischen Druck auf den Angeklagten derart erhöhe, dass ein Verstoß gegen § 136a StPO gegeben sei. Für den Fall, dass der Angeklagte sich mit der Entscheidung überfordert fühlt, kann er das Angebot der Absprache ablehnen. Im Normalfall dürfte sich seine Ausgangslage dadurch nicht verschlechtern. Auch ohne Verständigungsversuch steht der Angeklagte vor der Frage, ob er ein Geständnis wegen dessen strafmildernder Wirkung ablegen soll. Gegenüber dieser Situation hat die Absprache dazu den Vorteil, dass die Auswirkungen auf die Strafzumessung berechenbar werden. Dass ihm in einem solchen Fall eine höhere Strafe droht, als wenn es nie zu dem Angebot und der Ablehnung desselben gekommen wäre, ist dagegen nicht belegbar. Bei der Umfrage von Schünemann, nach der knapp die Hälfte der befragten Verteidiger von einer Strafschärfung im Falle des Scheiterns einer Verständigung ausgehen[456], ist schon fraglich, ob das Ergebnis repräsentativ sein kann. Jedenfalls handelt es sich dabei um subjektive Einschätzungen der Anwälte, die noch dazu auf einer Hypothese beruhen[457]. Denn dazu müsste man drei zumindest nahezu identische Verfahren miteinander vergleichen. Eines müsste streitig beendet worden sein, das zweite durch eine Absprache und das dritte müsste nach einer gescheiterten Absprache streitig beendet worden sein. Nur dann könnte man feststellen, ob eine Strafschärfung drohe für den Fall, dass eine initiierte Verständigung nicht zustande kommt. Empirisches Material dazu kann es nicht geben, zumal es schon keine, zumindest nicht in ausreichender Anzahl, um repräsentativ zu sein, passenden Vergleichsobjekte geben wird.

Tatsächlich stützt sich der Eindruck, dass beim Scheitern bzw. Nichtzustandekommen einer Verständigung härtere Sanktionen verhängt werden, darauf, dass eben keine zusätzlichen Strafmilderungsgründe zugunsten des Angeklagten berücksichtigt werden können. Diese Tatsache ist jedoch nicht geeignet, zu untermauern, dass der Angeklagte, dem eine Absprache angeboten wird, generell schlechter dastehen muss, als derjenige, dem keine angeboten wurde. Denn das Geständnis ist nun einmal ein Strafmilderungsgrund[458].

Außerdem ist einem Richter grundsätzlich zuzutrauen, trotz seiner möglichen Enttäuschung über das Scheitern einer von ihm angeregten Absprache, dem Angeklagten ein faires Verfahren zu gewähren[459]. Dies wird lediglich denjenigen Richtern schwer fallen, die Absprachen überwiegend im eigenen Interesse treffen, die Verfahrensbeschleunigung mit Arbeitserleichterung für sich selber gleichsetzen. Zu Recht weist Janke[460] allerdings darauf hin, dass vereinzelt bekannt gewordene, rechtlich bedenkliche Absprachen nicht dazu führen sollten, Absprachen generell abzulehnen bzw. für unzulässig zu erklären.

---

[456] Schünemann, Gutachten 58. DJT, B 80.
[457] Siolek, Verständigung in der Hauptverhandlung, S. 176 ff.
[458] siehe unten 4. Teil, B V 3 c.
[459] Janke, Verständigung und Absprachen, S. 160.
[460] Janke, Verständigung und Absprachen, S. 160.

Grundsätzlich kann deshalb nicht schon wegen der besonderen Situation des Angeklagten bei Absprachen generell ein Verstoß gegen § 136a StPO angenommen werden bzw. indiziert sein. Es ist aber andererseits nicht zu verkennen, dass es solche Verstöße im Zusammenhang mit Absprachen geben kann und in der Verfahrenswirklichkeit auch gibt. Deshalb ist anhand der einzelnen Tatbestandsmerkmale des § 136a StPO zu überprüfen, inwiefern diese auf die typischen Absprachesituationen zutreffen. In Betracht kommen dabei die Merkmale der Täuschung, der Drohung und des Versprechens eines gesetzlich nicht vorgesehenen Vorteiles.

3. Einzelne Konstellationen des § 136a StPO

Im Zusammenhang mit der Zulässigkeit strafverfahrensrechtlicher Absprachen sind folgende, der in § 136a StPO aufgezählten Erscheinungsformen unzulässiger Vernehmungsmethoden von möglicher praktischer Bedeutung: „Täuschung", § 136a Abs. 1 Satz 1 StPO, „Drohung mit verfahrensrechtlich unzulässigen Maßnahmen", § 136a Abs. 1 Satz 3 1. Alt. StPO, „Versprechen eines gesetzlich nicht vorgesehenen Vorteils", § 136a Abs. 1 Satz 3 2. Alt. StPO. Wenn und soweit aufgrund einer Absprache, in der diese Methoden verwendet werden, Aussagen des Beschuldigten herbeigeführt werden, unterliegen diese dem Beweisverwertungsverbot des § 136a Abs. 1 StPO, die Absprache selbst ist unzulässig und rechtswidrig.

a. Täuschung

Der Begriff der Täuschung schließt nach h.M. nicht jede List bei der Vernehmung aus, verbietet aber jede Art der Lüge[461]. Unzulässig ist das bewusste Vorspiegeln oder Entstellen von Tatsachen[462]. Das Verbot der Täuschung bezieht sich sowohl auf Tatsachen als auch auf Rechtsfragen, z.B. ob der Angeklagte zur Aussage verpflichtet ist, und auf Absichten des Vernehmenden, z.B. ob das Gericht zur Gewährung einer Strafmilderung bereit ist[463].

Im Zusammenhang mit Absprachen liegt ein Verstoß gegen § 136a StPO dann vor, wenn dem Angeklagte bewusst die Unwahrheit gesagt wird, um beispielsweise ein Geständnis zu erhalten, ohne dafür Gegenleistungen erbringen zu wollen[464], z.B. indem dem Angeklagten für sein Entgegenkommen eine Strafmilderung zugesagt wird, obwohl das Gericht von vorneherein nicht die Absicht hatte, diese zu gewähren. Ändert sich jedoch die Situation im Laufe des Verfahrens und kommt es deswegen nicht zu der angekündigten Gegenleistung, liegt keine Täuschung vor.

Dass die Täuschungsalternative des § 136a StPO im Bereich der Absprachen in Strafverfahren eine untergeordnete Rolle spielt, liegt in erster Linie nicht an der Schwierigkeit, dem Gericht Vorsatz im Sinne einer bewussten und absichtlichen Entstellung der Wahrheit nachzuweisen[465]. Vielmehr ist es wohl nicht der Regelfall, dass

---

461 BGHSt 35, 328,329; BGHSt 37, 48, 52; Boujong, in Karlsruher Kommentar, § 136a, Rdnr. 19; Kleinknecht / Meyer-Goßner, StPO, § 136a, Rdnr. 15; Schlüchter, Strafverfahren, Rdnr. 95.
462 Hanack, in LR, § 136a, Rdnr. 35.
463 Boujong, in Karlsruher Kommentar, § 136a, Rdnr. 19.
464 Braun, Die Absprache, S. 69.
465 so aber Braun, Die Absprache, S. 69; Janke, Verständigung und Absprachen, S. 167; Schmidt-Hieber, Verständigung im Strafverfahren, Rdnr. 244.

die Justizorgane den Angeklagten bewusst täuschen. Dies gilt schon allein deshalb, weil Verständigungen vom gegenseitigen Vertrauen leben. Spricht sich in Verteidigerkreisen einmal herum, dass das entsprechende Gericht oder ein bestimmter Staatsanwalt getäuscht haben, würden künftig mit diesem Gericht oder diesem Staatsanwalt wohl kaum Vereinbarungen getroffen werden.

b. Drohung

Neben der Tatbestandsalternative des § 136a StPO der Täuschung wird auch über diejenige der Drohung mit einer unzulässigen Maßnahme im Zusammenhang mit der Debatte über die Zulässigkeit von Absprachen häufig diskutiert. Denn gegebenenfalls enthält das Angebot einer Vereinbarung gleichzeitig eine ausgesprochene oder unausgesprochene Drohung, indem für den Fall, dass das Angebot nicht angenommen wird, ein Verhalten angekündigt wird, das verfahrensrechtlich nicht statthaft wäre. Vorstellbar ist zum Beispiel, dass das Gericht eine Absprache vorschlägt und eine Strafmilderung in Aussicht stellt und gleichzeitig ausdrücklich oder konkludent mit einer Strafschärfung droht für den Fall, dass kein Geständnis abgelegt wird.

Mit einer verfahrensrechtlich unzulässigen Maßnahme droht ein Vernehmender dann, wenn er einen Nachteil in Aussicht stellt und behauptet oder zumindest den Eindruck vermittelt, auf dessen Eintritt Einfluss zu haben[466]. Zwar ist es statthaft, dem Angeklagten prozessual zulässige Maßnahmen vor Augen zu führen. Dies gilt jedoch nur, wenn der Vernehmende zum Ausdruck bringt, er werde sich bei seinen Entschließungen ausschließlich von sachlichen Erwägungen leiten lassen[467]. Eine Drohung im Sinne des § 136a StPO liegt deshalb vor, wenn die angedrohte Maßnahme entweder formell kompetenzwidrig oder materiell-rechtlich nicht zu vertreten ist[468].

Von der Drohung zu unterscheiden, sind bloße Belehrungen, Hinweise und insbesondere Warnungen, die in Ausübung der prozessualen Fürsorgepflicht des Gerichtes den Angeklagten zur Wahrnehmung seiner prozessualen Rechte anhalten sollen[469]. Deswegen hat der Bundesgerichtshof es für zulässig erachtet, einen Beschuldigten darauf hinzuweisen, dass Leugnen wegen der erdrückenden Beweislage nicht erfolgversprechend sei und ein Geständnis strafmildernd berücksichtigt werden könne[470]. Denn solche Vorhaltungen beträfen nur Überlegungen, die der Beschuldigte vernünftigerweise auch von selbst hätte anstellen können.

Im Zusammenhang mit der Diskussion über die Zulässigkeit von Absprachen wird aber vertreten, diese Interpretation der Drohungsvariante des § 136a StPO sei zu eng[471]. So sollen auch die Fälle von § 136a StPO erfasst werden, in denen die angedrohte Maßnahme in der konkreten Situation durchaus rechtmäßig ist, durch die Ge-

---

466 Boujong, in Karlsruher Kommentar, § 136a, Rdnr. 30; Hanack, in LR, § 136a, Rdnr. 48; Schlüchter, Strafverfahren, Rdnr. 92.

467 Boujong, in Karlsruher Kommentar, § 136a, Rdnr. 30; Hanack, in LR, § 136a, Rdnr. 48; Kleinknecht / Meyer-Goßner, StPO, § 136a, Rdnr. 22.

468 Seier, JZ 1988, S. 683.

469 Boujong, in Karlsruher Kommentar, § 136a, Rdnr. 31; Hanack, in LR, § 136a, Rdnr. 49; Kleinknecht / Meyer-Goßner, StPO, § 136a, Rdnr. 21.

470 BGHSt 1, 387.

471 insbes. Seier, JZ 1988, S. 683; Gerlach, Absprachen im Strafverfahren, S. 73 f; Rönnau, Die Absprache im Strafprozeß, S. 191.

samtsituation jedoch beim Angeklagten der Eindruck der Unzulässigkeit vermittelt werde[472]. Musste der Angeklagte das Verhalten der Justizorgane so verstehen, dass der angedeuteten Maßnahme willkürliche Erwägungen zugrunde liegen, sei die Willensbetätigung des Angeklagten nicht mehr frei. So soll z.B. der Hinweis des Gerichtes, dass der Haftbefehl wegen Fluchtgefahr bestehen bleibe, wenn nicht ein Geständnis abgelegt werde, eine Drohung beinhalten. Denn es werde der Anschein erweckt, dass der unbestimmte Begriff der Fluchtgefahr vom Aussageverhalten des Beschuldigten abhängig sei, was jedoch gemäß § 112 Abs. 1, Abs. 2 S. 2 StPO nicht der Fall sei. Gleiches gelte, wenn dem Beschuldigten ein vermeintlicher Handlungsspielraum vorgespiegelt oder eine Muss-Entscheidung als eine Kann-Entscheidung ausgegeben wird. Die Fälle unrichtiger Handhabung von Beurteilungs- oder Ermessensspielräumen fallen auch nach der herrschenden Meinung unter den Begriff der Drohung. Denn die angedrohte Maßnahme ist materiell-rechtlich nicht zu vertreten. Ein wegen Fluchtgefahr verhängter Haftbefehl kann nicht aufgehoben werden, nur weil ein Geständnis abgelegt wurde. Es sei denn, dadurch kommt zum Ausdruck, dass sich der Angeklagte den Vorwürfen stellen will. Grundsätzlich wäre eine solche Entscheidung aber fehlerhaft, so dass deren Androhung unter § 136a StPO fällt. Die Fälle, in denen die Maßnahme rechtmäßig und zulässig ist, der Angeklagte jedoch den Eindruck der Unzulässigkeit hat, können nicht unter die Tatbestandsalternative der Drohung subsumiert werden. Der Eindruck des Angeklagten ist zu unbestimmt und zu schwer überprüfbar, um Anknüpfungspunkt zu sein. Geschickte Verteidiger könnten dann immer mit dem Empfinden ihres Mandanten ein Verwertungsverbot begründen. Hinzu kommt, dass Belehrungen über die Möglichkeit der strafmildernden Berücksichtigung eines Geständnisses zulässig sein sollen[473]. Die Grenzen zwischen dem zulässigen Hinweis und einer unzulässigen Drohung würden fließend, wäre der Eindruck des Angeklagten entscheidend, wann eine Drohung anzunehmen ist. Außerdem darf der Zweck des § 136a StPO, eine ausgewogene Abwägung zwischen dem Strafverfolgungsinteresse des Staates einerseits und dem Schutz des Angeklagten andererseits zu gewährleisten, nicht zu Lasten des Strafverfolgungsinteresses überstrapaziert werde. Ein Mindestmaß an Belastung für den Angeklagten ist dabei unumgänglich. In diesem Zusammenhang wird auch geltend gemacht, die gesamte Argumentation sei praxisfremd, da Verständigungen in den überwiegenden Fällen in Verfahren erzielt werden, in denen Anwaltszwang herrsche[474]. Die Rechtsanwälte hätten jedoch in der Regel ausreichende Prozessrechtskenntnisse, um möglicherweise unkorrektem Verhalten der Justizorgane entgegenzutreten.

Es wird zudem behauptet, Absprachen seien konkludente Drohungen, weil bei Ablehnung einer Kooperation die Strafe härter als die „Normalstrafe" sei[475]. Während bei kooperierenden Beschuldigten eine Strafe x verhängt werde, gelte für nicht-kooperierende Beschuldigte die Strafe x+n. Die Kehrseite des Vorteilsversprechens im Rahmen einer Verständigung sei die Drohung. Dies ist jedoch eine Vermutung, die nicht zu der Annahme eines generellen Verstoßes von Absprachen gegen § 136a StPO führen kann. In der Tat ist die Kehrseite einer jeden Besserstellung eine Schlechterstellung. Wer die Möglichkeit, besser gestellt zu werden, nicht nutzt, muss in Kauf nehmen, im Verhältnis zur Besserstellung schlechter gestellt zu sein. Eine Drohung kann deswegen jedoch allein in dem Angebot einer Absprache und einer

---

[472] Seier, JZ 1988, S. 683, 688.
[473] BVerfG, NStZ 1987, S. 419, 420; BGHSt 20, 268, 269.
[474] Siolek, Verständigung in der Hauptverhandlung, S. 188.
[475] Braun, Die Absprache, S. 71; Kremer, Absprachen zwischen Gericht und Verfahrensbeteiligten, S. 134 f; Weigend, JZ 1990, S. 774, 778.

damit verbundenen Strafmilderung für kooperatives Verhalten nicht per se gesehen werden. Eine Drohung läge z.B. dann vor, wenn das Gericht andeutete, dass es den Angeklagten härter bestrafen werde für den Fall, dass dieser sich nicht verständigungsbereit sei, und sich dabei von unsachgemäßen, mit der Tat in keinerlei Zusammenhang stehenden Erwägungen leiten ließe. Ob es tatsächlich zu einer Verletzung des § 136a StPO gekommen ist, hängt deswegen von der konkreten Situation ab und kann nur im Einzelfall entschieden werden[476].

c. Ankündigung einer strafmildernden Berücksichtigung als Versprechen eines gesetzlich nicht vorgesehen Vorteils

aa. Definition des Versprechens eines gesetzlich nicht vorgesehenen Vorteils

Im Zusammenhang mit Absprachen ist außerdem die Tatbestandsalternative des Versprechens eines gesetzlich nicht vorgesehenen Vorteils von praktischer Relevanz, wenn dem Angeklagten für sein Geständnis etwas versprochen wird, was gar nicht oder jedenfalls nicht in der versprochenen Form in der Entscheidungskompetenz des erkennenden Gerichtes liegt, zum Beispiel wenn Zusagen über die künftigen Haftverhältnisse gemacht werden. Im Gegensatz zur Täuschung, die ein bewusstes Verhalten erfordert, ist für das Versprechen ein objektiver Verstoß ausreichend, ein zielgerichtetes Verhalten ist nicht erforderlich[477]. Nach einer Mindermeinung ist bereits das Inaussichtstellen eines gesetzlich nicht vorgesehenen Vorteils ein Versprechen im Sinne des § 136a StPO[478]. Schon durch das schlichte Inaussichtstellen eines Vorteiles werde die Willensfreiheit des Angeklagten beeinflusst. Es wird darauf abgestellt, dass im Ergebnis jede Zusage im Hinblick auf die besondere Situation des Angeklagten in einem Abspracheverfahren wie ein bindendes Versprechen wirke[479]. Jede Form der Absichtserklärung sei ausreichend[480]. Gerade wenn ein Richter einen rechtswidrigen Vorteil nur als Gegenstand seiner momentanen labilen Absicht in Aussicht stelle, übe er besonders perfiden Druck auf den Angeklagten aus, weil sich dieser gezwungen fühlen müsse, diese einmalige Gelegenheit nicht ungenutzt verstreichen zu lassen.

Nach herrschender Meinung ist jedoch ein Versprechen iSd § 136a Abs. 1 S. 3 StPO eine Erklärung, die von dem zu Vernehmenden als eine bindende Zusage aufgefasst werden kann[481]. Schon wegen des eindeutigen Wortlautes des § 136a Abs. 1 S. 3 StPO, der ausdrücklich auf ein „Versprechen" abstellt, ist der h.M. zuzustimmen[482]. Wenn festgestellt wird, dass es das bindende Versprechen eines gesetzlich nicht vorgesehenen Vorteiles, also einer gesetzwidrigen Prozesshandlung, begrifflich gar nicht geben kann[483], dann wirkt das auf den ersten Blick einleuchtend, es ist im Ergebnis aber nicht überzeugend. Bindend ist in diesem Zusammenhang aus der Sicht des Beschuldigten zu verstehen. Schließlich geht es um den Schutz der Willensbetätigungsfreiheit des Angeklagten. Die Frage, welche Rechtsfolgen die Zu-

---

476 Siolek, Verständigung in der Hauptverhandlung, S. 189.
477 Braun, Die Absprache, S. 71.
478 Grünwald, NJW 1960, S. 1941; Schlüchter, Strafverfahren, Rdnr. 93.
479 Rönnau, Die Absprache im Strafprozeß, S. 194.
480 Schünemann, Gutachten 58. DJT, B 100.
481 BGHSt 14, 189, 191; Boujong, in Karlsruher Kommentar, § 136a, Rdnr. 32; Rogall, in SK-StPO, § 136a, Rdnr. 65; Eb. Schmidt, Lehrkommentar, Rdnr. 20.
482 Janke, Verständigung und Absprachen, S. 171.
483 Schünemann, Gutachten 58.DJT, B 99.

sage einer gesetzeswidrigen Handlung hat, kann der Beschuldigte im Regelfall zum Zeitpunkt der Vernehmung nicht beantworten, weshalb darauf nicht abgestellt werden kann. Außerdem wird meistens ein Verteidiger an dem sogenannten Vorgespräch beteiligt sein.

Wegen des hinter der Vorschrift des § 136a StPO stehenden Sinns und Zwecks, die Willensbetätigung des Angeklagten zu schützen, ist maßgeblich darauf abzustellen, ob dem Angeklagten beim Angebot einer Absprache eine Art „Köder"[484] ausgelegt wird, um ihn zu einer Aussage zu verleiten und ihn so in seiner Willensbetätigung zu beeinflussen.

Führt man ihm jedoch bloß vor Augen, welche – gesetzlich vorgesehenen – Vorteile ein bestimmtes Verhalten im Prozess zur Folge haben kann, ohne dabei durchblicken zu lassen, welches Verhalten das Gericht bevorzugen würde, dient das der Erfüllung der prozessualen Fürsorgepflicht des Gerichtes. Entscheidend ist deshalb, ob die angekündigte Vergünstigung gesetzlich vorgesehen ist oder nicht.

Gesetzlich nicht vorgesehene Vorteile iSd § 136a StPO sind nach herrschender Meinung solche Vergünstigungen, die geeignet sind, das Aussageverhalten eines Beschuldigten zu beeinflussen[485]. Unstatthaft ist danach, eine Gegenleistung für eine Aussage bzw. deren Inhalt zu versprechen. Es wird jedoch auch vertreten, dass ein Vorteil immer dann gesetzlich nicht vorgesehen sei, wenn er nach dem Gesetz überhaupt nicht oder jedenfalls in dem konkreten Fall nicht gewährt werden dürfe[486]. Bei der Statthaftigkeit eines Versprechens wird zum Teil darauf abgestellt, ob das von Seiten der Justiz Versprochene eine gesetzlich vorgesehene Reaktion auf die Aussage des Angeklagten sei oder ob dadurch die Konkretisierung eines Beurteilungs- oder Ermessensspielraumes in einer vom Zweck der Norm dreifach gedeckten Weise vorgenommen werde[487]. Danach müsse eine Vorwegnahme und konkrete Ausfüllung des Beurteilungs- oder Ermessensspielraumes im Augenblick des Versprechens erstens grundsätzlich zulässig und zweitens überhaupt möglich sein, außerdem müsse drittens zwischen Normzweck und der Herbeiführung einer Aussage Konnexität bestehen. Da weder Gericht noch Staatsanwaltschaft einen Beurteilungs- oder Ermessensspielraum willkürlich ausfüllen dürfen, sondern nur dem jeweiligen Normzweck entsprechend, müsste sich die durch das Versprechen bewirkte Aussage zwangsläufig in diesen Normzweck einpassen lassen, wenn die Möglichkeit der Versprechensrealisierung bestehen soll.

Da es an mehreren Stellen gesetzlich vorgesehen ist, dass eine Aussage „prämiert" werden kann, z.B. bei §§ 31, 37 BtMG im Rahmen der Kronzeugenregelung oder bei §§ 153e Abs. 1 S. 2, 154c StPO, greift die h.M. zu weit[488]. Das Versprechen von Vergünstigungen als Gegenleistung für eine bestimmte Aussage kann durchaus gesetzmäßig sein. Schon der Wortlaut der Vorschrift impliziert, dass es gesetzlich vorgesehene Vorteile geben muss. Deshalb ist darauf abzustellen, ob die gemachte Zusage rechtlich zulässig ist. Zulässig ist es z.B., dem Beschuldigten Vorteile zu versprechen, die sich aus einer Änderung der Verfahrenslage auf Grund seines Ge-

[484] Janke, Verständigung und Absprachen, S. 171.
[485] OLG Hamm, StV 1994, S. 456.
[486] Hanack, in LR, § 136a, Rdnr. 52; Rogall, in SK-StPO, § 136a, Rdnr. 67.
[487] Schünemann, Gutachten 58. DJT, B 104 f.
[488] Janke, Verständigung und Absprachen, S. 171.

ständnisses ergeben[489]. Es verstößt deshalb nicht gegen § 136a StPO, wenn der Haftrichter dem Beschuldigten Haftentlassung zusagt für den Fall, dass der Beschuldigte durch ein wahrheitsgemäßes Geständnis den allein gegebenen Haftgrund der Verdunkelungsgefahr ausräumt[490]. Anders sähe es bei einem mit Fluchtgefahr begründeten Haftbefehl aus.

Die von Schünemann vertretene Interpretation[491] geht letztendlich in die gleiche Richtung. Das Erfordernis der Konnexität zwischen Versprechen und Vorteil ergibt sich bereits daraus, dass der versprochene Vorteil rechtlich zulässig sein muss. Selbstverständlich dürfen die Justizorgane ihnen eingeräumte Beurteilungs- oder Ermessensspielräume nicht fehlerhaft ausüben. Andernfalls wäre der versprochene Vorteil nicht rechtmäßig.

Die Vereinbarkeit der bei Absprachen von den Justizorganen gegebenen Zusagen mit § 136a StPO setzt also voraus, dass es sich bei der zugesagten Prozesshandlung um eine vom Gesetz vorgesehene Reaktion auf die Aussage des Angeklagten handelt. Bei den gesetzlich vorgesehenen Regelungen der §§ 153e Abs. 1 S. 2, 154c StPO, §§ 31, 37 BtMG und der Kronzeugenregelung ist dies der Fall. Bei Absprachen wird typischerweise eine Teileinstellung zur Erlangung eines Geständnisses in Aussicht gestellt bzw. eine milde Strafe im Austausch für ein Geständnis versprochen oder es werden Zusagen zum Strafvollzug gemacht. Zusagen zum Strafvollzug darf das erkennende Gericht aus kompetenzrechtlichen Gründen nicht machen. Es handelte sich dann um einen gesetzlich nicht vorgesehenen Vorteil. Teileinstellungen dürfen ebenfalls nur im gesetzlich vorgesehenen Rahmen vorgenommen, insbesondere nach Anklageerhebung nicht mehr allein von der Staatsanwaltschaft zugesagt werden.

Beim Prototyp der Absprache wird für das Ablegen eines Geständnisses eine mildere Strafe in Aussicht gestellt. Es muss deshalb geklärt werden, ob für ein Geständnis grundsätzlich Strafmilderung gewährt werden kann und ob das auch gilt, wenn das Geständnis im Rahmen einer Absprache abgelegt wurde.

bb. Allgemeine Grundlagen der Strafzumessung

Für die Strafzumessung sind drei Aspekte maßgebend und zwar gemäß § 46 Abs. 1 S. 1 StGB die Schuld des Täters als Grundlage der Strafzumessung, nach § 46 Abs. 1 S. 2 StGB die Auswirkung der Strafe auf sein künftiges Leben und die Verteidigung der Rechtsordnung, die zwar in § 46 StGB nicht ausdrücklich erwähnt ist, aber aus §§ 47 Abs. 1, 56 Abs. 3 StGB als wesentlicher Gesichtspunkt für die Strafzumessung herzuleiten ist[492]. Die Strafe muss eine gerechte Antwort auf die schuldhafte Tat sein. Deshalb ist die Schuld die Grundlage der Strafzumessung. Es spielen darüber hinaus auch general- und spezialpräventive Gesichtspunkte, die Auswirkungen der Tat auf die Allgemeinheit und den Täter, eine Rolle[493].

---

489 Boujong, in Karlsruher Kommentar, § 136a, Rdnr. 33; Kleinknecht / Meyer-Goßner, StPO, § 136a, Rdnr. 23; Müller, in KMR, § 136a, Rdnr. 15.

490 BGH MDR 1952, S. 532.

491 Siehe Fn. 481.

492 Tröndle / Fischer, StGB, § 46, Rdnr. 3, 6.

493 BGHSt 20, 264, 266; Lackner, StGB, § 46, Rdnr. 23; Stree in Schönke / Schröder, StGB, § 46, Rdnr. 3 ff.

Da die Strafzwecke zum Teil gegenläufig sind, eine nähere Gewichtung vom Gesetzgeber jedoch nicht vorgegeben ist, hat sich in der Rechtsprechung[494] die sog. Spielraumtheorie durchgesetzt. Danach gibt es für die konkrete Straftat im Gegensatz zur Theorie der Punktstrafe, nach der nur eine ganz bestimmte Strafgröße als einzige der Schuld des Täters entspricht, innerhalb des gesetzlichen Strafrahmens einen verengten Ausschnitt, den Spielraum, innerhalb dessen die Strafe schuldangemessen ist[495]. Die Schuldbewertung ist mit den ihr immanenten vielfältigen Abwägungen so komplex, dass ein exaktes Strafmaß nicht angegeben werden kann[496]. Innerhalb des Spielraumes können die neben der Schuld bestehenden Aspekte der Strafzumessung berücksichtigt werden[497]. Bei der Bemessung der konkreten Strafe sind dann spezial- und generalpräventive Gesichtspunkte, die Wirkung der Strafe auf den Täter und die Verteidigung der Rechtsordnung, zu beachten[498].

Weil sich der Schuldvorwurf nach § 46 Abs. 1 StGB gegen den Täter richtet, kann die Tat als Grundlage der Strafzumessung nicht nur in der zur Erfüllung des gesetzlichen Tatbestandes führenden Handlung gesehen werden. Sie umfasst vielmehr das gesamte Geschehen, das mit der Tatbestandsverwirklichung eine konkrete Sinneinheit bildet, auch die Umstände, die der tatbestandsmäßigen Handlung vorausgehen oder ihr unmittelbar folgen[499]. Für die Strafzumessung muss also das Erscheinungsbild des Täters insgesamt sowie sein gesamtes Verhalten herangezogen werden. Deshalb liegen auch die in § 46 Abs. 2 StGB genannten Strafzumessungsfaktoren, wobei der Katalog des § 44 Abs. 2 StGB nach h.M. nicht abschließend ist, zu einem großen Teil außerhalb der den Tatbestand verwirklichenden Umstände. Das Geständnis wird dort zwar nicht ausdrücklich erwähnt, könnte aber unter das „Verhalten nach der Tat“ oder die „Auswirkungen der Tat“ zu subsumieren sein.

cc. Geständnis als Nachtatverhalten

Nach h.M. gehört das Verhalten des Täters im Strafverfahren und das dort abgelegte Geständnis zum Verhalten nach der Tat[500]. Allerdings soll das Nachtatverhalten, ergo auch das Geständnis, keine eigenständige Bedeutung haben, sondern lediglich Indizcharakter für die Beurteilung der eigentlichen Tat und der Täterpersönlichkeit haben[501]. Anknüpfungspunkt soll danach der Beweggrund für das Geständnis sein[502]. Ein Geständnis kann danach strafmildernd berücksichtigt werden, wenn daraus der Schluss auf Einsicht und Reue gezogen werden kann.

---

494 BGHSt 7, 28; BGHSt 10, 263; BGHSt 20, 266; BGHSt 29, 320.

495 Vgl. dazu Maurach / Zipf, Strafrecht AT, I, § 7 IV, Rdnr. 22 ff und Tröndle/Fischer, StGB, § 46, Rdnr. 11.

496 Lackner, StGB, § 46, Rdnr. 23 ff.

497 Tröndle / Fischer, StGB, § 46, Rdnr. 10.

498 Schmidt-Hieber, in Festschrift für Wassermann, 1985, S. 996 f.

499 Schmidt-Hieber, in Festschrift für Wassermann, 1985, S. 996 f.

500 BGHSt 1, 105, 106; Bruns, Strafzumessungsrecht, S. 595; Hirsch, in Leipziger Kommentar, § 46, Rdnr. 95; Stree, in Schönke-Schröder, § 46, Rdnr. 41.

501 Bruns, Strafzumessungsrecht, S. 575 ff.

502 BGH NJW 1960, S. 1212 f; Maurach / Gössel / Zipf, Strafrecht AT 2, S. 551.

Allerdings ist unbestritten, dass es dem Gericht unmöglich ist, Aussagen, die psychische bzw. seelische Vorgänge, wie Reue und Einsicht, zum Gegenstand haben, zu überprüfen[503]. Die erforderliche Aufklärung und Bewertung der für ein Geständnis maßgeblichen Hintergründe scheitert einerseits schon an der Kürze der Hauptverhandlung, andererseits auch an der fehlenden psychoanalytischen Ausbildung der Richter[504]. Ein Sachverständiger, der über eine entsprechende Ausbildung verfügt, wird nicht grundsätzlich, sondern nur in bestimmten Fällen, wenn z.B. Anhaltspunkte vorliegen, die auf eine verminderte Schuldfähigkeit des Angeklagten hindeuten, zur Hauptverhandlung hinzugezogen. Im übrigen wird sich in der Regel nicht mit Sicherheit ausschließen lassen, dass ein Geständnis nicht zumindest zum Teil auf einer gewissen Sühnebereitschaft beruht. Wegen dieser Schwierigkeiten hat Schmidt-Hieber[505] einen Lösungsansatz unter Zuhilfenahme des Grundsatzes „in dubio pro reo" entwickelt. Da der Zweifelsgrundsatz zugunsten des Angeklagten auch für alle dem Angeklagten günstigen Strafzumessungstatsachen gelte, genüge allein die Möglichkeit, dass das Geständnis zumindest auch auf Motiven wie Einsicht oder Reue beruhe, um es strafmildernd zu berücksichtigen. Schünemann[506] hält dem entgegen, dass das in-dubio-Argument auch auf das Leugnen des Angeklagten anzuwenden wäre, welches auf abgrundtiefer Scham und Reue beruhen könnte[507], und dass die Tatsache der Absprache bestehende Zweifel des Gerichtes an Reue und Schuldeinsicht des Angeklagten gerade ausschließe.

In der Tat kann auch das Leugnen des Angeklagten auf Scham beruhen. Während ein Geständnis jedoch ein offensichtliches Indiz für ein Schuldeingeständnis ist, immerhin gibt der Angeklagte öffentlich zu, eine Straftat begangen zu haben, ist das schlichte Leugnen als solches nicht aussagekräftig, da es in der Regel nicht dafür spricht, dass der Beschuldigte die Tat zu tiefst bereut. Liegen jedoch weitere Anhaltspunkte vor, die darauf hindeuten, dass der Täter aus Scham und Reue die Tat leugnet, wird dies nach dem in-dubio-Grundsatz ebenso Einfluss auf die Bewertung der Täterpersönlichkeit haben. Dass der in-dubio-Grundsatz auch auf ein geradezu gegensätzliches Verhalten anwendbar ist, schließt seine Gültigkeit für die Bewertung der hinter einem abgelegten Geständnis stehenden Motive nicht aus. Deshalb dürfen Zweifel an den Hintergründen eines Geständnisses nicht zu Lasten des Angeklagten gehen.

dd. Geständnis als Auswirkung der Tat

Zum Teil wird die Berücksichtigung des Geständnisses bei der Strafzumessung unter dem Gesichtspunkt Auswirkungen der Tat befürwortet[508]. Unter Auswirkungen der Tat versteht man deren unmittelbare und mittelbare Folgen, aber nur, soweit sie verschuldet, d.h. dem Täter vorzuwerfen sind und mindestens vorauszusehen waren[509]. Verschuldet impliziert nicht, dass Auswirkungen der Tat nur zu Lasten des Täters berücksichtigt werden. Vielmehr hat der Gesetzgeber mit der Verwendung dieses

---

503 Gerlach, Absprachen im Strafverfahren, S. 107; Rönnau, Die Absprache im Strafprozeß, S. 98; Schmidt-Hieber, in Festschrift für Wassermann, 1985, S. 999.
504 Janke, Verständigung und Absprachen, S. 184.
505 Schmidt-Hieber, in Festschrift für Wassermann, 1985, S. 1000; ders., Verständigung im Strafverfahren, Rdnr. 174.
506 Schünemann, Gutachten 58. DJT, B 92.
507 siehe auch Grünwald, StV 1987, S. 453, 454.
508 Schmidt-Hieber, in Festschrift für Wassermann, 1985, S. 998 f.
509 Tröndle / Fischer, StGB, § 46, Rdnr. 23.

Terminus der früheren Rechtsprechung des BGH[510], nach der strafschärfend auch unverschuldete Tatfolgen zum Nachteil des Täters verwertet werden konnten, eine Absage erteilt[511]. Anerkannt ist, dass z.B. bei Tötungsdelikten die Folgen für die Hinterbliebenen berücksichtigt werden können oder beim Betrug die über den eigentlichen Betrugsschaden hinausgehenden wirtschaftlichen Einbußen[512]. Auch zugunsten des Täters können außertatbestandliche Folgen berücksichtigt werden[513]. Strafmildernd kann z.B. bewertet werden, dass durch sichergestellte oder selbstverbrauchte Betäubungsmittel andere Personen nicht geschädigt wurden[514].

Den Auswirkungen der Tat kommt nicht lediglich indizielle Wirkung zu, sie werden vielmehr als solche berücksichtigt. Z.B. wird eine Schadenswiedergutmachung gem. § 46a StGB durch den Täter strafmildernd bewertet, egal ob die Wiedergutmachung aus Einsicht, Reue oder Rücksichtnahme auf den Geschädigten erfolgt ist oder nur, weil sich der Täter eine mildere Strafe erhofft[515]. Daraus wird der Schluss gezogen, dass auch dem Geständnis bereits per se strafmildernde Wirkung zukomme[516]. Das Geständnis beeinflusse die Auswirkungen der Tat, indem es zu ihrer Aufklärung beitrage. Dass der Gesetzgeber die Hilfe bei der Aufklärung der Tat als einen Strafzumessungsfaktor anerkenne, ergebe sich bereits daraus, dass die Verhinderung der Tataufklärung durch die Aussagedelikte §§ 153 ff. StGB und durch den Tatbestand der Strafvereitelung, § 258 StGB, unter Strafe gestellt sei[517]. Andererseits sieht das Gesetz in bestimmten Fällen eine Strafmilderung oder sogar einen Strafausschließungsgrund vor für den Fall der Berichtigung einer falschen Aussage, § 158 StGB oder eines Geständnisses, §§ 371 Abs. 3 AO, § 31 Nr. 1 BtMG. Zudem bedeute ein Geständnis auch Genugtuung für den Geschädigten[518] – falls ein solcher vorhanden ist. Der Einfluss des Genugtuungsbedürfnisses des Verletzten auf die Strafzumessung ist allgemein anerkannt[519]. Außerdem werden durch ein Geständnis unter Umständen weitere Belastungen der Opfer vermieden, dies gilt insbesondere bei Sexualstraftaten, wenn den Geschädigten Vernehmungen und qualvolle Erinnerungen erspart bleiben.

Nach der Gegenmeinung kann das Geständnis nicht unter dem Gesichtspunkt Auswirkung der Tat herangezogen werden, weil der Gesetzgeber mit Auswirkungen der Tat nicht den zur Verfolgung der Tat angestrengten Strafprozess meinte und auch nicht meinen konnte[520]. Lediglich die von der Straftat ausgehenden Sozialschäden seien gemeint. Die Entlastung der Justiz sei kein Strafmilderungsgrund. Denn dies käme einem Rückfall in die finstersten Zeiten des Inquisitionsprozesses gleich. Man würde den Angeklagten für Schwierigkeiten beim Tatnachweis bestrafen, ein langwieriger Prozess würde als strafschärfende Folge qualifiziert. Dies hätte letztlich die Konsequenz, dass man dem Angeklagten eine Geständnispflicht auferlegte.

---

510 BGHSt 10, 259.
511 Tröndle / Fischer, StGB, § 46, Rdnr. 23.
512 Stree, in Schönke / Schröder, § 46, Rdnr. .
513 Schmidt-Hieber, in Festschrift für Wassermann, 1985, S. 995, 998.
514 Tröndle / Fischer, StGB, § 46, Rdnr. 23.
515 Tröndle / Fischer, StGB, § 46, Rdnr. 16.
516 Schmidt-Hieber, in Festschrift für Wassermann, 1985, S. 998 f.
517 Schmidt-Hieber, in Festschrift für Wassermann, 1985, S. 998 f.
518 Schmidt-Hieber, in Festschrift für Wassermann, 1985, S. 998 f.
519 BGHSt 3, 140; BGHSt, JZ 1969, S. 340; OLG Stuttgart, NJW 1970, S. 258; Koffka, in Leipziger Kommentar, § 13, Rdnr. 21.
520 Schünemann, in Absprache, Symposium Triberg 1986, S. 44; ders., Gutachten 58. DJT, B 112; siehe auch Janke, Verständigung und Absprachen, S. 181 ff.

Ein Geständnis beeinflusst jedoch nicht nur insoweit die Tatfolgen, als es um den Strafprozess und die Entlastung der Justiz geht. Das Geständnis sorgt zum einen für eine Wiederherstellung des Rechtsfriedens, worin immerhin eines der vorrangigen Ziele des Strafverfahrens besteht[521]. Durch eine rasche Beendigung des Verfahrens reduzieren sich zum anderen die Belastungen für die Geschädigten, was zumindest mittelbar zu den Tatfolgen gehört. Selbstverständlich darf jedoch die mangelnde Bereitschaft zur Ablegung eines Geständnisses im Gegenzug nicht strafschärfend berücksichtigt werden. Somit hat das Geständnis als Auswirkung der Tat durchaus eine selbständige, nicht bloß indizielle Bedeutung bei der Bemessung der Straffolgen.

ee. Strafmilderung auch bei Geständnis im Rahmen von Absprachen ?

Es trifft somit zu, dass das Geständnis im regulären streitigen Verfahren die objektiv zu bestimmenden Auswirkungen der Tat beeinflusst und deshalb unabhängig von den dahinterstehenden Beweggründen strafzumessungsrelevant ist. Gleichzeitig ist es Indiz für Reue und Einsicht in das begangene Unrecht. Ob das auch für abgesprochene Geständnisse gelten kann, ist heftig umstritten. So soll ein im Zuge einer Vereinbarung abgelegtes, taktisches, kalkuliertes, auf ein Minimum reduziertes Geständnis keine Strafmilderung zur Folge haben[522]. Beweggrund für das Geständnis sei allein der in Aussicht gestellte Strafrabatt, nicht aber die Einsicht und die Reue in das verschuldete Unrecht. Reue und Schuldeinsicht seien bei der Aushandlung eines Geständnisses kontraindiziert[523]. Die Tatsache, dass das Geständnis auf einer Absprache beruht, schließe Reue und Schuldeinsicht als unmittelbare Auslöser aus. Außerdem könne es bei der Strafmilderung nicht auf Reue als forum internum ankommen, sondern auf deren normbekräftigende Betätigung, die ein Bekenntnis zur Norm um der Norm willen voraussetze und nicht durch Aushandlung geleistet werden könne[524]. Der Umstand, dass der Angeklagte das Schuldbekenntnis nur deshalb ablege, weil er sich die Strafmilderung sichern wolle, belege, dass nur prozesstaktische und nicht etwa Reue für das Geständnis ausschlaggebend gewesen seien[525]. Der Grundsatz „in dubio pro reo" komme bei abgesprochenen Geständnissen nicht zur Anwendung, da die Ablegung eines taktischen Geständnisses jegliche Zweifel an den Motiven des Angeklagten beseitige. Es könne gar keine Rede davon sein, dass bei einer Absprache Zweifel an der wahren Motivation, der Strafmilderung, bestünden. Der Grundsatz „in dubio pro reo" greife deshalb nicht, wenn überhaupt keine Zweifel bestünden[526].

Diese Argumente beziehen sich jedoch ohnehin sämtlich auf die indizielle Wirkung eines Geständnisses im Rahmen des Nachtatverhaltens. Wie oben erörtert kann das Geständnis jedoch unter Umständen auch unter das Merkmal „Auswirkungen der Tat" subsumiert werden und als solches unabhängig von den zugrundeliegenden Motiven strafmildernd wirken. Daran ändert die Tatsache, dass das Geständnis im Rahmen einer Absprache abgelegt wird, nichts. Außerdem kann auch ein ausgehandeltes Geständnis auf Einsicht und Reue beruhen. Es darf nicht einfach unter-

---

521 Tscherwinka, Absprachen im Strafprozeß, S. 159 ff.

522 Rönnau, Die Absprache im Strafprozeß, S. 96 ff.; Schünemann, Gutachten 58. DJT, B 110 ff.; Tscherwinka, Absprachen im Strafprozeß, S. 161.

523 Schünemann, Gutachten 58. DJT, B 110 ff.

524 Schünemann, Gutachten 58. DJT, B 110 ff.

525 Schünemann, in Absprache, Symposium Triberg 1986, S. 45; ders., NJW 1989, S. 1897 f.

526 Schäfer, DRiZ 1989, S. 296.

stellt werden, das Geständnis werde ausschließlich im Hinblick auf die Strafmilderung abgelegt[527]. Denn auch ein abgesprochenes Geständnis ist Ausdruck einer sittlichen Leistung[528] und verlangt vom Täter einen Wechsel vom Leugnen zum Gestehen, eine innere Umkehr und in der Regel das Überschreiten einer inneren Hemmschwelle[529]. In dem öffentlichen Eingeständnis, die vorgeworfene Straftat begangen zu haben, liegt gleichzeitig die Normanerkennung und darin die strafmildernde Wirkung des Geständnisses[530]. In den meisten Fällen werden im übrigen immer mehrere Gründe Motiv für ein Geständnis sein, wobei der Angeklagte möglicherweise selbst nicht genau zu bestimmen vermag, was letztendlich ausschlaggebend war[531]. Für die strafmildernde Berücksichtigung eines im Rahmen von Absprachen abgelegten Geständnisses spricht auch, dass die Rechtsprechung die Zulässigkeit eines gerichtlichen Hinweises auf die strafmildernden Auswirkungen eines Geständnisses anerkannt hat[532], ohne dass es sich dabei um ein Verhalten handeln würde, das gemäß § 136a StPO unzulässig wäre. Dies kann auch auf Absprachen übertragen werden[533]. Deshalb muss auch bei abgesprochenen Geständnissen eine strafmildernde Berücksichtigung möglich sein.

ff. Verzicht auf Rechtsmittel

Im Zusammenhang mit dem gemäß § 136a StPO verbotenen Versprechen eines gesetzlich nicht vorgesehenen Vorteils verdient der abgesprochene Rechtsmittelverzicht einer Erwähnung. Es ist nicht zulässig, dass sich das Gericht für das Inaussichtstellen einer milderen Strafe durch den Angeklagten versprechen lässt, dieser werde auf Rechtsmittel verzichten[534]. Damit würde unzulässigerweise die Rechtsmittelbefugnis mit der Höhe der Strafe verknüpft, auf die jene keinen Einfluss haben darf.

Im übrigen kann der Rechtsmittelverzicht wirksam erst erklärt werden, wenn die anzufechtende Entscheidung tatsächlich erlassen ist[535]. Dazu im Widerspruch stünde es, wenn sich das Gericht vor Erlass der tatsächlichen Entscheidung verbindlich versprechen ließe, dass auf Rechtsmittel verzichtet würde. Das Gericht darf deshalb nicht verlangen, dass der Angeklagte sich bereits vor Abschluss der Hauptverhandlung und vor Kenntnis der Entscheidung seiner Kontrollmöglichkeit begibt. Außerdem darf sich die Justiz der Korrektur von etwaigen Fehlern im Rechtsmittelzug, auch und gerade im Zusammenhang mit Absprachen, nicht entziehen[536].

---

527 Gerlach, Absprachen im Strafverfahren, S. 109.
528 Gerlach, Absprachen im Strafverfahren, S. 109.
529 Schmidt-Hieber, in Festschrift für Wassermann, 1985, S. 1000.
530 Schäfer, Thesen 58. DJT, 6 b; Widmaier, StV 1986, S. 358.
531 Janke, Verständigung und Absprachen, S. 186.
532 BGHSt 20, 286, 269.
533 Gerlach, Absprachen im Strafverfahren, S. 108.
534 BGHSt 43, 195, 204 f.; BGHSt 42, 46, 48; Hellmann, Strafprozeßrecht, Teil IV, Rdnr. 49; Janke, Verständigung und Absprachen, S. 194; Rieß, in LR, Einl., Rdnr. 68.
535 OLG Hamm, NJW 1957, S. 883; Gollwitzer, in LR, § 302, Rdnr. 5 ff.; Kleinknecht / Meyer-Goßner, StPO, § 302, Rdnr. 14; Plöd, KMR, § 302, Rdnr.11.
536 Böttcher, Referat 58. DJT, L 19.

Wird jedoch unzulässigerweise der Verzicht auf Rechtsmittel vereinbart und der Verzicht daraufhin nach Entscheidungsverkündung erklärt, bleibt die Wirksamkeit dieser Erklärung grundsätzlich unberührt[537]. Unwirksam wäre die Verzichtserklärung jedoch dann, wenn sie durch eine Drohung oder eine unrichtige richterliche Auskunft bzw. unter Ausschaltung oder ohne die notwendige Beteiligung eines Verteidigers herbeigeführt wurde[538].

d. Ergebnis

Ob eine Verletzung des § 136a StPO vorliegt, muss jeweils im Einzelfall geprüft werden. Weder ist eine Verletzung durch einen besonderen psychischen Druck auf den Angeklagten, der dessen Willensentschließungs- und -betätigungsfreiheit beeinträchtigt, oder durch Täuschung, Drohung oder Versprechen eines gesetzlich nicht vorgesehenen Vorteiles eine zwingende Begleiterscheinung der Absprachesituation noch kann sie grundsätzlich ausgeschlossen werden. Allein das Angebot einer Absprache durch das Gericht und das Inaussichtstellen einer damit verbundenen Strafmilderung verstößt in der Regel noch nicht gegen § 136a StPO. Entscheidend ist, dass die angekündigte Prozesshandlung eine vom Gesetz vorgesehene Reaktion auf die Aussage des Angeklagten ist.

VI. Unschuldsvermutung

Von den Absprachegegnern[539] wird schließlich gegen die Zulässigkeit von Absprachen die Verletzung der Unschuldsvermutung als Argument ins Feld geführt. Biete das Gericht eine Absprache an, so bringe es zum Ausdruck, dass es von der Schuld des Angeklagten überzeugt sei.

1. Herleitung

Der Grundsatz der Unschuldsvermutung ist im Gesetz nicht ausdrücklich formuliert. Er ergibt sich aus Art. 6 Abs. 2 MRK[540]. Die Unschuldsvermutung folgt zudem auch aus dem Rechtsstaatsprinzip[541] und ist ein wesentliches Element des deutschen Strafprozesses, wobei Inhalt und Reichweite der Unschuldsvermutung durch die Achtung der Menschenwürde bestimmt werden[542].

---

537 BGH, NStZ 1997, S. 611, 612; Hellmann, Strafprozeßrecht, Teil V, Rdnr. 20.

538 OLG Stuttgart, NStZ-RR 1996, S. 146; OLG Köln, NStZ-RR 1997, S. 336; Hellmann, Strafprozeßrecht, Teil V, Rdnr. 20.

539 Braun, Die Absprache, S. 59 ff.; Dencker / Hamm, Der Vergleich, S. 53 ff.; Hassemer, JuS 1989, 890, 892; Kremer, Absprachen zwischen Gericht und Verfahrensbeteiligten, S. 140 ff.; Nestler-Tremel, DRiZ 1988, S. 288, 294; Pfeiffer, in Karlsuher Kommentar, Einl., Rdnr. 29 f.; Rönnau, Die Absprache im Strafprozeß; S. 177; Schünemann, Gutachten 58. DJT, B 93; Weigend, JZ 1990, S. 774, 777.

540 Gollwitzer, in LR, StPO, Art. 6 MRK, Rdnr.116; Pfeiffer, in: Karlsruher Kommentar, Einl., Rdnr. 29f und 32a; Roxin, Strafverfahrensrecht, § 11 II, Rdnr.3 f.

541 BVerfGE 22, 254, 265; BVerfG NJW 1990, 2741; Kleinknecht / Meyer-Goßner, StPO, Art. 6 MRK, Rdnr. 12; Kühl, Unschuldsvermutung, Freispruch und Einstellung, S. 10 ff.; Kremer, Absprachen zwischen Gericht und Verfahrensbeteiligten, S. 10 ff.

542 Gollwitzer, in LR, StPO, Art. 6 MRK, Rdnr. 105; Siolek, Verständigung in der Hauptverhandlung, S. 120 f.

Die Unschuldsvermutung soll davor schützen, jemanden als schuldig zu behandeln, ohne dass ihm in einem gesetzlich geregelten Verfahren seine Schuld nachgewiesen worden ist[543]. Die Unschuldvermutung gebietet eine unvoreingenommene Behandlung des Beschuldigten im Verfahren[544]. Auch der Grundsatz in „dubio pro reo", wonach vorhandene Zweifel über die Schuld stets zugunsten des Angeklagten wirken müssen, ergibt sich aus der in Art. 6 Abs. 2 MRK niedergelegten Unschuldsvermutung[545]. Anerkannt ist jedoch, dass strafprozessuale Zwangsmaßnahmen, die auf einen bloßen Verdacht gestützt sind, mit dem Prinzip der Unschuldsvermutung genauso zu vereinbaren sind, wie die Abstufung der staatlichen Eingriffsbefugnisse nach dem Grad des Tatverdachts[546]. Es sind oftmals dieselben Richter, die den für die Eröffnung der Hauptverhandlung oder für die Anordnung bestimmter Zwangsmaßnahmen, wie zum Beispiel den Erlass eines Haftbefehls nach Anklageerhebung, notwendigen Tatverdacht feststellen[547] und anschließend die Hauptverhandlung durchführen. Da das Gericht die Hauptverhandlung nur bei hinreichendem Tatverdacht eröffnet, § 203 StPO, ist zweifelhaft, ob die Richter dem Angeklagten völlig unvoreingenommen gegenüber stehen. Deshalb wird die Unschuldsvermutung nicht als absolutes Prinzip, sondern als Konkretisierung des verfassungsrechtlichen Übermaßverbotes verstanden[548]. Das bedeutet konkret, dass die Reichweite der Unschuldsvermutung an dem gemessen wird, was einem Unschuldigen nicht zuzumuten ist. Das, was von einem tatsächlich Unschuldigen schlechterdings nicht ertragen werden muss, darf auch keinem Verdächtigen auferlegt werden[549]. Das Strafprozessrecht darf deshalb die Rechte des Beschuldigten nur insoweit einschränken, als es zur Durchführung des Strafverfahrens unbedingt notwendig ist[550]. Die Schuld wird grundsätzlich erst am Ende eines dreistufigen Verfahrens festgestellt[551]: Die erste Stufe ist der Eröffnungsbeschluss, der einen hinreichenden Tatverdacht voraussetzt, dann folgt als zweite Stufe die Hauptverhandlung mit richterlicher Aufklärungspflicht zur Verdachtsklärung und schließlich die Verurteilung nachdem das Gericht die Überzeugung von der Schuld des Angeklagten gewonnen hat. Die Unschuldsvermutung endet damit erst mit der rechtskräftigen Verurteilung[552].

[543] Gollwitzer, in LR, StPO, Art. 6 MRK, Rdnr. 103; Gropp, JZ 1991, S. 804; Kleinknecht / Meyer-Goßner, StPO, Art. 6 MRK, Rdnr. 12; Kühl, Unschuldsvermutung, Freispruch und Einstellung, S. 10 ff.

[544] Kleinknecht / Meyer-Goßner, StPO, Art. 6 MRK, Rdnr. 12; Kremer, Absprachen zwischen Gericht und Verfahrensbeteiligten, S. 140 f; Pfeiffer, in Karlsruher Kommentar, Einl., Rdnr. 32 a.

[545] Kremer, Absprachen zwischen Gericht und Verfahrensbeteiligten, S. 141; Roxin, Strafverfahrensrecht, § 11 II, Rdnr. 3.

[546] Gropp, JZ 1991, S. 804, 806; Gollwitzer, in LR, StPO, Art. 6 MRK, Rdnr. 134; Pfeiffer, in Karlsruher Kommentar, Einl., Rdnr. 32a; Roxin, Strafverfahrensrecht, § 11 II, Rdnr. 4.

[547] Siolek, Verständigung in der Hauptverhandlung, S. 120 ff.

[548] Kremer, Absprachen zwischen Gericht und Verfahrensbeteiligten, S. 141; Rönnau, Die Absprache im Strafprozeß, S. 173; Roxin, Strafverfahrensrecht, § 11 II, Rdnr. 4; Tscherwinka, Absprachen im Strafprozeß, S. 103.

[549] BVerfGE 19, 342; Rönnau, Die Absprache im Strafprozeß, S. 173; Roxin, Strafverfahrensrecht, § 11 II, Rdnr. 4.

[550] Hellman, Strafprozeßrecht, Teil I, § 1, Rdnr. 8.

[551] Siolek, Verständigung in der Hauptverhandlung, S. 125 ff.

[552] BVerfGE 35, 202, 232 = NJW 1973, 1226, 1230; Kleinknecht / Meyer-Goßner, StPO, Art. 6 MRK, Rdnr. 15; Pfeiffer, in Karlsruher Kommentar, Einl., Rdnr. 32a.

2. Die Unschuldsvermutung in der Absprachepraxis

Zur Begründung der Verletzung der Unschuldsvermutung durch die Absprachepraxis werden im wesentlichen zwei Argumente angeführt. Erstens bringe das Gericht bzw. die Staatsanwaltschaft durch die Aufnahme von Gesprächen mit dem Ziel einer zu treffenden Absprache zum Ausdruck, dass es den Angeklagten für schuldig halte, andernfalls mache das Inaussichtstellen einer Strafmilderung keinen Sinn[553]. Zweitens erfolge die Verurteilung im Falle einer erzielten Vereinbarung auf der Grundlage eines sogenannten „schlanken" Geständnisses. Auf den nach der Unschuldsvermutung geforderten Nachweis der Schuld des Angeklagten werde verzichtet, um eine Verfahrensverkürzung zu erzielen[554].

a. Zeitpunkt der Absprache

Hinsichtlich der Vereinbarkeit von Absprachen mit dem Grundsatz der Unschuldsvermutung wird zum Teil nach dem Zeitpunkt der Absprache unterschieden[555]. Eine in einem frühen Verfahrensstadium getroffene Abrede bringe zwar die meisten Vorteile, jedoch sei zu einem frühen Zeitpunkt noch keine Schuldfeststellung möglich, so dass eine solche Absprache immer gegen die Unschuldsvermutung verstoße. Werde die Absprache zu einem späten Zeitpunkt getroffen, in dem das Stadium des Schuldspruches bereits erreicht sei, läge kein Verstoß gegen den Grundsatz der Unschuldsvermutung vor. Danach sei der entscheidende Zeitpunkt für das Ende der Unschuldsvermutung nicht die Verurteilung, sondern der, zu dem eine erschöpfende Beweisaufnahme stattgefunden habe. Da die Unschuldsvermutung zwar einerseits im Zeitpunkt der rechtskräftigen Verurteilung ende, andererseits aber in möglicherweise nachfolgenden Instanzen wieder auflebe, spiele der eigentliche Zeitpunkt dieser Zäsur (der Unterbrechung der Unschuldsvermutung) keine Rolle. Vielmehr sei darauf abzustellen, wann die Voraussetzungen für diese Zäsur vorlägen. Das sei der Fall, wenn die Beweisaufnahme im Sinne von § 244 StPO alle erforderlichen Beweismittel ausgeschöpft habe. Dieser Ansicht kann nicht gefolgt werden, da sich die Unschuldsvermutung nicht derart unterteilen lässt, dass sie mit fortschreitendem Verfahren gleichsam „scheibchenweise" verloren geht[556]. Vielmehr gilt sie uneingeschränkt bis zur rechtskräftigen Feststellung des Gegenteils, so dass sie nicht mehr oder weniger verletzt wird, wenn die Absprache früher oder später getroffen wird. Im übrigen birgt eine Absprache keinen der eingangs genannten Vorteile, wenn das Gericht bereits die Überzeugung von der Schuld des Angeklagten gewonnen hat, die Beweisaufnahme folglich abgeschlossen ist. Da sie dann die Verkürzung des Verfahrens nicht mehr bewirken kann, macht sie keinen Sinn und wird wohl in der Praxis nicht vorkommen. Insofern ist die Differenzierung nach dem Zeitpunkt der Absprache nicht überzeugend.

---

553 Kremer, Absprachen zwischen Gericht und Verfahrensbeteiligten, S. 142.
554 Kremer, Absprachen zwischen Gericht und Verfahrensbeteiligten, S. 142.
555 Siolek, Verständigung in der Hauptverhandlung, S. 128.
556 Weigend, JZ 1990, S. 774, 777.

b. Aspekt der Unzumutbarkeit

Da der Gehalt der Unschuldsvermutung nach h.M. lediglich als Konkretisierung des verfassungsrechtlichen Übermaßverbotes verstanden wird, kann der Grundsatz der Unschuldsvermutung nur dann verletzt sein, wenn die Absprache oder vielmehr das Angebot einer Absprache einem Unschuldigen schlechterdings nicht zugemutet werden könnte. Es wird auch behauptet, einem tatsächlich Unschuldigen sei das Angebot von auf eine Verständigung hinzielenden Gesprächen unzumutbar[557]. Der Unschuldige werde unter Druck gesetzt, da er dem Gericht nichts anzubieten habe[558]. Das Gericht bringe den in Wahrheit Unschuldigen deshalb in eine unzumutbare Situation, wenn es ihn zur Ablegung eines Geständnisses anrege. Denn die Absprache ziele nicht auf eine objektive Verdachtsklärung ab, die nach beiden Seiten ausfallen könne, sondern auf eine Verurteilung[559]. Das Inaussichtstellen einer Absprache erweitere lediglich den Handlungsspielraum des Schuldigen, nicht aber denjenigen des Unschuldigen, insbesondere, wenn er erheblich belastet sei und das Risiko einer Verurteilung drohe.

Diese Begründung unterstellt, dass es in der deutschen Strafjustiz häufig zu Verurteilungen Unschuldiger komme. Dafür gibt es jedoch keine Belege. Umgekehrt kann man annehmen, dass es dem tatsächlich Unschuldigen in den allermeisten Fällen gelingen wird, das Gericht von seiner Unschuld zu überzeugen bzw. das Gericht wird gar nicht erst die Überzeugung von seiner Schuld gewinnen. Außerdem haben diese Argumente auch nur in den Fällen Gültigkeit, in denen die Absprache durch die Justizorgane initiiert wird. Häufig ist es jedoch die Verteidigung, die den ersten Schritt macht und anregt, eine Vereinbarung zu treffen.

Aber selbst für die Fälle, in denen die Justizorgane die Absprache initiieren, überzeugen die vorgebrachten Argumente und Bedenken im Ergebnis nicht. Das Angebot einer Absprache verbunden mit dem Inaussichtstellen einer milderen Strafe erweitert den Handlungsspielraum des Schuldigen. Für ihn geht es darum, möglichst milde bestraft zu werden, bestenfalls sogar freigesprochen zu werden. Er kann daher die Verteidigungsstrategie verfolgen, seine Unschuld zu beteuern, um die Chance eines Freispruches zu wahren. Er kann jedoch auch Einsicht und Entgegenkommen zeigen, um Nachsicht zu erfahren und eine möglichst niedrige Strafe zu erhalten. Dies gilt im normalen Verfahren ohne Absprache ebenso wie in Verfahren, die durch Absprachen beendet werden. Der in Wahrheit Unschuldige dagegen hat auch ohne Absprache keinen Handlungsspielraum. Denn nur ein einziger Verfahrensausgang, nämlich der Freispruch, wird ihm gerecht. Ihm steht deshalb nur der Weg offen, das Gericht von seiner Unschuld zu überzeugen. Seine Situation verschlechtert sich nicht dadurch, dass ihm von Seiten des Gerichtes eine Absprache angeboten wird. Wer unschuldig ist, braucht dem Gericht nichts anzubieten, insbesondere kein falsches Geständnis. Im Gegenteil kann es sogar seine Glaubwürdigkeit erhöhen, wenn der unschuldige Angeklagte das Angebot einer Absprache mit Aussicht auf eine milde Strafe ablehnt, weil er unschuldig sei, und dazu beitragen, das Gericht ein Stück mehr von seiner Unschuld zu überzeugen. Die Frage, ob bereits das Inaussichtstellen einer Absprache einem Unschuldigen schlechterdings unzumutbar sei, kann nur anhand von verallgemeinerungsfähigen Prüfungsmaßstäben beantwortet

---

[557] Schünemann, Gutachten 58. DJT, B 95 ff.; Siolek, Verständigung in der Hauptverhandlung, S. 125 ff.

[558] Siolek, Verständigung in der Hauptverhandlung, S. 125 ff.

[559] Schünemann, Gutachten 58. DJT, B 95 ff.

werden. Lediglich zu behaupten, es sei unzumutbar, ist nicht überzeugend. Zwar ist es in der Tat für einen unschuldigen Angeklagten belastend, wenn er durch das Angebot einer Absprache seitens des Gerichtes damit konfrontiert wird, dass das Gericht es zumindest nicht ausschließt, er habe die ihm mit der Anklage zur Last gelegten Taten begangen. Allerdings ist auch unstreitig, dass die Annahme, Gericht und Staatsanwaltschaft gingen bis zur Urteilsverkündung innerlich von der völligen Unschuld des Angeklagten aus, reine Illusion ist. Denn bis zu diesem Zeitpunkt haben sie bereits mehrfach das Bestehen eines Tatverdachtes gegen den Angeklagten bejaht[560].

Unstreitig ist auch, dass trotz Unschuldsvermutung in dem Maße in die Rechte des Beschuldigten eingegriffen werden darf, wie es zur Durchführung des Verfahrens unabdingbar notwendig ist[561]. Es ist mit dem Grundsatz der Unschuldsvermutung vereinbar, gegen einen Unschuldigen zu ermitteln, bestimmte Zwangsmaßnahmen durchzuführen und die Hauptverhandlung zu eröffnen, wenn ein Anfangsverdacht, ein dringender bzw. ein hinreichender Tatverdacht besteht. Betrachtet man Absprachen als legitime prozessuale Vorgehensweise, ist nicht ersichtlich, inwiefern allein der Hinweis auf die Möglichkeit einer prozessualen Erledigungsform dem Unschuldigen nicht mehr zuzumuten sei. Ein Verdacht gegen ihn besteht. Spätestens seit Eröffnung der Hauptverhandlung ist er ohnehin damit konfrontiert, dass das Gericht die Möglichkeit seiner Schuld nicht ausschließt. Inwiefern demgegenüber das Angebot einer Absprache so viel kompromittierender sein soll, dass es unzumutbar wird, ist nicht ersichtlich.

c. Das Geständnis als Entscheidungsgrundlage

Der zweite Gesichtspunkt, der für eine Verletzung der Unschuldsvermutung ins Feld geführt wird, nämlich der Umstand, dass die Verurteilung auf der Grundlage eines sogenannten schlanken Geständnisses erfolge, überzeugt ebenfalls nicht. Eine Verletzung der Unschuldsvermutung soll darin begründet liegen, dass das Gericht seine Verurteilung allein auf ein abgesprochenes Geständnis stütze und seine Zweifel an der Lückenlosigkeit der Beweislage und an der Glaubwürdigkeit des Angeklagten dabei ausblende[562]. Dies führe zu Verurteilungen, ohne dass die Schuld des Angeklagten tatsächlich geklärt sei. In einem solchen Fall käme die Verurteilung dem Verhängen einer Verdachtsstrafe gleich. Die wiederum seien dem deutschen Strafprozessrecht fremd und unzulässig[563].

Im Strafprozess, der ohne Verständigung der Verfahrensbeteiligten geführt wird, wird der wahre Sachverhalt durch die Beweisaufnahme ermittelt. Zwar gehört die Vernehmung des Angeklagten und die in diesem Zusammenhang gemachten Aussagen, also insbesondere ein Geständnis, nicht zur Beweisaufnahme im verfahrenstechnischen Sinn, da der Angeklagte in der Hauptverhandlung nicht als formelles Beweismittel gilt[564]. Dies ergibt sich auch aus dem Wortlaut des § 244 Abs. 1 StPO, der ausdrücklich zwischen der Vernehmung des Angeklagten und der Beweisauf-

---

[560] Rönnau, Die Absprache im Strafprozeß, S. 173.
[561] Hellmann, Strafprozeßrecht, Teil I, § 1, Rdnr. 8.
[562] Rönnau, Die Absprache im Strafprozeß, S. 176 f; Schünemann, Gutachten 58. DJT, B 95 ff.; Siolek, Verständigung in der Hauptverhandlung, S. 120 ff.
[563] Siolek, Verständigung in der Hauptverhandlung, S. 120 ff.
[564] RGSt 48, 247, 249; Kleinknecht / Meyer-Goßner, StPO, Einl., Rdnr. 49.

nahme unterscheidet. Die Vernehmung des Angeklagten und seine Aussage ist aber ein Teil der Beweisaufnahme im weiteren Sinne[565]. So kann sie auch zur Entscheidungsgrundlage des Gerichtes gemacht werden. Legt der Angeklagte ein Geständnis ab, wird das Gericht dieses auf dessen Glaubhaftigkeit überprüfen und die Beweisaufnahme schließen, wenn es von der Richtigkeit des Geständnisses überzeugt ist. Auch ohne Absprache ist das Gericht jedoch nicht davor geschützt, dass ein Geständnis falsch oder unvollständig ist.

Nicht anders verhält es sich, wenn dem Geständnis eine Absprache vorausging. Auch dann muss das Gericht das Geständnis würdigen und seine Richtigkeit überprüfen. Die Schuldfrage wird also in dem gleichen Umfange geklärt wie im regulären Strafverfahren. Das Argument, die Unschuldsvermutung werde grundsätzlich verletzt, wenn man das Urteil auf ein im Rahmen einer Absprache abgelegtes sogenanntes schlankes Geständnis stützt, trägt danach nicht.

d. Ergebnis

Im Ergebnis ist deshalb dem BGH[566] zuzustimmen, dass die Zusage, eine bestimmte Strafobergrenze nicht zu überschreiten, nicht die nötige Unvoreingenommenheit und Objektivität des Gerichtes beseitige. Der Strafprozessordnung ist es auch nicht fremd, dass sich das Gericht während des Verfahrens, vorbehaltlich des weiteren Verfahrensganges, eine Meinung über das mögliche Verfahrensergebnis bildet.

VII. Das Recht auf ein faires Verfahren

Die Gewährleistung eines fairen Verfahrens in der Absprachepraxis sei, so melden Kritiker ihre Zweifel an, fraglich[567].

1. Bedeutung

Das Recht auf ein faires Verfahren leitet sich aus dem Rechtsstaatsprinzip, Art. 20 Abs. 3 GG, i.V.m. dem allgemeinen Freiheitsrecht, Art. 2 Abs. 1 GG ab[568]. Die dogmatische Bedeutung des Prinzips ist umstritten. Teilweise wird es als das oberste Gebot des gesamten Strafprozessrechtes bezeichnet[569], teilweise als allgemeines prozessuales Recht mit Auffangcharakter[570], als Optimierungsgebot[571] oder als vorwiegend an den Gesetzgeber gerichtete Direktive[572]. Nach der herrschenden

---

[565] Gollwitzer, in LR, § 244, Rdnr. 10; Herdegen, in KK, § 244, Rdnr. 2; Kleinknecht / Meyer-Goßner, StPO, § 244, Rdnr. 1.

[566] BGHSt 43, 195 ff. = NJW 1998, S. 86 ff.

[567] Kremer, Absprachen zwischen Gericht und Verfahrensbeteiligten, S. 143 ff.; Rönnau, Die Absprache im Strafprozeß, S. 207 f.; Schünemann, JZ 1989, S. 986; ders., Gutachten 58. DJT, B127.

[568] BVerfGE 26, 66, 71; BVerfGE 57, 250, 274; BVerfGE 66, 313, 318; Cramer, in Festschrift für Rebmann, 1989, S. 158; Tscherwinka, Absprachen im Strafprozeß, S. 82.

[569] Roxin, Strafverfahrensrecht, § 11 V, Rdnr. 9.

[570] Rogall, in SK, vor § 133, Rdnr. 101.

[571] Steiner, Das Fairneßprinzip, Rdnr. 140 ff.

[572] Tettinger, Fairneß und Waffengleicheit, S. 51 ff.

Meinung handelt es sich bei dem Fairnessprinzip sowohl um ein an den Gesetzgeber gerichtetes Postulat als auch um eine Auslegungs- und Anwendungsdirektive[573].

Die Legaldefinition des Rechts auf ein rechtsstaatliches Verfahren enthält Art. 6 Abs. 1 MRK. Dem Wortlaut nach umfasst der Anspruch auf ein faires Verfahren zunächst den Anspruch auf öffentliche Anhörung in angemessener Frist[574]. In Anlehnung an den angloamerikanischen Rechtsgrundsatz des fair trial wird Art. 6 Abs. 1 MRK darüber hinaus so verstanden, dass dem Beschuldigten oder Angeklagten die Chance gesichert werden soll, sich gegenüber der ihm an Mitteln überlegenen Anklagebehörde bestmöglich zu verteidigen[575]. Als ein unverzichtbares Element der Rechtsstaatlichkeit des Strafverfahrens gewährleistet das Prinzip dem Betroffenen, seine prozessualen Rechte und Möglichkeiten selbständig wahrzunehmen und Übergriffe staatlicher Stellen abwehren zu können[576]. Der Grundsatz des fairen Verfahrens macht es dem Richter zur Aufgabe, das Verfahren so zu gestalten, dass die Rechte und Interessen der Verfahrensbeteiligten angemessene Berücksichtigung finden[577]. Hergeleitet werden aus dem Fairnessgebots insbesondere das Prinzip der Waffengleichheit[578], das besagt, dass den Verfahrensbeteiligten ohne sachliche Notwendigkeit keine unterschiedlichen Rechtspositionen eingeräumt werden sollen[579], und die richterlichen Fürsorge- und Hinweispflichten gegenüber dem Angeklagten[580], die Überraschungsentscheidungen, Willensmängel des Betroffenen und Verteidigungsbehinderungen verhindern soll[581].

Wegen seiner inhaltlichen Unbestimmtheit kann die Konkretisierung des Fairnessprinzips nur durch Rückgriff auf andere Wertbestimmungen vorgenommen werden[582]. Umstritten ist, ob es sich bei dem Grundsatz des fairen Verfahrens um eine Auslegungsrichtlinie handelt[583] oder ob sich daran unmittelbare Rechtsfolgen knüpfen[584].

Im Ergebnis kommt nach beiden Ansichten der Fairnessgrundsatz jedoch erst zum Einsatz, wenn spezielle Vorschriften der Strafprozessordnung den Sachverhalt nicht erfassen[585]. Insoweit sind die Verfahrensvorschriften der StPO nicht abschließend. Es soll die Gefahr vermieden werden, dass mit Hilfe eines vorschnellen Rückgriffs auf das Fairnessprinzip durch Korrektur des Gesetzes Vorstellungen über das lediglich rechtspolitisch oder verfassungspolitisch Wünschbare als geltendes Recht verwirklicht werden. Die Einzelheiten eines fairen Verfahrens zu bestimmen, ist grundsätzlich Aufgabe des Gesetzgebers[586]. Allerdings beruft sich die Rechtsprechung oftmals

---

573 Pfeiffer, in Karlsruher Kommentar, Einl., Rdnr. 28; Rieß, in LR, Einl. H, Rdnr. 100; Rogall, in SK, vor § 137, Rdnr. 103.

574 Kleinknecht / Meyer-Goßner, StPO, Art. 6 MRK, Rdnr.2 ff.

575 EKMR, NJW 1963, 2247; BGHSt 24, 24; Kleinknecht / Meyer-Goßner, StPO, Art. 6 MRK, Rdnr. 4, Roxin, Strafverfahrensrecht, § 11 V, Rdnr. 9 ff.

576 BVerfGE 38, 105.

577 Rönnau, Die Absprache im Strafprozeß, S. 207 f.

578 Siolek, Verständigung in der Hauptverhandlung, S. 138 f;

579 Kohlmann, in Festschrift für Karl Peters, 1974, S. 311, 314; Tettinger, Fairneß und Waffengleichheit, S. 31 ff.

580 BGHSt 24, 15, 25; BGHSt 25, 325, 330.

581 Siolek, Verständigung in der Hauptverhandlung, S. 141 ff.

582 Rieß, in LR, Einl. H, Rdnr. 101.

583 so Kleinknecht / Meyer-Goßner, StPO, Einl., Rdnr. 19; Pfeiffer, in Karlsruher Kommentar, Einl., Rdnr. 28.

584 so BVerfGE 46, 202; BGHSt 24, 131; BGHSt 32, 44.

585 BVerfGE 41, 246, 249; BVerfGE 46, 202, 210; Kleinknecht / Meyer-Goßner, StPO, Einl., Rdnr. 19.

586 Rieß, in LR, Einl. H, Rdnr. 103.

auf das Fairnessprinzip als zusätzliches Argument neben anderen Prinzipien oder Vorschriften[587]. Das Fairnessprinzip kann dabei sowohl ein Teilhabe- als auch ein Abwehrrecht sein[588].

Begünstigte des Rechts auf ein faires Verfahren sind all diejenigen Verfahrensbeteiligten, die in irgendeiner Form im Verfahren dem staatlichen Zugriff ausgesetzt sind, also neben dem Beschuldigten auch der Privat- oder Nebenkläger, der Verletzte, der Zeuge oder der Sachverständige[589].

Die Grenze zur Verletzung des Fairnessgrundsatzes ist nach der Rechtsprechung des BVerfG[590] erst dann überschritten, wenn eine Gesamtschau auf das Verfahrensrecht auch in seiner Auslegung und Anwendung durch die Gerichte ergibt, dass rechtsstaatlich zwingende Folgerungen nicht gezogen wurden oder rechtsstaatlich Unverzichtbares preisgegeben worden ist. Die Frage, was in bestimmten Verfahrenssituationen konkret einem fairen Verfahren entspricht, ist wenig geklärt[591] und muss deshalb unter Heranziehung der grundrechtlichen Verfahrensgarantien im Einzelfall ermittelt werden.

2. Absprachen im Lichte des Fairnessprinzips

Die Frage, ob und wie Absprachen im Strafverfahren den Fairnessgrundsatz verletzen, wird im Zusammenhang mit den Rechtsfolgen gescheiterter Absprachen erörtert[592]. Die fehlende rechtliche Bindung der Justizorgane an die getroffene Vereinbarung soll dazu führen, dass das Fairnessgebot verletzt werde[593]. Als unfair bzw. konkret als Verletzung des Gebotes der Waffengleichheit wird bewertet, dass der Angeklagte in der Regel mit dem abzulegendem Geständnis in Vorleistung treten muss, ohne die Gewähr zu haben, ob die andere Seite ihren Teil der Vereinbarung ebenfalls erfüllen werde. Falls das Gericht seine Zusage, ein bestimmtes Strafmaß nicht zu überschreiten, nicht einhalte, könne der Angeklagte seinerseits das abgelegte Geständnis nicht mehr aus der Welt schaffen. Die faktische Bindungswirkung von Absprachen sei dabei kein gleichwertiger Ersatz für die fehlende rechtliche Bindungswirkung.

Zu differenzieren ist, ob bereits die Möglichkeit, dass eine Vereinbarung nicht eingehalten wird, den Grundsatz des fairen Verfahrens verletzt, oder ob erst die tatsächliche Nichteinhaltung im Einzelfall eine Verletzung darstellt. Allein die Möglichkeit, dass die Justizorgane gegen den Fairnessgrundsatz verstoßen könnten, soll noch keinen Verstoß gegen den Fairnessgrundsatz darstellen[594]. Denn in allen Fällen, in denen ein Vertrauenstatbestand geschaffen wird, besteht die Möglichkeit, dass das Vertrauen enttäuscht wird. Gegen das Prinzip des fairen Verfahrens wird jedoch grundsätzlich nur dann verstoßen, wenn die Absprache tatsächlich zu einer

---

587 Vgl. BGHSt 25, 325, 330; BGHSt 38, 214, 220.
588 Rogall, SK, Vor § 133, 104.
589 Rieß, in LR, Einl. H, Rdnr. 109; Steiner, Das Fairneßprinzip, Rdnr. 152.
590 BVerfGE 70, 297, 308; BVerfGE 63, 45, 61; BVerfGE 57, 250, 275.
591 Siolek, Verständigung in der Hauptverhandlung, S. 140.
592 Gerlach, Absprachen im Strafverfahren, S. 88.
593 Kremer, Absprachen zwischen Gericht und Verfahrensbeteiligten, S. 143 ff.; Rönnau, Die Absprache im Strafprozeß, S. 207 f; Schünemann, Gutachten 58. DJT, B 115 f; Siolek, Verständigung in der Hauptverhandlung, S. 141.
594 Tscherwinka, Absprachen im Strafprozeß, S. 81 ff.

Schlechterstellung der Verteidigung des Angeklagten führt[595]. Allerdings kann im vorliegenden Fall nicht mehr von Waffengleichheit gesprochen werden, wenn einerseits der Angeklagte das Risiko der Absprache durch seine zu erbringende Vorleistung alleine trägt. Während das Gericht nichts riskieren muss, sondern die Vorleistung des Angeklagten abwarten kann. Dieses Problem ist jedoch über die Verbindlichkeit von Absprachen zu lösen[596].

Ist die Frage der Bindungswirkung nämlich geklärt, stellt die Möglichkeit, mit dem Gericht eine Vereinbarung zu treffen, noch keine Schlechterstellung des Angeklagten dar. Im Gegenteil, ihm werden neue und mehr Verteidigungsmöglichkeiten eröffnet. Eine Absprache zu treffen, ist für den Angeklagten mit vielen Vorteilen verbunden, so dass seine Position sich grundsätzlich verbessern kann. Deshalb verstoßen Absprachen im Strafprozess nicht von vorneherein gegen das Fairnessgebot.

In der Verfahrenswirklichkeit treten jedoch Erscheinungsformen von Absprachen auf, deren Zustandekommen einen Verstoß gegen das Fairnessgebot darstellt. Dies sind z.B. die Fälle, in denen das Gericht, die Staatsanwaltschaft und der – unter Umständen vom Gericht ausgewählte Pflicht-Verteidiger sich einig sind, das Verfahren durch eine Absprache zu beenden und dann kollusiv auf den Angeklagten einwirken. Der Angeklagte sieht sich dann einem "Schulterschluss" aller drei Juristen gegenüber, wobei er selber nur die Rolle des hilflosen Prozessobjektes spielt[597]. Waffengleichheit ist dann jedenfalls nicht mehr gegeben. Ein Verstoß gegen das Fairnessgebot liegt auch dann nahe, wenn die eigenen Interessen des Gerichtes und der Staatsanwaltschaft an durch die Absprache möglichen Arbeitserleichterungen oder der erleichterten und weniger angreifbaren Entscheidungsfindung und des Verteidigers an dem Beweis seiner eigenen Koalitionsfähigkeit bei Gericht in den Vordergrund rücken.

VIII. Besorgnis der Befangenheit

Es fällt auf, dass eine Vielzahl der ergangenen - insbesondere der früheren – Entscheidungen zu Vereinbarungen im Strafprozess[598] sich mit der Ablehnung von Gerichtspersonen beschäftigt. Neben der Rüge des fairen Verfahrens[599] ist das Ablehnungsrecht des Beschuldigten dasjenige Instrument, mit dem am häufigsten gegen die Absprachepraxis vorgegangen wird.

1. Grundlagen des Befangenheitsrechts

Ein Richter kann gemäß § 24 StPO wegen Besorgnis der Befangenheit abgelehnt werden, wenn ein Grund vorliegt, der geeignet ist, Misstrauen gegen seine Unparteilichkeit zu rechtfertigen. Das Recht der Ablehnung steht der Staatsanwaltschaft, dem Privatkläger und dem Beschuldigten zu. Dieses Recht ist die Folge aus der verfassungsmäßigen Stellung des Richters[600]. Wird der Richter gesetzlich vorausbe-

---

595 Gerlach, Absprachen im Strafverfahren, S. 88 f.
596 Siehe unten 5. Teil A, II
597 Schünemann, NJW 1989, S. 1895, 1901.
598 vgl. BGH Beschluß vom 4.5.1977, 3 StR 93/77 (unveröffentlicht); BGH NJW 1982, S. 1712; Hans. OLG Bremen StV 1989, S. 145; BGH StV 1984, S. 449; BGH StV 1984, S. 318; BGH StV 1988, S. 417.
599 Siehe z.B. BGH StV 1989, S. 336.
600 Gerlach, Absprachen im Strafverfahren, S. 114.

stimmt (Art. 102 Abs. 1 S. 1 GG), dann muss gleichzeitig gewährleistet sein, dass ein Richter, der nicht die Gewähr der Unparteilichkeit bietet, von der Rechtsprechung im Einzelfall ausgeschlossen werden kann[601]. Außerdem dient die Vorschrift dazu, das Vertrauen der Allgemeinheit in Justiz und Rechtspflege zu wahren, indem auch nur der Anschein von Parteilichkeit vermieden werden soll[602].

Misstrauen in die Unparteilichkeit des Richters ist dann gerechtfertigt, wenn der Ablehnende Grund zu der Annahme hat, dass der Richter ihm gegenüber eine innere Haltung eingenommen hat, die seine gerechte, von falscher Rücksichtnahme freie Einstellung zur Sache, seine Neutralität und Distanz gegenüber den Verfahrensbeteiligten störend beeinflussen kann[603]. Der über die Befangenheit entscheidende Richter muss bei der Beurteilung der Frage, ob Gründe vorliegen, die ein Misstrauen gegen die Unparteilichkeit rechtfertigen, einen individuell-objektiven Maßstab anlegen[604]. Einerseits muss er sich in die Lage des Ablehnenden versetzen, andererseits aber einen möglicherweise subjektiven Eindruck desselben unberücksichtigt lassen[605]. Für die Annahme eines Ablehnungsgrundes genügt der Verdacht der Befangenheit, unerheblich ist, ob der Richter tatsächlich befangen ist[606]. Die Besorgnis der Befangenheit kann z.B. durch ein persönliches Verhältnis des Richters zu dem Beschuldigten, dem Verletzten oder einem Zeugen begründet sein oder auch durch das Verhalten des Richters während des Verfahrens, wenn es befürchten lässt, dass der Richter nicht unvoreingenommen ist.

2. Meinungsbildung des Gerichtes

Im Zusammenhang mit Absprachen ist zu problematisieren, dass der Richter, der sich an einer Absprache beteiligt, sich zumindest innerlich an die Einhaltung der Absprache gebunden fühlen wird und deshalb nicht mehr als unvoreingenommen gelten könne. Außerdem muss das Gericht eine, wenn auch vorläufige, Stellungnahme zur Schuld- und Straffrage bekannt geben[607].

Geht die Initiative zur Absprache von dem Angeklagten aus, kann dieser jedenfalls nicht die Ablehnung des Richters wegen Besorgnis der Befangenheit verlangen. Denn aus seinem eigenen Verhalten kann der Angeklagte keine Ablehnungsgründe herleiten[608]. Bei einer vom Angeklagten ausgehenden Vereinbarung ergibt sich unter dem Aspekt des „venire contra factum proprium" der Ausschluss des Ablehnungsrechtes für den Angeklagten[609].

---

601 BVerfGE 21, 139, 146.
602 Rönnau, Die Absprache im Strafprozeß, S. 243.
603 BVerfGE 32, 288, 290; BGHSt 1, 34, 39; 21, 334, 341; 24, 336, 338; Kleinknecht / Meyer-Goßner, StPO, § 24, Rdnr. 8; Pfeiffer, in Karlsruher Kommentar, § 24, Rdnr. 3; Wendisch, in LR, § 24, Rdnr. 4.
604 Rudolphi, in SK-StPO, § 24, Rdnr. 7.
605 Kleinknecht / Meyer-Goßner, StPO, § 24, Rdnr. 6 ff.; Roxin, Strafverfahrensrecht, § 9 II, Rdnr. 7.
606 BVerfGE 20, 9, 14; BGHSt 1, 37; BGH, MDR 1972, S. 571.
607 Gerlach, Absprachen im Strafverfahren, S. 114.
608 BGHSt, NJW 1952, S. 1425; Kleinknecht / Meyer-Goßner, StPO, § 24, Rdnr. 7; Gerlach, Absprachen im Strafverfahren, S. 116; Janke, Verständigung und Absprachen, S. 210 f.
609 Schünemann, Gutachten 58. DJT, B 116.

Geht die Initiative jedoch vom Gericht aus, so soll dessen Unbefangenheit in Frage stehen, da das Gericht schließlich zum Ausdruck gebracht habe, dass ihm die rasche Verfahrenserledigung wichtiger sei als die objektive Aufklärung des Tatverdachtes[610]. Dadurch verliere der Richter seine Position als am Verfahrensausgang nicht interessierter streitenthobener Dritter, die jedoch zum Begriff des gesetzlichen Richters gehöre und durch die §§ 22 ff. StPO garantiert werde[611]. Angesichts der Tatsache, dass das Beschleunigungsgebot genauso ein Charakteristikum eines rechtsstaatlichen Verfahrens ist[612] wie die Aufklärungspflicht, überzeugt diese Argumentation nicht. Denn jeder Richter muss grundsätzlich an einer zügigen Verfahrenserledigung interessiert sein. Daraus, dass ein Richter eine Absprache anregt, kann nicht per se abgeleitet werden, dass ihm die Verfahrensbeendigung um jeden Preis wichtiger als die Sachverhaltsaufklärung sei. Allerdings kann es durchaus vorkommen, dass einzelne Richter den Begriff der Verfahrensbeschleunigung mit dem der eigenen Arbeitserleichterung gleichsetzen, obwohl die Verfahrensbeschleunigung eher im Interesse des Beschuldigten und der Allgemeinheit ein Gebot des Strafverfahrens ist. In einem solchen Fall besteht in der Tat die Besorgnis der Befangenheit.

Die bloße Bekanntgabe einer Stellungnahme durch das Gericht vor Abschluss der Beweisaufnahme begründet jedoch nicht die Besorgnis der Befangenheit. Der Richter kann durchaus sein vorläufiges Urteil über die Prozessaussichten nach dem jeweiligen Stand des Verfahrens bekannt geben[613]. Denn die Tatsache, dass der Richter den Erlass eines Haftbefehls mit der hohen Straferwartung, deren Feststellung ebenfalls voraussetzt, dass der Richter sich eine Meinung über den möglichen Ausgang gebildet hat, gerechtfertigt hat, begründet nicht die Besorgnis der Befangenheit. Auch die Frage des Vorsitzenden Richters an den Verteidiger, ob der Mandant ein Geständnis ablegen werde, ist zur weiteren Prozessplanung von Wichtigkeit, etwa bezüglich der zu ladenden Zeugen, und begründet nicht die Besorgnis der Befangenheit[614].

In Einzelfällen können natürlich Anhaltspunkte vorliegen, welche die Annahme der Voreingenommenheit rechtfertigen. Prinzipiell muss davon jedoch nicht ausgegangen werden. Grundsätzlich gilt, dass die Absprache nicht im Interesse eines einzelnen Verfahrensbeteiligten, sondern im allgemeinen Interesse getroffen wird[615]. So profitiert insbesondere auch der Beschuldigte von einer schnellen Verfahrensbeendigung, weshalb von einer Parteilichkeit des Richters nicht auszugehen ist[616].

---

610 Schünemann, in Absprache, Symposium Triberg 1986, S. 42 f.
611 Schünemann, in Absprache, Symposium Triberg 1986, S.42 f.
612 BGHSt 21, 81; BGHSt 24, 289; BGHSt 26, 228; Pfeiffer, Karlsruher Kommentar, Einl., Rdnr. 11; Rieß, LR, Einl. G, Rdnr. 29.
613 BGH GA 1962, S. 282; Tscherwinka, Absprachen im Strafprozeß, S. 167.
614 Rönnau, Die Absprache im Strafprozeß, S. 247.
615 Große Strafrechtskommission des DRB, Gutachten Teil I, S. 73.
616 Kremer, Absprachen zwischen Gericht und Verfahrensbeteiligten, S. 164.

3. Nichteinbeziehung von Verfahrensbeteiligten

a. Standpunkt der Rechtsprechung

In mehreren Entscheidungen hatte der BGH sich mit der Frage zu beschäftigen, ob sich das Gericht dem Vorwurf der Befangenheit aussetzt, wenn es eine Absprache nicht mit allen Verfahrensbeteiligten trifft. In einem Fall[617] ging es um die Ablehnung eines Richters, der sich außerhalb der Hauptverhandlung mit einem Angeklagten verständigt hatte, ohne einen Mitangeklagten bzw. dessen Verteidiger umfassend über die getroffene Vereinbarung in Kenntnis zu setzen. Die auf die Ablehnung der Befangenheitsanträge gestützte Revision hatte Erfolg. Der Senat führte dazu aus, dass das Gericht in einem solchen Fall zu einer besonderen Rücksichtnahme auf das Verteidigungsinteresse des nicht an der Absprache teilnehmenden Angeklagten verpflichtet sei. Dies mache insbesondere die rechtszeitige Offenlegung der Absprache in der Hauptverhandlung erforderlich. Der nichtbeteiligte Angeklagte dürfe nicht den Eindruck gewinnen, dass die Richter durch eine Bindung an die Absprache die Freiheit der Verhandlungsführung oder der Urteilsfindung verlieren. In einer anderen Entscheidung[618] hatte das Gericht dem Verteidiger zugesagt, welche Strafe zu verhängen sei, wenn der Angeklagte ein Geständnis ablege, ohne die Staatsanwaltschaft einzubeziehen. Hier war nach Ansicht des BGH die Besorgnis der Befangenheit begründet, weil der Eindruck entstanden sei, das Gericht wirke mit einer vorgefassten Meinung an der Hauptverhandlung mit. Dass die dem Spruchkörper angehörenden Berufsrichter, der Vertreter der Staatsanwaltschaft, der Angeklagte und dessen Verteidiger zwingend an der Absprache zu beteiligen sind, bedarf keiner weiteren Erläuterung. Näher zu untersuchen ist dagegen, inwieweit Mitangeklagte, Nebenkläger und Schöffen zu beteiligen sind.

b. Einbeziehung des Mitangeklagten

Auf einen Mitangeklagten und dessen Verteidigungsinteressen muss Rücksicht genommen werden. Er ist deshalb über die Einzelheiten und das Ergebnis einer Vereinbarung zu unterrichten, obwohl er kein notwendiger Beteiligter der Absprache ist[619]. Andernfalls hätte der eine Mitangeklagte durch die Weigerung, eine Absprache zu treffen, die Möglichkeit, deren Zustandekommen auch hinsichtlich des anderen Mitangeklagten zu verhindern. Bereits der Grundsatz der Öffentlichkeit gebietet es jedoch, die getroffene Absprache in der Hauptverhandlung darzustellen[620]. Damit ist zugleich gewährleistet, dass das Recht eines Mitangeklagten, über die Vereinbarung informiert zu werden und dazu Stellung zu nehmen, nicht verletzt wird. Ein Recht auf Einflussnahme auf die Vereinbarung, wenn er selber sich daran nicht beteiligen möchte, hat der Mitangeklagte dabei nicht. Schließlich hat er auch sonst kein Recht, auf das Prozessverhalten seines Mitangeklagten Einfluss zu nehmen. Möchte ein Angeklagter ein Geständnis ablegen, kann ihm ein Mitangeklagter dies selbstverständlich nicht verwehren. Der BGH hat klargestellt, dass eine Verständigung zwischen einem Richter und einem der beiden Mitangeklagten nicht durch die Weige-

[617] BGH NJW 1990, S. 3030.
[618] BGH NStZ 1991, S. 346.
[619] Rieß, in LR, Einl. G, Rdnr. 80.
[620] Siehe 4. Teil, B III.

rung des anderen ausgeschlossen werde, sich an einer Absprache mit gleicher Zielrichtung zu beteiligen[621].

c. Einbeziehung des Nebenklägers

Die Beteiligung eines Nebenklägers an der Absprache ist dagegen zwingend notwendig. Die Nebenklage gibt dem in § 395 StPO genannten Verletzten eine umfassende Beteiligungsbefugnis. Der Nebenkläger hat im Strafprozess im wesentlichen die Rechte, die auch der Staatsanwaltschaft in der Hauptverhandlung zustehen; er kann insbesondere Beweisanträge stellen oder unabhängig von der Staatsanwaltschaft Rechtsmittel einlegen und die Ablehnung eines Richter beantragen[622]. Der Nebenkläger ist selbständiger Verfahrensbeteiligter[623]. Der besonders schutzwürdige Verletzte soll dadurch die Gelegenheit erhalten, seine persönlichen Interessen auf Genugtuung zu verfolgen[624], insbesondere durch aktive Beteiligung das Verfahrensergebnis zu beeinflussen[625]. Es entspricht den Grundsätzen eines fairen rechtsstaatlichen Verfahrens, dass die Verfahrensbeteiligten in der Hauptverhandlung als Rechtssuchende vor Gericht gleichgewichtige Einwirkungsmöglichkeiten und Befugnisse haben[626]. Insbesondere soweit es um die Überzeugungsbildung des Gerichtes geht, vor allem durch die Mitbestimmung von Inhalt und Form der Beweisaufnahme, erfordert die Verfahrensgerechtigkeit die Gleichstellung bei den Einwirkungsmöglichkeiten[627]. Diese Waffengleichheit muss auch für den Nebenkläger gelten. Er hat das Recht, sein privates Genugtuungsinteresse in einem fairen Verfahren geltend zu machen und in der Hauptverhandlung hinsichtlich der Einwirkungsmöglichkeiten auf deren Gang und Ergebnis nicht schlechter gestellt zu werden als die anderen Verfahrensbeteiligten. Denn letztlich liegt der ganze Zweck der Nebenklage in der eigenen Interessenwahrung des betroffenen Bürgers[628].

Würde der Nebenkläger an einem Absprachevorgang nicht beteiligt, sondern vor vollendete Tatsachen gestellt, liefe dieser Zweck ins Leere. Für die Erfüllung des Genugtuungsverlangens ist es entscheidend, dass der Verletzte die Möglichkeit bekommt, Einfluss zu nehmen. Die Nichteinbeziehung in eine verfahrensbeendende Absprache befriedigte das Genugtuungsinteresse nicht. Der Nebenkläger hätte auf den Gang des Verfahrens keinerlei Einfluss genommen. Deshalb ist der Nebenkläger in die Absprache einzubeziehen. Er ist umfassend zu informieren und muss Gelegenheit zur Stellungnahme erhalten.

---

621 BGHSt 37, 99, 103.

622 Gollwitzer, FS für Schäfer, S. 66; Hellmann, Strafprozeßrecht, Teil VI, § II, Rdnr. 11; Kleinknecht / Meyer-Goßner, StPO, § 397, Rdnr. 1ff.

623 Kleinknecht / Meyer-Goßner, StPO, vor § 395, Rdnr. 2; Roxin, Strafverfahrensrecht, § 62, Rdnr. 1; Stöckel, KMR, vor § 395, Rdnr. 3.

624 BGHSt 28, 272; Fabricius, NStZ 1994, S. 257, 260 f; Gollwitzer, FS für Schäfer, S. 65; Stöckel, KMR, vor § 395, Rdnr. 2.

625 Gollwitzer, in FS für Schäfer, S. 66; Kleinknecht / Meyer-Goßner, StPO, vor § 395, Rdnr. 1; Stöckel, KMR, vor § 395, Rdnr. 1.

626 Gollwitzer, in FS für Schäfer, S. 74.

627 BVerfGE 26, 66, 71; BVerfGE 38, 105, 112.

628 Gollwitzer, in FS für Schäfer, S. 75.

d. Einbeziehung der Schöffen

Der Richterbegriff des Art. 92 GG erfasst nicht nur die Berufsrichter, sondern auch die ehrenamtlichen Richter[629]. Die Einzelheiten zu Rechten und Pflichten der Schöffen sind im GVG geregelt. § 30 GVG gewährleistet den Schöffen ein gleichberechtigtes und gleichrangiges Mitwirkungsrecht innerhalb der Hauptverhandlung neben den Berufsrichtern. An Entscheidungen außerhalb der Hauptverhandlung sind sie dagegen nicht zu beteiligen[630]. Bei zu treffenden Vereinbarungen spielt der Akteninhalt eine wesentliche Rolle, weil das Gericht seine vorläufige Einschätzung in der Regel auf den Akteninhalt stützt. Umstritten ist, ob Schöffen Aktenkenntnis haben dürfen[631]. Nach der lange Zeit von der Rechtsprechung vertretenen Ansicht[632] soll jegliche Aktenkenntnis unzulässig sein, da eine Verletzung des Unmittelbarkeitsgrundsatzes zu befürchten sei. Schöffen könnten nicht genügend scharf zwischen dem unterscheiden, was Gegenstand der Hauptverhandlung war und was nicht. In der Literatur wird die Gewährung von Aktenkenntnis für zulässig erachtet[633]. Die Schöffen sollen mit gleicher Verantwortung wie die Berufsrichter, die ja Aktenkenntnis haben, an der Hauptverhandlung mitwirken. Der BGH scheint sich dieser Ansicht anzunähern. Er hält es inzwischen jedenfalls für zulässig, dass den Schöffen Kopien von Telefonüberwachungsprotokollen zum besseren Verständnis der Beweisaufnahme zur Verfügung gestellt werden[634].

Es spricht unter dem Gesichtspunkt der Aktenkenntnis nichts dagegen, Schöffen an der Vereinbarung mitwirken zu lassen. Der Gesichtspunkt der Mitentscheidungszuständigkeit verlangt es sogar. Würden die Schöffen in den Absprachevorgang nicht einbezogen, würden sie vor vollendete Tatsachen gestellt, ohne tatsächlich mitentschieden zu haben. Insofern müssen die Berufsrichter, bevor sie eine Absprache treffen, Rücksprache mit den Schöffen halten und eine Art Vor- oder Zwischenberatung durchführen, damit die Schöffen die Gelegenheit haben, auf die Entscheidung, ob und mit welchem Inhalt eine Absprache getroffen wird, Einfluss zu nehmen.

e. Ergebnis

Im Ergebnis bleibt deshalb festzuhalten, dass alle Verfahrensbeteiligten, deren Interessen in irgendeiner Weise durch eine Verständigung tangiert werden könnten, einzubeziehen sind. Dies betrifft nicht nur Staatsanwalt und Verteidiger, sondern auch eventuelle Mitangeklagte[635] und Nebenkläger. Zu unterscheiden ist dabei jedoch zwischen einem Mitwirken an der Vereinbarung und dem Recht, darüber umfassend informiert zu werden. Mitwirken an der Absprache bedeutet, das Recht zu haben, das Zustandekommen der Vereinbarung verhindern zu können. Dieses Recht haben nur das erkennende Gericht, inklusive der Schöffen, die Staatsanwaltschaft, der betroffene Angeklagte und sein Verteidiger. Ein an einer Absprache nicht beteiligter Angeklagte oder ein Nebenkläger sind allerdings nicht erst auf ihr Verlangen hin

---

629 Herzog, in Maunz / Dürig, Art. 92, Rdnr. 86.
630 Siolek, Verständigung in der Hauptverhandlung, S. 175.
631 Vgl. dazu Kissel, Karlsruher Kommentar, § 30 GVG, Rdnr. 2, mit zahlreichen Nachweisen.
632 RGSt 69, 120; BGHSt 5, 261; BGHSt 13, 73.
633 Nachweise bei Kissel, Karlsruher Kommentar, § 30 GVG, Rdnr. 2.
634 BGH NJW 1997, S. 1792.
635 Janke, Verständigung und Absprachen, S. 217.

umfassend über die Vereinbarung zu informieren, wenn sich das erkennende Gericht nicht der Gefahr aussetzen will, wegen Besorgnis der Befangenheit abgelehnt zu werden.

IX. Fazit

Nach den vorhergehenden Ausführungen sind Vereinbarungen zwischen den Verfahrensbeteiligten grundsätzlich auch im deutschen Strafprozess zulässig. Das Ziel des Strafverfahrens ist, eine justizförmig zustande gekommene, abschließende Entscheidung über die Strafbarkeit des Beschuldigten zu treffen, die den gestörten Rechtsfrieden wiederherstellt. Einerseits ist es die Aufgabe des Strafprozesses, die Strafverfolgungsinteressen der Allgemeinheit zu verwirklichen, andererseits die Rechte des Beschuldigten sowie dritter Personen - damit sind in erster Linie Opfer von Straftaten gemeint - zu wahren. Diesen Zwecken werden Absprachen gerecht, wenn sie in ihrer konkreten Ausgestaltung sowohl hinsichtlich ihres Zustandekommens als auch bezüglich ihres Inhaltes den Prinzipien des deutschen Strafverfahrensrechtes entsprechen[636].

Formelle Voraussetzung einer zulässigen Absprache ist deshalb, dass das Gericht nur solche Vergünstigungen als Gegenleistung zusagt, für deren Gewährung es auch zuständig ist. So kann das erkennende Gericht sich zur Strafhöhe äußern, nicht jedoch zu Modalitäten des Strafvollzuges.

Materielle Voraussetzung ist, dass das Gericht keine Vergünstigung verspricht, die nicht auch ohne vorherige Vereinbarung prozessual erlaubt und sachlich angemessen wäre. Ihre konkreten Grenzen finden die Absprachen im Einzelfall in den Prozessmaximen. Entscheidend ist, die Vereinbarkeit der Absprache in ihrer individuellen Ausprägung mit den rechtsstaatlichen Grundsätzen des Strafverfahrens[637]. Eine Absprache ist danach dergestalt statthaft, dass das Gericht für den Fall eines Geständnisses eine Strafmilderung in Aussicht stellt und eine Strafobergrenze nennt, die es nicht überschreiten werde. Das Geständnis kann strafmildernd berücksichtigt werden, selbst wenn es auf einer Verständigung beruht.

Aus den im Strafverfahren geltenden Verfahrensgrundsätzen folgt, dass die Absprache unter Einbeziehung aller Verfahrensbeteiligten in der Hauptverhandlung getroffen werden muss. Ein Mitangeklagter kann jedoch nicht das Zustandekommen einer Absprache zwischen dem Gericht und einem anderen Mitangeklagten verhindern, wenn er selber keine Absprache treffen möchte. Wenn Anhaltspunkte vorliegen, dass das abgelegte Geständnis nicht den Tatsachen entspricht, muss das Gericht dessen Glaubwürdigkeit überprüfen, damit es nicht zu einem falschen Urteil kommt. Das Gericht bleibt dem Gebot der Wahrheitsfindung verpflichtet. Dies folgt aus dem Untersuchungsgrundsatz und dem Aufklärungsgebot. Selbstverständlich ist, dass auf den Angeklagten kein Druck ausgeübt werden darf, sich auf die Absprache einzulassen, genauso wie ihm nicht mit einer höheren Strafe gedroht werden darf, für den Fall, dass er nicht absprachebereit ist. Dies würde sowohl § 136a StPO als auch das Recht des Angeklagten zu schweigen verletzen.

---

[636] BGHSt 43, 195, 203.
[637] Küpper / Bode, Jura 1999, S. 356.

Unzulässig ist des weiteren die Vereinbarung eines exakten Strafmaßes. Dies wäre mit den §§ 260, 261 StPO nicht in Einklang zubringen, wonach das Gericht aus dem Inbegriff der Verhandlung über die Strafe zu entscheiden hat. Statthaft ist es jedoch, wenn das Gericht eine Strafobergrenze angibt, die es nicht überschreiten wird, wenn der Angeklagte ein Geständnis ablegt. Es ist durchaus üblich und mit der Strafprozessordnung vereinbar, dass das Gericht sich bereits während des Verfahrens eine vorläufige Meinung über das mögliche Verfahrensergebnis bildet.

Außerdem muss die aufgrund einer Absprache verhängte Strafe schuldangemessen bleiben. Die Strafhöhe muss dem Unrechtsgehalt der Tat gerecht werden.

Die vorherige Vereinbarung eines Rechtsmittelverzichtes ist unzulässig. Damit würde unzulässigerweise die dem Angeklagten zustehende Rechtsmittelbefugnis mit der Höhe der Strafe verknüpft. Die Erklärung des Rechtsmittelverzichtes ist auch erst nach der Urteilsverkündung statthaft[638], weshalb sie vorher nicht abverlangt werden darf.

Verlieren die Absprache den Anschein des Unzulässigen und der Mauschelei, der ihnen durch die überwiegend kritische Haltung in der Literatur lange Zeit anhaftete, sind sie ein gangbarer Weg, Strafverfahren kooperativ und zügig, im Interesse und zum Vorteil aller Beteiligten zu erledigen. Entscheidend ist, dass jede Absprache im Einzelfall in Übereinstimmung mit den Prozessmaximen praktiziert wird und die Schutzbedürfnisse des Angeklagten nicht unbeachtet bleiben.

[638] Kleinknecht / Meyer-Goßner, StPO, § 302, Rdnr. 14.

5. Teil
Rechtsnatur der Absprache

A. Problemstellung

Da die grundsätzliche Zulässigkeit von Absprachen nach geltendem Recht zu bejahen ist, tauchen im Zusammenhang mit Absprachen einige Folgeprobleme auf, die darauf zurückzuführen sind, dass es keine gesetzliche Regelung der Verständigung im Strafprozess gibt. Unbeantwortet sind insbesondere die Fragen der Bindungswirkung von Absprachen und der Rechtsfolge fehlgeschlagener Absprachen. Ausgangspunkt zur Beantwortung dieser Fragen ist die Rechtsnatur von Absprachen. Denn die Rechtsfolgen gescheiterter Verständigungen können erst bestimmt werden, wenn die Rechtsnatur von Vereinbarungen im Strafverfahren geklärt ist.

Die theoretischen Abhandlungen zu Absprachen und zahlreichen Veröffentlichungen befassen sich zumeist mit der rechtlichen Zulässigkeit. Für den Beschuldigten ist letztlich aber die Frage der Bindungswirkung von Absprachen die entscheidende. Eine Absprache kann nämlich aus vielerlei Gründen scheitern. Der Bundesgerichtshof hatte sich bereits mit unterschiedlichen Konstellationen, in denen getroffene Absprachen fehlgeschlagen sind, zu befassen. So hat er den Fall entschieden, dass eine angebliche Zusage über das Strafmaß als Gegenleistung für den Abschluss der Beweisaufnahme nicht eingehalten wurde und die Strafe höher ausfiel als erwartet[639]. Der BGH prüfte einen Verstoß gegen § 136a StPO, verneinte diesen aber, da es das Verhalten des Gerichtes in dem konkreten Fall nicht als Zusage wertete. Dem BGH[640] lagen auch bereits solche Fälle zur Entscheidung vor, in denen ein Verfahrensbeteiligter, sei es ein Mitangeklagter oder der Staatsanwalt, vom Gericht nicht oder nicht vollständig an der Absprache beteiligt wurden, was für den BGH die Besorgnis der Befangenheit des Gerichtes begründet[641].

I. Scheitern von Absprachen

1. Scheitern des Zustandekommens

Die Frage des möglichen Zeitpunktes des Scheiterns ist zu klären, um mögliche Rechtsfolgen zu ermitteln. Denkbar ist, dass einer der Verfahrensbeteiligten eine Absprache anregt, die anderen Verfahrensbeteiligten dies ablehnen und deshalb erst gar keine Absprache zustande kommt, z.B. indem ein Verteidiger anfragt, ob und wie das Ablegen eines Geständnisses im Hinblick auf das Strafmaß bewertet würde. Solche „Sondierungsgespräche“[642] können noch keine Folgen haben. Es ist unproblematisch, wenn bereits das Zustandekommen der Absprache scheitert[643].

Zwar könnte bereits die Andeutung, dass es etwas zu gestehen gebe, das Gericht psychologisch beeinflussen. Insoweit ist aber jedem Richter zuzutrauen, dass er seine Entscheidung frei von außerhalb der Hauptverhandlung gewonnenen Erkenntnissen trifft. Auch an anderen Stellen ist der Richter Eindrücken ausgesetzt, die ihn

---

639 BGH, NJW 1990, S. 1921.
640 BGH, StV 1990, S. 387; BGH, NStZ 1991, S. 346.
641 BGH, NStZ 1991, S. 346 ff.
642 Braun, Die Absprache, S. 104.
643 Schmidt-Hieber, NStZ 1988, S. 302 f.

psychologisch beeinflussen könnten, die er aber dennoch nicht zu Lasten des Angeklagten verwerten darf.

Neben dem Fall, dass bereits das Sondierungsgespräch scheitert, gibt es die Möglichkeit, dass sich der Vorsitzende Richter mit dem Staatsanwalt und dem Verteidiger im Rahmen eines Vorgespräches einigt, jedoch der Angeklagte oder die Schöffen sich nicht auf die erzielte Verständigung einlassen wollen. Auch dann muss die Absprache als nicht zustande gekommen angesehen werden, da Zulässigkeit der Absprache die Mitwirkung dieser Verfahrensbeteiligten voraussetzt.

2. Gründe für das Scheitern getroffener Absprachen

Vorstellbar sind unterschiedliche Gründe, die dazu führen, dass eine getroffene Absprache fehlschlägt:

- Einer der Beteiligten ändert schlicht seine Meinung aus einer inneren Motivation heraus und erfüllt daraufhin seine Verpflichtung nicht, z.B. indem der Angeklagte nur ein Teilgeständnis oder gar keines ablegt, der Staatsanwalt absprachewidrig einen bestimmten Beweisantrag stellt oder das Gericht eine die Strafobergrenze übersteigende Strafe verhängt.

- Im nachhinein werden Umstände bekannt, die für einen der Beteiligten das Festhalten an der Vereinbarung unmöglich machen, z. B., weil die Tat schwerwiegender ist, als ursprünglich angenommen.

- Über den Inhalt der erzielten Verständigung bestehen Meinungsverschiedenheiten, weil die Beteiligten das Vereinbarte unterschiedlich auslegen.

- Der an der Absprache beteiligte Richter oder Staatsanwalt erkrankt und wird noch vor Beginn der Hauptverhandlung vertreten. Der Vertreter fühlt sich nicht an die Vereinbarung gebunden und hält sie nicht ein.

Kein Problem gescheiterter Absprachen ist dagegen die Fallgestaltung, dass ein vereinbarter Rechtsmittelverzicht ins Leere geht, weil einer der Beteiligten dennoch ein Rechtsmittel einlegt. Denn die Vereinbarung eines Rechtsmittelverzichtes ist gar nicht statthaft und kann deshalb nicht Gegenstand einer zulässigen Absprache sein[644].

---

[644] siehe oben 4. Teil, V, 3 d.

II. Verbindlichkeit von Absprachen

1. Meinungsstand in der Literatur

Nach bislang überwiegender Ansicht in der Literatur darf es verbindliche Vereinbarungen nicht geben[645]. Absprachen seien nur mit der Strafprozessordnung vereinbar, wenn sie unverbindlichen Charakters seien und unter dem Vorbehalt des Vorläufigen stünden[646]. Eine verbindliche Absprache würde dagegen das Prozessergebnis unzulässigerweise vorwegnehmen[647]. Die endgültige und verbindliche Festlegung auf Seiten des Gerichtes verstoße gegen den Grundsatz der freien richterlichen Beweiswürdigung und den Untersuchungsgrundsatz und sei zudem geeignet, die Besorgnis der Befangenheit zu begründen[648].

2. Auffassung der Rechtsprechung

Dagegen hat der BGH in seinem jüngsten, ersichtlich als Grundsatzentscheidung gedachten Urteil zu Absprachen[649] festgestellt, dass das Gericht nur dann nicht an die Vereinbarung gebunden ist, wenn sich in der Hauptverhandlung neue, d.h. dem Gericht bisher unbekannte, schwerwiegende Umstände zu Lasten des Angeklagten ergeben haben. Ist eine Verständigung jedoch unter Beachtung der Verfahrensgrundsätze der StPO zustande gekommen, so sei das Gericht daran gebunden. Der BGH bejaht also grundsätzlich die Bindungswirkung von Absprachen[650].

3. Stellungnahme

Bevor die Rechtsnatur der Absprache nicht geklärt ist, lässt sich nicht abschließend beurteilen, ob eine Bindungswirkung besteht. Plausibel erscheint der Standpunkt des BGH. Denn nur eine beiderseitige Verpflichtung, sich an das Vereinbarte zu halten, kann dem Grundsatz des fair trial gerecht werden. Der Angeklagte tritt mit seinem Geständnis in Vorleistung. Ist das Geständnis einmal vor einem Richter abgelegt, kann es zwar widerrufen werden. Da die Aussagefreiheit des Angeklagten durch die Vorschriften des § 136 Abs. 1 S. 2, 136a StPO und den „nemo tenetur"-Grundsatz geschützt ist, muss sie auch beinhalten, ein einmal abgelegtes Geständnis zu widerrufen[651]. Das Geständnis bleibt aber verwertbar[652]. Denn die freie richterliche Beweiswürdigung gestattet es, ein früheres Geständnis trotz des Widerrufes für glaubhaft zu halten und dementsprechend bei der Urteilsfindung zu berücksichtigen. Unverwertbar ist ein Geständnis gem. § 136a Abs. 3 S. 2 StPO jedoch, wenn es durch eine der in § 136a StPO genannten verbotenen Vernehmungsmethoden, insbe-

645 Baumann, NStZ 1987, S. 159 f; Bode, DRiZ 1988, S. 281, 284; ders., RuP 1988, S. 150; Braun, Die Absprache, S. 101; Gerlach, Absprachen im Strafverfahren, S. 125 ff.; Nestler-Tremel, DRiZ 1988, S. 288, 292; Niemöller, StV 1990, S. 34 f; Siolek, Verständigung in der Hauptverhandlung, S. 168; ders., DRiZ 1989, S. 321, 322.

646 Gerlach, Absprachen im Strafverfahren, S. 128.

647 Braun, Die Absprache, S. 101 ff.

648 Gerlach, Absprachen im Strafverfahren, S. 128 f.

649 BGHSt 43, 195 = NJW 1998, S. 86.

650 So auch die Einschätzung von Kintzi, JR 1998, S. 249; Rieß, in LR, Einl. G, Rdnr. 68; Rönnau, wistra 1998, S. 49.

651 Gerlach, Absprachen im Strafverfahren, S. 166; Janke, Verständigung und Absprachen, S. 225.

652 BGHSt 21, 285, 287; Gollwitzer, in LR, § 261, Rdnr. 73; Paulus, KMR, § 261, Rdnr. 21.

sondere eine Täuschung, eine Drohung oder ein ungesetzliches Vorteilsversprechen erlangt wurde. In der Regel werden aber bei einer gescheiterten Absprache die Voraussetzungen des § 136a StPO nicht vorliegen.

Deshalb handelt es sich bei dem in der Hauptverhandlung abgelegten Geständnis grundsätzlich um eine irreversible Leistung des Angeklagten[653]. Diese erbringt er im Vertrauen darauf, dass das Gericht im Anschluss an das Geständnis seinen Teil der Vereinbarung ebenfalls erbringt. Der „vorleistende" Angeklagte verlässt sich auf den Vollzug des von den „nachleistenden" Justizorganen zugesagten Leistung[654]. Es widerspräche dem Grundsatz des fairen Verfahrens, ließe das Gericht den Angeklagten im Vertrauen auf die Verbindlichkeit der Vereinbarung seine Leistung erbringen, ohne seinerseits gebunden zu sein. Aber selbst wenn noch keiner der Beteiligten in Vorleistung getreten ist, besteht in der Regel ein Interesse an der Erfüllung der Absprache, andernfalls hätte man eine Vereinbarung diesen Inhaltes nicht getroffen.

Auch der BGH[655] begründet die Bindung des Gerichtes an die Absprache mit den Grundsätzen des fairen Verfahrens, zu denen gehöre, dass sich das Gericht nicht in Widerspruch zu eigenen, früheren Erklärungen, auf die ein Verfahrensbeteiligter vertraut hat, setzen dürfe. Die Vertrauenslage, die das Gericht geschaffen habe, verbiete ihm, von seiner früheren Erklärung abzuweichen[656]. Das Gericht dürfe von einer einmal gegebenen Zusage nach vorheriger Ankündigung gegenüber dem Verteidiger nur abweichen[657], wenn sich neue schwerwiegende Umstände ergeben, die dem Gericht bisher unbekannt waren und die Einfluss auf das Urteil haben könnten. Zu der rechtlichen Grundlage der angenommenen Verbindlichkeit hat sich der BGH allerdings nicht geäußert. Die Literatur hat noch keinen überzeugenden Standpunkt gefunden.

B. Dogmatische Zuordnung der Absprache

Stellungnahmen zur Rechtsnatur einer strafprozessualen Verfahrenshandlung finden sich in Rechtsprechung und Literatur ohnehin kaum. Im Zivilrecht und im Zivilprozessrecht wird bei den möglichen verschiedenen Handlungsformen zwischen natürlichen Handlungen, unverbindlichen Erklärungen, einseitig abgegebenen verbindlichen Erklärungen oder zwei- bzw. mehrseitigen verbindlichen Erklärungen differenziert. Im Strafprozessrecht unterscheidet man lediglich zwischen natürlichen Handlungen und Prozesshandlungen. Hinsichtlich der Verständigungen im Strafverfahren stellt sich daher das Problem, ob die durch Rechtsprechung und Literatur entwickelten Handlungsschemata ausreichen, um auch Absprachen einordnen zu können, oder ob die Absprache eine zumindest im Strafverfahrensrecht bislang unbekannte neue Handlungskategorie darstellt. Zum Teil werden Absprachen als Prozesshandlungen qualifiziert[658]. Andere vertreten die Auffassung, dass es sich nur um unverbindliche Prognosen[659] bzw. Absichtserklärungen[660] der Justiz handele. Möglicher-

[653] Janke, Verständigung und Absprachen, S. 75.
[654] Janke, Verständigung und Absprachen, S. 61 ff.
[655] BGH, NJW 1998, S. 86, 89.
[656] BGHSt 36, 210, 214 = NJW 1989, S. 2270 = NStZ 1989, S. 438.
[657] BGH, StV 1989, S. 336.
[658] Kremer, Absprachen zwischen Gericht und Verfahrensbeteiligten, S. 173 ff.
[659] Schmidt-Hieber, DRiZ 1990, S. 321.
[660] Schünemann, Gutachten 58. DJT, B 74 ff.

weise ist die Absprache auch als gentlemen's agreement, als vertragsähnliche Handlung, zu definieren[661]. Die nähere Betrachtung wird zeigen, dass keine der vorgenannten Rechtsformen passt, um Absprachen im Strafverfahren rechtlich zu bestimmen.

I. Prozesshandlung

1. Begriff

Die Strafprozessordnung verwendet den Begriff „Prozesshandlung" anders als die Zivilprozessordnung[662] nicht. Soweit er gleichwohl im Strafprozess benutzt wird, sind Bedeutung und Reichweite umstritten. Teilweise werden alle prozessbedeutsamen Handlungen unter den Begriff subsumiert[663], die Anklageerhebung ebenso wie das Öffnen der Saaltür durch den Justizwachtmeister, soweit es dabei um die Herstellung der Öffentlichkeit geht[664]. Andere verstehen unter Prozesshandlung jedoch nur diejenige Erklärung der Verfahrensbeteiligten, die eine Rechtsfolge im Prozess willensgemäß auslöst[665], d.h. die den Prozess dem erklärten Willen gemäß weiter fördern soll. Unter diese Auslegung fallen z.B. der Strafantrag, die Anklageerhebung, das Urteil oder die Einlegung eines Rechtsmittels. Nach der wohl herrschenden Meinung sind Prozesshandlungen diejenigen prozessgestaltenden Verhaltensweisen, deren Voraussetzungen und Wirkungen vom Prozessrecht geregelt sind[666]. Weitgehend unstreitig ist in der Literatur dagegen die auch in der zivilprozessualen Dogmatik verwendete Einteilung der Prozesshandlungen in Erwirkungs- und Bewirkungshandlungen[667].

Danach sollen die Erwirkungshandlungen auf die Herbeiführung einer anderen Prozesshandlung, namentlich einer richterlichen Entscheidung, gerichtet sein[668] und eine Verfahrensgestaltung durch Einflussnahme auf ein anderes Prozesssubjekt bezwecken[669]. Darunter fallen in erster Linie die Anträge, mit denen der Erlass einer richterlichen Entscheidung bestimmten Inhaltes angestrebt wird, z.B. ein Beweisantrag. Unterschieden wird dabei zwischen den Sachanträgen, die auf die Gestaltung des Urteilsinhaltes abzielen, und den Prozessanträgen, die auf das Verfahren betreffende Entscheidungen abzielen. Demgegenüber sollen Bewirkungshandlungen den Prozess unmittelbar aus sich selbst heraus gestalten[670], wie dies z.B. bei einem Rechtsmittelverzicht der Fall ist. Die Bewirkungshandlungen werden durch eine negative Abgrenzung zu den Erwirkungshandlungen definiert; sie sollen nicht die Prozesshandlung eines anderen Verfahrensbeteiligten erwirken.

---

661 Dahs, NJW 1987, S. 1318.
662 Z.B. § 295 ZPO.
663 Kleinknecht/Meyer-Goßner, StPO, Einl., Rdnr. 95.
664 Baumann, Kap. 4 I 1 a.
665 Roxin, Strafverfahrensrecht, § 22 A I, Rdnr. 1.
666 Gössel, 159; Kleinknecht/Meyer-Goßner, StPO, Einl. 95; Peters, 248; Pfeiffer, in Karlsruher Kommentar, Einl. Rdnr. 125; Eb. Schmidt, I 203.
667 Gössel, 159 f; Peters, 252 f; Roxin, Strafverfahrensrecht, § 22 A II, Rdnr. 2; Schäfer, in LR, Einl. Kap. 10, Rdnr. 4; Schlüchter, Strafverfahren, Rdnr. 135; Eb. Schmidt, Lehrkommentar, Teil I, Rdnr. 214, 220.
668 Roxin, Strafverfahrensrecht, § 22 A II, Rdnr. 2.
669 Roxin, Strafverfahrensrecht, § 22 A II, Rdnr. 2; Schäfer, in LR, Einl., Kap. 10, Rdnr. 4.
670 Roxin, Strafverfahrensrecht, § 22 A II, Rdnr. 2; Schäfer, in LR, Einl., Kap. 10, Rdnr. 4.

2. Schlussfolgerung

Wäre die strafprozessuale Absprache als Prozesshandlung zu qualifizieren, müsste sie den Erwirkungshandlungen zugeordnet werden. Denn die Absprache ist durch die zwischen den Prozessbeteiligten erzielte Einigkeit über ein bestimmtes künftiges Prozessverhalten gekennzeichnet, ohne dass eine unmittelbare Gestaltung des Prozesses erfolgt[671]. Die getroffene Vereinbarung muss noch umgesetzt werden. Die die Absprache vollziehende Handlung könnte deshalb als die Bewirkungshandlung verstanden werden[672].

Die Lehre von den Prozesshandlungen und die dementsprechende Einteilung in Erwirkungs- und Bewirkungshandlungen bringt jedoch die Diskussion um die Bindungswirkung von Absprachen nicht voran und lässt insoweit die eigentlich entscheidende Frage unbeantwortet.

Würde der Begriff Prozesshandlung alle „Mittel der Prozesssubjekte, um zur Entscheidung über die dem Beschuldigten vorgeworfene rechtswidrige Tat voranzuschreiten"[673] umfassen, dürften aus dem Begriff keine Rechtsfolgen abgeleitet werden[674]. Man kann in der Tat nicht einen dem Gesetz fremden Begriff schaffen, um dann aus ihm rechtliche Folgerungen herzuleiten[675]. Sollen Prozesshandlungen dagegen nur die Erklärungen sein, die eine Rechtsfolge auslösen, sagt das ebenfalls nichts darüber, ob Absprachen Rechtsfolgen auslösen oder nicht.

II. Unverbindliche Prognose

1. Begriff

Neben der Einordnung der Absprache als Prozesshandlung wird vertreten, dass es sich bei der Absprache um eine unverbindliche Prognose handelt[676]. Grundüberlegung ist dabei, dass es vor Abschluss des Verfahrens keine rechtliche oder faktisch bindende Erklärung über das Verfahrensergebnis geben dürfe[677]. Dennoch soll es statthaft sein, eine Verständigung über das Verfahrensergebnis herbeizuführen. Nach diesem Konzept, gibt das Gericht eine unverbindliche Prognose über seine in diesem Zeitpunkt bestehende Einschätzung der Sach- und Rechtslage unter Einbeziehung des angekündigten, künftigen Prozessverhaltens des Angeklagten, z.B. in Form eines Geständnisses, ab. Die vom Gericht vorgenommene Bewertung sei zwar zunächst nur vorläufiger Natur, könne sich aber für den Fall, dass sich die Sach- und Rechtslage nicht ändere bzw. entsprechend dem angekündigten Verhalten entwickele, zu einem endgültigen Standpunkt entwickeln. Um zu verhindern, dass eine wenigstens faktische Endgültigkeit der abgegebenen Prognose behauptet werden könnte, müsse deutlich die Vorläufigkeit betont werden[678].

---

671 Kremer, Absprachen zwischen Gericht und Verfahrensbeteiligten, S. 175.
672 Schmidt-Hieber, Verständigung im Strafverfahren, Rdnr. 235.
673 Schlüchter, Strafverfahren, Rdnr. 130.
674 Schmidt-Hieber, Verständigung im Strafverfahren, Rdnr. 232.
675 Schlüchter, Strafverfahren, Rdnr. 110; Schmidt-Hieber, Verständigung im Strafverfahren, Rdnr. 232 ff.
676 Schmidt-Hieber, DRiZ 1990, S. 321; ders., NJW 1990, S. 1885.
677 Schmidt-Hieber, DRiZ 1990, S. 321.
678 Schmidt-Hieber, NJW 1990, S. 1885.

Die Prognose könne sich dabei nur auf die bis dahin erfolgte Beweisaufnahme bzw. auf die Aktenlage beziehen[679]. Es sei in Rechnung zu stellen, dass ein Prozess vielerlei Überraschungen bieten könne. Das Gericht nehme dabei keinen Vorgriff auf die möglicherweise noch stattfindenden weiteren Teile der Hauptverhandlung vor. Die Erklärung des Gerichtes ist nach dieser Auffassung zwar nur hypothetischer Natur. Gleichwohl sei die Prognose für den Zeitpunkt der Prognoseentscheidung insoweit verlässlich.

2. Streitstand

Diese Konzeption von Absprachen wird insbesondere deshalb kritisiert, weil sie eine „euphemistische Liturgie" sei[680], die das wirklich Gewollte mit dem sprachlichen Deckmantel der bloßen Antizipation verniedliche. Es sei mit dem Grundsatz des fair trial unvereinbar, dass der Angeklagte mit seinem Geständnis in Vorleistung treten müsse, für das Gericht jedoch jegliche rechtliche Bindung verneint werde[681]. Der Angeklagte bzw. sein Verteidiger sei nach diesem Modell der unverbindlichen Prognose gezwungen, ein unzumutbares Risiko einzugehen. Ferner wird bezweifelt, dass ein Gericht nach der Ankündigung eines bestimmten Strafmaßes noch frei sein könne, da auf ihm der Druck laste, alles, was auf dem Weg dorthin hinderlich werden könnte, beiseite zu schieben[682].

Die Verfechter der Qualifizierung von Absprachen als unverbindliche Prognosen[683] halten dem Argument der Voreingenommenheit des Richters entgegen, dass schutzwürdiges Vertrauen erst gar nicht entstehen könnte, wenn das Gericht ausdrücklich auf die Unverbindlichkeit und die Vorläufigkeit des angegebenen Strafmaßes hinweise. Deutlicher als durch den ausdrücklichen Hinweis, eine Aussage sei unverbindlich, könne man die eigene Unvoreingenommenheit nicht zum Ausdruck bringen.

Im übrigen sieht die Strafprozessordnung es an anderen Stellen vor, dass das Gericht sich vor Abschluss der Hauptverhandlung einen Eindruck von dem angeklagten Sachverhalt verschafft und aufgrund dessen eine Entscheidung trifft. So entscheidet gemäß § 203 StPO der Richter über das Bestehen eines hinreichenden Tatverdachtes, wenn er die Eröffnung des Hauptverfahrens beschließt, ohne dass dieser Richter dann in der Hauptverhandlung als befangen angesehen wird. Bei der Entscheidung über das Vorliegen eines hinreichenden Tatverdachtes nimmt das Gericht bereits eine erste Wertung nach Lage der Akten vor, ohne dass es deshalb dem Angeklagten in der Hauptverhandlung voreingenommen gegenübertreten wird. Es wäre ein Widerspruch, bei der Bejahung des hinreichenden Tatverdachtes jede Besorgnis der Befangenheit auszuschließen, nicht jedoch bei einer ausdrücklich als unverbindlich deklarierten Aussage des Gerichtes zum erwarteten Strafmaß[684].

---

[679] Tscherwinka, Absprachen im Strafprozeß, S. 74 f.
[680] Schünemann, NJW 1989, S. 1897.
[681] Schünemann, NJW 1989, S. 1897.
[682] Niemöller, StV 1990, S. 38.
[683] Z.B. Tscherwinka, Absprachen im Strafprozeß, S. 75.
[684] Tscherwinka, Absprachen im Strafprozeß, S. 75.

Soweit es sich nach Anklageerhebung um Haftsachen handelt, beschäftigt sich das Gericht auch in solchen mit der zu erwartenden Strafe schon vor der Hauptverhandlung. Insbesondere der Haftgrund der Fluchtgefahr wird oft und zulässigerweise auch mit der Höhe der zu erwartenden Strafe begründet. Darin wird nach h.M. weder ein Verstoß gegen die Unschuldsvermutung noch eine Besorgnis der Befangenheit gesehen. Es entspricht auch nicht der Praxis, dass die Richter beim Studium der Akten zur Vorbereitung der Hauptverhandlung nicht die möglichen Verfahrensergebnisse durchdenken und sich eine Vormeinung bilden. Eine unverbindliche Prognose geht darüber nicht hinaus, was selbst diejenigen, die dieses Modell für das auf Absprachen zutreffende halten, eingestehen.

3. Stellungnahme

Der Einordnung einer Absprache als unverbindliche Prognose stehen somit zwar keine rechtlichen Bedenken entgegen. Sie überzeugt gleichwohl nicht, und sie entspricht auch nicht den tatsächlichen Einschätzungen der an der Absprache Beteiligten. In der Realität des Strafverfahrens vertraut der Angeklagte auf die Verbindlichkeit der erzielten Verständigung, und auch das Gericht will sich festlegen. Das belegen jedenfalls Stellungnahmen, nach denen keine Fälle bekannt geworden seien, in denen sich eine Justizbehörde nicht an eine eindeutige Vereinbarung gehalten habe[685]. Eine Umfrage ergab, dass Absprachen ausnahmslos eingehalten werden[686]. Damit bestehe offensichtlich die in der Praxis verbreitete Überzeugung von der Notwendigkeit einer Verlässlichkeit[687].

Das Modell der unverbindlichen Prognose wirkt vor diesem Hintergrund konstruiert und hat allein den Zweck, Absprachen für zulässig zu erklären, ohne es für statthaft zu halten, dass diese Absprachen auch bindend seien[688]. Am wirklich Gewollten vermag es nichts zu ändern, wenn nur um des Ergebnisses willen von fehlendem Bindungswillen geredet wird. Außerdem ist es mit dem Grundsatz des fairen Verfahrens unvereinbar, den Angeklagten in Erwartung einer Gegenleistung in Vorleistung treten zu lassen, sich selbst als Gericht jedoch durch das Abgesprochene nicht binden zu wollen. Dies gilt um so mehr, weil die Richter bei Absprachen die überlegenen Gesprächspartnern sind.

Entscheidend ist jedoch, dass es sich schon dem Wortlaut „unverbindliche Prognose" nach gar nicht um eine Absprache handelt. Bei der unverbindlichen Prognose verkündet das Gericht einseitig, was es nach dem jetzigen Kenntnisstand zu tun gedenkt für den Fall, dass der Angeklagte ein Geständnis ablegt.

Eine Absprache ist ihrem Sinn nach jedoch mindestens zweiseitig. Leistung und Gegenleistung hängen voneinander ab. Der Angeklagte gesteht gerade deshalb, weil ihm eine bestimmte Strafobergrenze zugesagt wird und er auf die Einhaltung dieser Zusage vertraut. Das Gericht seinerseits legt sich auf diese Strafobergrenze fest, damit und weil der Angeklagte gesteht. Dies wird selbst dann der Fall sein, wenn das Gericht die Unverbindlichkeit seiner Angabe zur Strafobergrenze hervorhebt. Der

---

685 Dahs, NJW 1987, S. 1318; Schäfer, in Absprache, Symposium Triberg 1986, S. 134.
686 Umfrage von Schünemann, NJW 1989, S. 1897.
687 Schünemann, NJW 1989, S. 1897.
688 Siolek, DRiZ 1989, S. 322.

Angeklagte erwartet gleichwohl, dass die angekündigte Reaktion verbindlich ist[689]. Selbst wenn er möglicherweise um die Unverbindlichkeit der angegebenen Strafobergrenze weiß, wird er darauf vertrauen, dass das abgelegte Geständnis zu einer Strafe jedenfalls nicht oberhalb dieser Grenze führt. Ansonsten bestünde für den Angeklagten keine absprachespezifische Veranlassung, die ihm zur Last gelegten Tatvorwürfe einzuräumen. Es kommt letztlich auf den von den Parteien angestrebten Verständigungsinhalt nach dessen objektivem Erklärungswert, gemessen am Empfängerhorizont, an[690]. Deshalb ist die Bezeichnung „unverbindliche Prognose" nicht geeignet, Absprachen zu klassifizieren.

III. Absichtserklärung

1. Labile und stabile Absichtserklärungen

Eine andere Auffassung[691] unterscheidet im Zusammenhang mit der Bindungswirkung von Absprachen zwei Kommunikationsformen, einerseits die „episodale (labile)" und andererseits die „solide (stabile)" Absichtserklärung. Bei der episodalen Absichtserklärung werde nach Antizipation eines zukünftigen Verhaltens des Kommunikationspartners diesem mitgeteilt, wie man darauf nach gegenwärtiger Beurteilung reagieren würde. Dabei bleibe offen, ob sich nicht schon aufgrund erneuter Überlegungen die gegenwärtige Einschätzung verändern werde[692]. Bei der soliden Absichtserklärung dagegen werde die eigene Einschätzung als definitiv hingestellt, jedoch ein expliziter oder impliziter Vorbehalt hinzugefügt.

So hänge die Verlässlichkeit der labilen Absichtserklärung vom Charakter des Erklärenden bzw. bei Personenmehrheiten von zusätzlichen Unwägbarkeiten ab. Die stabile Absichtserklärung weise demgegenüber einen hohen und vor allem exakt kontrollierbaren Verlässlichkeitsgrad auf, wenn die abgestimmten Handlungen rasch aufeinander folgen und somit zwischenzeitliche Änderungen der objektiven Gegebenheiten so gut wie ausgeschlossen seien[693]. Deshalb ist für Schünemann die stabile Absichtserklärung ein Sonderfall des gentlemen's agreement, weil sie über die Mitteilung einer gegenwärtigen Einschätzung hinaus das Versprechen des innerlichen Festhaltens an dieser Einschätzung enthalte und deshalb doch mit Bindungswirkung abgegeben werde. Die Anforderungen der Strafprozessordnung erfüllen könne jedoch ausschließlich die labile Absichtserklärung als Sonderfall eines gerichtlichen Hinweises.

---

689 Janke, Verständigung und Absprachen, S. 77; Nestler-Tremel, DRiZ 1988, S. 292; Niemöller, StV 1990, S. 37.

690 Janke, Verständigung und Absprachen, S. 73; Schünemann, JZ 1989, S. 987; ders., Gutachten 58. DJT, B 76; Siolek, DRiZ 1989, S. 322.

691 Schünemann, Gutachten 58. DJT, B 74 ff.

692 Schünemann, Gutachten 58. DJT, B 74.

693 Schünemann, Gutachten 58. DJT, B 74.

2. Folgerungen für die Absprachepraxis

Die labilen Absichtserklärungen vermögen nur einen kleinen und keinesfalls den charakteristischen Teil der heute etablierten Verständigungsformen abzudecken, während die stabile Absichtserklärung den Regelfall bildet[694].

Gegen die Rechtsfigur der labilen Absichtserklärung spricht, wie Schünemann selbst einräumt[695], dass die Justizorgane aus einem „völlig richtigen Gerechtigkeitsgefühl heraus" die Vorleistung des Angeklagten mit einer Zusage honorieren wollen und auch tatsächlich honorieren. Das Ansinnen an den Verhandlungspartner, er solle auf eine labile Absichtserklärung hin zu einschneidenden Vorleistungen bereit sein, wirke unter dem Aspekt der Tauschgerechtigkeit geradezu „impertinent"[696]. Die informellen Absprachen verlangten deshalb von ihrer immanenten Gerechtigkeitsstruktur her zumindest nach der Form des gentlemen's agreement. Die objektiven Strukturen der richterlichen Absprachesituation verleihen der richterlichen Äußerung unabhängig von ihrer individuellen Formulierung eo ipso den objektiven Erklärungswert der Stabilität, eben weil dies in dieser Situation redlicherweise erwartet wird[697]. Aus diesem Grund handelt es sich bei der Handlungskategorie der Absichtserklärung um ein theoretisches Konstrukt, das nicht geeignet ist, die im Strafverfahren tatsächlich getroffenen Vereinbarungen zu bestimmen.

IV. Vertragsähnliches Institut mit faktischer Bindungswirkung

1. Gentlemen's agreement

Sehr verbreitet ist die Ansicht, dass es zwar eine rechtliche Bindung an die getroffene Absprache nicht geben könne, diese jedoch gleichwohl eine faktische Bindung herbeizuführen vermöge[698]. Es handelte sich danach bei Absprachen im Strafprozess um ein vertragsähnliches Institut. In diesem Zusammenhang wird der von Dahs[699] eingeführte Begriff des „gentlemen's agreement" gebraucht. Gemeint ist damit offensichtlich, dass die Absprachebeteiligten sich, wenn nicht besondere Gründe ein Abweichen gebieten, an eine Vereinbarung auch dann halten, wenn hierzu keine Verpflichtung besteht.

Da die strafprozessuale Absprache auf dem gegenseitigen Vertrauen der Verfahrensbeteiligten beruhe und dieses Vertrauen zu einer gegenseitigen Erfüllungserwartung führe, sei im Ergebnis die informelle Verständigung für die Beteiligten – zumindest faktisch - verbindlich[700]. Selbst wenn auf die Unverbindlichkeit der Absprache hingewiesen werde, komme der Absprache vom Empfängerhorizont aus gesehen

---

694 Schünemann, Gutachten 58. DJT, B 78.
695 Schünemann, Gutachten 58. DJT, B 76 f.
696 Schünemann, Gutachten 58. DJT, B 76 f.
697 Schünemann, Gutachten 58. DJT, B 76 f.
698 Hamm, ZRP 1990, S. 338; Kremer, Absprachen zwischen Gericht und Verfahrensbeteiligten, S. 179; Nestler-Tremel, DRiZ 1988, S. 292 f.; Niemöller, StV 1990, S. 35, 37; Wolfslast, NStZ 1990, S. 415.
699 Dahs, NJW 1987, 1318; s. auch Baumann, NStZ 1987, S. 159; Bode, DRiZ 1988, S. 284; Hanack, StV 1987, S. 501.
700 Dencker, in: Dencker / Hamm, Der Vergleich, S. 34; Kremer, Absprachen zwischen Gericht und Verfahrensbeteiligten, S. 180; Nestler-Tremel, DRiZ 1988, S. 288, 290; Rönnau, Die Absprache im Strafprozeß, S. 250; Siolek, DRiZ 1989, S. 321, 322.

eine faktische Bindungswirkung zu. Denn offensichtlich vertraue der Beschuldigte darauf, dass er für seine Vorleistung auch die gerichtlich angedeutete Gegenleistung erhalte. Wie bereits ausgeführt, gehen auch die Richter davon aus, dass sie die Absprache einhalten werden. In diesem Zusammenhang wird betont, dass jede Absprache beim Angeklagten zumindest eine Erwartung bzw. Vertrauen schaffe und auf Seiten des Gerichtes zwar keine Verpflichtung, aber eine innere Festlegung[701]. Aus der faktischen Endgültigkeit der Vorleistung sei der Schluss zu ziehen, dass dadurch zwangsläufig eine Bindungswirkung im Hinblick auf die richterliche Zusage herbeigeführt werde und diese so eine Art vertragliche Selbstbindung nach sich ziehe[702].

2. Begriff der faktischen Bindungswirkung

Die Annahme einer faktischen Bindungswirkung wird von all denjenigen abgelehnt, die es für unvereinbar mit der StPO halten, dass das Gericht sich vor Abschluss der Hauptverhandlung in irgendeiner Form bindet. Da die Strafprozessordnung eine Festlegung im Sinne einer Bindung der Beteiligten an ihre informellen Erklärungen untersage, fehle es auch an einer Kompetenz des Gerichts und der Staatsanwaltschaft, eine Bindungswirkung weder vertraglich noch faktisch, d.h. moralisch aufgrund eines nichtrechtlichen Regelsystems als „gentlemen's agreement" herbeizuführen[703]. Nach dieser Auffassung müssen Absprachen unverbindlich sein, sonst seien sie rechtswidrig.

Eine Absprache, auf deren Einhaltung sich die Verfahrensbeteiligten nicht verlassen können, ist jedoch mit dem Grundsatz eines fairen Verfahrens unvereinbar[704]. Auch eine nur faktische Bindungswirkung genügt nicht. Der Begriff faktische Bindungswirkung ist an sich schon widersprüchlich. Entweder bindet eine Vereinbarung die Beteiligten rechtlich oder gar nicht. Ob die Beteiligten einer unverbindlichen Verabredung sich später entsprechend der Verabredung verhalten, kann rückwirkend die ursprüngliche Bindungswirkung nicht beeinflussen. Dem Angeklagten kann jedenfalls nicht zugemutet werden, nur darauf zu vertrauen, dass auch das Gericht sich an die zugesagte Strafobergrenze halten wird, wenn er sein Geständnis als Vorleistung erbringt.

V. Vertrag

Die Absprache im Strafverfahren kann in der Form, in der sie nach dem deutschen Strafprozessrecht zulässig ist[705], keiner der bisher diskutierten Begriffe zugeordnet werden. Die Einordnung scheitert insbesondere an dem allen bislang gemachten Vorschlägen zur Qualifizierung von Absprachen gemeinsamen Merkmal der Unverbindlichkeit. Es handelt sich bei der Absprache weder um eine Prognose oder Absichtserklärung noch um ein vertragsähnliches Institut, an das sich die Beteiligten gebunden fühlen, ohne es rechtlich zu sein. Eine Absprache bindet die an ihr Beteiligten. Dies gebietet insbesondere der Fairnessgrundsatz.

---

[701] Niemöller, StV 1990, S. 37.
[702] Küpper / Bode, Jura 1999, S. 354; Schünemann, in Absprache, Symposium Triberg 1986, S. 41.
[703] Janke, Verständigung und Absprachen, S. 79.
[704] Siehe oben 4. Teil, VII.
[705] Siehe oben 4. Teil, insbesondere IX.

Da die bisherigen Lösungsansätze zur rechtlichen Einordnung von Absprachen nicht tragen, bleibt zu erörtern, ob die Absprache als Vertrag eingestuft werden kann. Denn der Vertrag ist entgegen der ersten Assoziation nicht nur ein zivilrechtliches Rechtsinstitut, sondern eine Kategorie des Rechts überhaupt[706]. Vertrag ist ein rein formaler rechtlicher Begriff, der lediglich besagt, dass durch Willensübereinstimmung zweier oder mehrerer Beteiligter Rechtswirkungen erzeugt werden[707]. Allgemein ausgedrückt lässt sich der Vertrag als mehrseitiges Rechtsgeschäft beschreiben, durch das einvernehmliche Rechtsfolgen hervorgebracht werden: Vertrag bedeutet Geltungsstiftung durch autonome Zustimmung der Beteiligten[708]. Insofern haben Verträge rechtsschöpferische Bedeutung[709]. Geltungsgrund von Verpflichtungen ist nicht eine außerhalb des Vertrages liegende Norm, sondern der Vertrag selber ist der Ursprung der normativen Beziehungen. Der Vertragsschluss geht freiwillig vonstatten. Im Unterschied zum Konsens, der bloßen Willensübereinstimmung, liegt dem Vertrag zusätzlich der Rechtsbindungswille der Parteien zugrunde. Diese allgemeinen Merkmale des Vertrages treffen auch auf die Absprache im Strafprozess zu.

Im Folgenden ist deshalb durch einen Vergleich mit den anerkannten Vertragsarten herauszuarbeiten, um was für einen Vertrag es sich im Strafprozess handelt. In einem zweiten Schritt wird die Vereinbarkeit der Handlungsform Vertrag mit dem Strafprozessrecht untersucht.

1. Vertragsarten

Es gibt privatrechtliche Verträge, die Leistungsverpflichtungen begründen (schuldrechtliche Verträge), und solche, die Rechte zuordnen (dingliche Verträge, Ehevertrag, Erbvertrag). Die öffentlich-rechtlichen Verträge werden in Staatsverträge und Verwaltungsverträge unterteilt. Während im Schuldrecht grundsätzlich Vertragsfreiheit besteht, unterliegen die Beteiligten in anderen Bereichen meistens einem Typenzwang, das heißt sie können nur eine im Gesetz ausdrücklich vorgesehene Regelung treffen[710]. Für die Diskussion über die Rechtsnatur von Absprachen sind der privatrechtliche Vertrag, weil er in der strafprozessualen Literatur im Zusammenhang mit Absprachen zum Teil bereits erörtert wird, und wegen der strukturellen Ähnlichkeiten insbesondere der Verwaltungsvertrag von Bedeutung.

a. Privatrechtliche Verträge

Privatrechtliche Verträge sind gekennzeichnet durch den Grundsatz der Privatautonomie, der Vertrags- und Abschlussfreiheit sowie der Gestaltungsfreiheit. Grenzen privatrechtlicher Verträge sind danach lediglich die gesetzlichen Verbote (§ 134 BGB) und die guten Sitten (§ 138 BGB). Wenn der privatrechtliche Vertrag nicht gegen allgemeine Gesetze verstößt, kommt es für die Geltung des Vertrages nicht auf seinen Inhalt und vor allem nicht auf die Angemessenheit der ausgetauschten Leistungen

---

706 Maurer, DVBl. 1989, S. 798, 800.

707 Tilch, Rechtslexikon, S. 1051.

708 Kersting, Die politische Philosophie des Gesellschaftsvertrages, S. 19, 263; Sinner, Der Vertragsgedanke im Strafprozeß, S. 75.

709 Kersting, Die politische Philosophie des Gesellschaftsvertrages, S. 19; Sinner, Der Vertragsgedanke im Strafprozeß, S. 75.

710 Tilch, Rechtslexikon, S. 1051.

an. Es bleibt allein den Vertragsparteien überlassen, ihre Interessen durch den Vertragsschluss zu verfolgen und in Übereinstimmung zu bringen. Es gilt der Satz: „Volenti non fit iniuria".

b. Der Verwaltungsvertrag

Der Verwaltungsvertrag zwischen Staat und Bürger ist lange Zeit für unzulässig erachtet und abgelehnt worden[711]. Verträge auf dem Gebiet des öffentlichen Rechtes seien nicht möglich, weil der Vertrag die Gleichordnung der Rechtssubjekte voraussetze, das öffentliche Recht aber durch die Überordnung des Staates bestimmt sei[712]. Mit Schlagwörtern wie „Paktieren der Verwaltung" oder „Ausverkauf der Hoheitsrechte" wurde die ablehnende Haltung zum Ausdruck gebracht. Diese Kritik an öffentlich-rechtlichen Verträgen erinnert sehr an die Kritik und Skepsis, die in der Diskussion über die Zulässigkeit von Absprachen anfänglich erhoben wurde. Während in der verwaltungsrechtlichen Literatur die Stellungnahmen zum Verwaltungsvertrag zum Teil zurückhaltend hinsichtlich dessen Zulässigkeit blieben, wurde der Verwaltungsvertrag in der Praxis seit langem benutzt, da offensichtlich ein Bedürfnis für diese Handlungsform bestand[713]. Das Verwaltungsverfahrensgesetz des Bundes aus dem Jahre 1976[714] und die Verwaltungsverfahrensgesetze der Länder regelten den Verwaltungsvertrag erstmals generell und erkannten ihn als allgemeine Handlungsform der Verwaltung an. Die typische Rechtsform des Verwaltungshandelns bleibt zwar der Verwaltungsakt, die einseitig getroffene Regelung eines Einzelfalles. Die Behörde kann jedoch auch den Weg der einvernehmlichen Regelung wählen und mit dem Bürger einen verwaltungsrechtlichen Vertrag abschließen, §§ 54 ff. VwVfG. Eben weil der Bürger nicht nur Objekt der Verwaltung ist, sondern ihr als Subjekt gegenübersteht, kann er auch Vertragspartner der Verwaltung sein[715].

Nach der Legaldefinition des § 54 S. 1 VwVfG handelt es sich um einen Vertrag, durch den ein Rechtsverhältnis auf dem Gebiet des öffentlichen Rechts begründet, geändert oder aufgehoben wird. Gemeint ist damit nur der Vertrag, der verwaltungsrechtliche Rechtsverhältnisse zum Gegenstand hat, d.h. verwaltungsrechtliche Rechte und Pflichten begründet, ändert oder aufhebt[716]. Nicht gemeint sind somit Staatsverträge oder Verwaltungsabkommen zwischen Bund und Ländern bzw. den einzelnen Ländern. Das VwVfG spricht zwar durchgehend vom „öffentlich-rechtlichen" Vertrag und in der Legaldefinition von einem „Rechtsverhältnis auf dem Gebiet des öffentlichen Rechts". Der Wortlaut erfasst daher eigentlich alle Verträge, die sich auf ein öffentlich-rechtliches Rechtsverhältnis beziehen. Aus der generellen Begrenzung des § 1 Abs. 1 VwVfG (öffentlich-rechtliche Verwaltungstätigkeit der Be-

---

[711] Insbes. Otto Mayer, AöR Bd. 3,1888, S. 3, 42; vgl. auch Forsthoff, Lehrbuch des Verwaltungsrechts, § 14, S. 277; Maurer, Allgemeines Verwaltungsrecht, § 14, Rdnr. 21, ders., in Hill, Verwaltungshandeln durch Verträge und Absprachen, S. 17.

[712] Mayer, AöR Bd. 3, 1888,S. 42.

[713] Forsthoff, Lehrbuch des Verwaltungsrechts, § 14, S. 275; Maurer, Allgemeines Verwaltungsrecht, § 14, Rdnr. 23; Stober, in Wolff/Bachof/Stober, Verwaltungsrecht I, § 54.

[714] VwVfG von 1976, BGBl. I, S. 1253.

[715] Bonk, in Stelkens / Bonk / Sachs, VwVfG, § 54, Rdnr. 2; Gerke, in Hofmann / Gerke, Allgemeines Verwaltungsrecht, S. 392; Maurer, DVBl. 1989, S. 798, 800; ders., in Hill, Verwaltungshandeln durch Verträge und Absprachen, S. 20; Tiedemann, in Obermayer, VwVfG, § 54, Rdnr. 2.

[716] Achterberg, Allgemeines Verwaltungsrecht, § 21, Rdnr. 232; Maurer, Allgemeines Verwaltungsrecht, § 14, Rdnr. 7.

hörden) und des § 9 VwVfG (Begriff des Verwaltungsverfahrens) ergibt sich jedoch, dass nur solche Verträge unter diese Begriffsbestimmung fallen, die von einer Behörde abgeschlossen wurden und die dem Bereich des Verwaltungsrechtes zuzuordnen sind[717]. Es gibt koordinationsrechtliche und subordinationsrechtliche Verträge. Koordinationsrechtlich sind diejenigen Vertragsverhältnisse, die zwischen grundsätzlich gleichgeordneten Vertragspartnern abgeschlossen werden[718]. Sie betreffen ausschließlich Rechtsbeziehungen, die durch Verwaltungsakt nicht geregelt werden könnten. Beispiel für einen koordinationsrechtlichen Vertrag ist ein Vertrag zwischen zwei Gemeinden über Gebietsänderungen zwischen den Gemeinden.

Subordinationsrechtlich sind dagegen die Verträge zwischen Parteien, die sonst im Verhältnis der Über-Unterordnung stehen, also zwischen der Verwaltung auf der einen und dem Bürger auf der anderen Seite[719]. Subordinationsrechtlich ist beispielsweise ein Vertrag zwischen der Polizeibehörde und einem Polizeipflichtigen über die Erfüllung einer Polizeipflicht[720].

Die Verwaltung hat die Entscheidung darüber, einen Verwaltungsakt zu erlassen oder einen Verwaltungsvertrag mit dem Bürger abzuschießen. Der Bürger hat hingegen keinen Anspruch auf Abschluss eines Vertrages anstelle des Erlasses eines gegen ihn gerichteten Verwaltungsaktes. Dies verdeutlicht, dass in großen Bereichen auch des Verwaltungsvertragsrechtes die Verwaltung im Verhältnis zum Bürger überlegen ist und die Vertragsparteien nicht gleichgeordnet sind[721]. Schlägt der Abschluss des Vertrages fehl, so kann die Behörde immer noch einseitig-hoheitlich das Rechtsverhältnis durch Verwaltungsakt regeln. Da die Handlungsform Vertrag einseitiges hoheitliches Handeln ersetzen oder ergänzen kann, ist dieses Instrument häufig eine zu berücksichtigende sinnvolle Handlungsalternative für die Regelung von Einzelfällen[722].

Gleichzeitig entspricht der verwaltungsrechtliche Vertrag in mehrfacher Hinsicht grundgesetzlichen Vorstellungen. Effektiver Grundrechtsschutz ist auf Kooperation mit der Verwaltung, die Demokratie auf Mitwirkung und Abstimmung, der Sozialstaat auf Akzeptanz und der Rechtsstaat auf Sicherheit, Rechtsfrieden und eine maßvolle Belastung der Zivilpersonen angelegt. Der verwaltungsrechtliche Vertrag ist eine Ausprägung der Konfliktlösung durch Verhandlungen. Kooperatives Handeln durch Vertrag gestattet gezielte Dialoge, wechselseitige Einflussnahme und schnelle Einigungen. Es schafft Anreize zur Befolgung von Verwaltungsrecht[723].

---

717 Achterberg, Allgemeines Verwaltungsrecht, § 21, Rdnr. 232; Gerke, in Hofmann / Gerke, Allgemeines Verwaltungsrecht, S. 393; Maurer, Allgemeines Verwaltungsrecht, § 14, Rdnr. 7; Stober, in Wolff/Bachoff/Stober, Verwaltungsrecht I, § 54.

718 Achterberg, Allgemeines Verwaltungsrecht, § 21, Rdnr. 237; Kawalla, Der subordiantionsrechtliche Verwaltungsvertrag, S. 11; Maurer, Allgemeines Verwaltungsrecht, § 14, Rdnr. 12; Stober, in Wolff/Bachoff/Stober, Verwaltungsrecht I, § 54; Tiedemann, in Obermayer, VwVfG, § 54, Rdnr. 48.

719 Bonk, in Stelkens / Bonk / Sachs, VwVfG, § 54, Rdnr. 58; Gerke, in Hofmann / Gerke, Allgemeines Verwaltungsrecht, S. 394; Tiedemann, in Obermayer, VwVfG, § 54, Rdnr. 46.

720 OVG Münster, OVGE 16, 12.

721 Kentrotis, Das Recht der öffentlichen Verträge, S. 151; Stober, in: Wolff/Bachof/Stober, Verwaltungsrecht I, § 54.

722 Kentrotis, Das Recht der öffentlichen Verträge, S. 147 ff.; Stober, in: Wolff/Bachof/Stober, Verwaltungsrecht I, § 54.

723 Bonk, in Stelkens / Bonk / Sachs, VwVfG, § 54, Rdnr. 9; Gerke, in Hofmann / Gerke, Allgemeines Verwaltungsrecht, S. 392; Stober, in: Wolff/Bachof/Stober, Verwaltungsrecht I, § 54.

Wegen der überlegenen Stellung der Behörde ist eine vertragliche Einigung im Bereich der öffentlichen Verwaltung nicht an den zivilrechtlichen Kategorien der Privatautonomie und der Vertragsfreiheit freier und gleicher Vertragsparteien, sondern an der Richtschnur staatlichen Handelns, d.h. an der Freiheit, Gleichheit und Selbständigkeit des Bürgers, zu messen. Eine Einigung zwischen der Verwaltung und dem Bürger richtet sich nicht nach dem Willen der Parteien, sondern nach dem Gesetz, an das die Verwaltung gebunden ist.

Die zivilrechtliche Vertragsfreiheit als Ausdruck grundrechtlich geschützter Privatautonomie mit den beiden Komponenten der Abschlussfreiheit und der inhaltlichen Gestaltungsfreiheit, die den Vertragsschließenden die Möglichkeit einräumt, ihre Leistungen und Gegenleistungen frei auszuhandeln, so dass schließlich das vereinbart wird, was den Vertragsparteien zweckmäßig und nützlich erscheint, gilt für den öffentlich-rechtlichen Vertrag wegen des Grundsatzes der Gesetzmäßigkeit der Verwaltung nicht[724]. Gesetzmäßigkeit der Verwaltung bedeutet einerseits Vorrang des Gesetzes und andererseits Vorbehalt des Gesetzes[725]. Der Grundsatz der Gesetzmäßigkeit gilt unabhängig von der Handlungsform, der sich die Verwaltung bedient. Der Verwaltungsvertrag darf deshalb kein Mittel der Verwaltung zur Flucht aus der rechtlichen Bindung sein[726]. Er kann ihren gesetzlich begrenzten Handlungsspielraum nicht erweitern. Denn statt über die Privatautonomie und die Vertragsfreiheit konstituiert sich die Verwaltung durch das Recht. Da sie an Recht und Gesetz gebunden ist, hat sie nur diejenigen Kompetenzen und Befugnisse, die das Recht ihr verleiht[727].

Im Rahmen der Zulässigkeit des Verwaltungsvertrages ist zu unterscheiden zwischen der Zulässigkeit der Vertragsform, d.h. ob die Verwaltung durch Vertrag handeln darf, und der Zulässigkeit des Vertragsinhaltes, d.h. der Frage, ob das Vereinbarte rechtmäßig ist.

2. Rechtliche Qualifizierung der Absprache

Nachdem festgestellt ist, dass der Vertrag als Oberbegriff ein Handlungsinstrument ist, das sowohl in dem an der prinzipiellen Handlungsautonomie der Beteiligten orientierten zivilrechtlichen Bereich als auch in dem durch Gesetzesbindung geprägten Gebiet des Öffentlichen Rechtes eine verbreitete Rechtsfigur darstellt, ist zu prüfen, ob und inwieweit bei Absprachen eine Anwendung im Strafprozess möglich ist.

---

[724] Bonk, in Stelkens / Bonk / Sachs, VwVfG, § 54, Rdnr. 3, 12; Gerke, in Hofmann / Gerke, Allgemeines Verwaltungsrecht, S. 392; Henneke, in Knack, VwVfG, vor § 54, Rdnr. 7.2; Stober, in: Wolff/Bachof/Stober, Verwaltungsrecht I, § 54; Tiedemann, in Obermayer, VwVfG, § 54, Rdnr. 71.

[725] Achterberg, Allgemeines Verwaltungsrecht, § 21, Rdnr. 251; Henneke, in Knack, VwVfG, vor § 54, Rdnr. 7.2.

[726] Henneke, in Knack, VwVfG, vor § 54, Rdnr. 7.2.; Tiedemann, in Obermayer, VwVfG, § 54, Rdnr. 71, 73.

[727] Achterberg, Allgemeines Verwaltungsrecht, § 21, Rdnr. 251; Gerke, in Hofmann / Gerke, Allgemeines Verwaltungsrecht, S. 392; Henneke, in Knack, VwVfG, vor § 54, Rdnr. 8.3.1.

a. Erscheinungsbild

Dem Erscheinungsbild nach handelt es sich auch bei Absprachen im Strafverfahren um einen Vertrag. Die an der Absprache Beteiligten einigen sich über den Absprachegegenstand und vereinbaren die jeweils zu erbringenden Leistungen. Ein Vertrag wird durch Angebot und Annahme geschlossen. Eine Absprache kommt derart zustande, dass einer der Verfahrensbeteiligten, sei es der Richter, der Vertreter der Staatsanwaltschaft oder der Angeklagte, der dabei zumeist durch seinen Verteidiger vertreten sein wird, eine Absprache anregt, was dem Angebot eines Vertragsschluss entspricht. Die anderen Verfahrensbeteiligten werden dieses Angebot prüfen. Sind sie mit dem angeregten Verfahrensfort- bzw. -ausgang einverstanden, werden sie das Angebot annehmen. Die Willenserklärungen der Verfahrensbeteiligten stimmen dann überein. Nehmen sie das Angebot an, ist die Vereinbarung getroffen.

b. Vergleich mit dem Verwaltungsvertrag

Der Vergleich von Absprachen mit Verwaltungsverträgen stützt die obige These, dass Absprachen als Verträge zu behandeln sind. Da das Strafprozessrecht dem Gebiet des öffentlichen Rechts zuzuordnen ist[728], liegt der Vergleich mit dem Verwaltungsvertrag nahe.

Die Verwaltung hat gegenüber dem Bürger bestimmte Eingriffsbefugnisse, denen sich der Bürger unterwerfen muss. Trotzdem ist der Bürger nicht nur Objekt der Verwaltung, sondern steht ihr auch als Subjekt mit eigenen Rechten gegenüber[729]. Auch das Strafverfahren ist von diesem Verhältnis gekennzeichnet. Auf der einen Seite haben die Justizorgane Befugnisse, die es ihnen ermöglichen, in Rechte des Angeklagten einzugreifen; das am weitesten gehaltene Recht ist sicherlich das, die Strafhaft anzuordnen. Auf der anderen Seite wurde der Angeklagte vom Gesetzgeber mit zahlreichen Rechten ausgestattet, die ihn davor schützen sollen, zum bloßen Objekt des Verfahrens zu werden. So steht der Angeklagte den Justizorganen wie der Bürger der Verwaltung sowohl als Objekt als auch als Subjekt des Verfahrens gegenüber. Mit dieser Doppelstellung des Bürgers wird begründet, dass er Vertragspartner der Verwaltung sein kann. Da der Beschuldigte im Strafverfahren ebenso eine Doppelstellung innehat, spricht grundsätzlich nichts dagegen, dass auch er Vertragspartner der Justizorgane sein kann.

Die Verwaltung hat, auch wenn sie einen Vertrag schließt, nur die ihr gesetzlich eingeräumten Handlungsspielräume. Gleiches gilt für das Strafverfahren. Ob jemand strafrechtlich zu belangen ist, hängt nicht von dem Willen der Beteiligten, sondern von den gesetzlichen Vorgaben ab. Eine Absprache vermag daran nichts zu ändern. Insbesondere können die Parteien nicht über den grundsätzlichen Strafanspruch des Staates verfügen[730], auch die vereinbarte Strafe muss im Rahmen der gesetzlichen Vorschriften schuldangemessen sein. Wie die Verwaltung, wenn sie einen öffentlichrechtlichen Vertrag mit einem Bürger schließt, an Recht und Gesetz gebunden bleibt, dürfen auch die Justizorgane eine Absprache nur unter Beachtung der für das reguläre Verfahren geltenden Normen treffen.

---

[728] Baumann/Weber/Mitsch, Strafrecht AT, § 3 IV, Rdnr. 68; Jescheck/Weigend, Strafrecht AT, § 3 I, S. 16; Maurach/Zipf, Strafrecht AT, § 2 Rdnr.1; Wessels/Beulke, Strafrecht AT, § 1 I 3.
[729] Maurer, DVBl. 1989, S. 798, 800.
[730] Siehe unten 5. Teil, B V, 4 b.

Die letztlich entscheidende Parallele zwischen einem öffentlich-rechtlichen Verwaltungsvertrag und einer Absprache besteht darin, dass Inhalt jeweils gesetzliche Rechte oder Pflichten des Bürgers bzw. im Strafverfahren Eingriffe sind, die diesem jeweils auch ohne Vertrag oder Absprache grundsätzlich obliegen würden bzw. von ihm zu dulden wären. So kann z.B. die Bauaufsichtsbehörde mit dem Bauherrn bzw. Eigentümer einer illegal errichteten baulichen Anlage einen Vertrag schließen, in dem die Behörde den Schwarzbau befristet duldet und der Bauherr bzw. Eigentümer sich zum Abbruch nach Fristablauf verpflichtet[731]. Die Bauaufsichtsbehörde könnte dem Bürger per Verwaltungsakt einseitig handelnd die Pflicht zum Abriss auferlegen. Gleichermaßen muss auch ein Angeklagter, der tatsächlich der Täter ist, eine Verurteilung hinnehmen und die Strafe verbüßen.

Die erzielte Einigung bewirkt durch die Einbeziehung in die Entscheidungsfindung jedoch eine bessere Akzeptanz der Pflicht, der sich der Bürger oder der Beschuldigte auch ohne Einigung beugen müsste.

c. Vergleich mit dem italienischen Absprachemodell

Von dieser Vergleichbarkeit des öffentlich-rechtlichen Vertrages mit der Absprache geht auch die Rechtsprechung in Italien aus. Der italienische Gesetzgeber hat zwar die Absprache und deren Zulässigkeitsvoraussetzungen geregelt, deren Rechtsnatur jedoch nicht bestimmt. Die Rechtsprechung qualifiziert die Absprache nach italienischem Recht als Vertrag des öffentlichen Rechts[732].

aa. Die Strafprozessordnung von 1981

Eine erste gesetzliche Regelung über „Vereinbarungen" im italienischen Strafprozess enthielt bereits das Gesetz vom 24.11.1981, Nr. 689[733], das in den Art. 77 – 85 die Einführung des „patteggiamento" (Paktieren) in das italienische Strafprozessrecht vorsah[734]. Damit wurde eine Regelung geschaffen, nach der auch der Beschuldigte bestimmte Ersatzstrafen, milder als die üblicherweise zu erwartende Strafe, für sich beantragen konnte und zugleich auf eine Verteidigung gegen den Tatvorwurf und die Durchführung der Hauptverhandlung verzichtete.

Die Verurteilung zu einer Ersatzfreiheitsstrafe auf Antrag des Beschuldigten setzte voraus, dass die Anordnung auch von Amts wegen möglich wäre. Insbesondere musste es sich um eine Straftat handeln, die im konkreten Fall keine schwerere Sanktion als drei Monate Freiheitsstrafe nach sich gezogen hätte[735]. Außerdem war die Zustimmung der Staatsanwaltschaft zwingende Voraussetzung, wenn über den Antrag bereits im Vorverfahren entschieden werden sollte.

---

[731] Henneke, in Knack, § 54, Rdnr. 4.2.2.
[732] Corte di Cassazione, Sez. III, in Cass. Pen. 1995, S. 98 ff.
[733] Gesetz zur Modifizierung des Strafrechtssystems, abgedruckt bei: Conso, Codice di Procedura Penale.
[734] Braun, Die Absprache, S. 172; Budde, ZStW 102 (1990), S. 196, 197.
[735] Budde, ZStW 102 (1990), S. 196, 202.

bb. Reform der Strafprozessordnung, 1989

Am 24.10.1989 trat die neue italienische Strafprozessordnung in Kraft mit dem Ziel, den Ablauf der Strafprozesse zu beschleunigen[736]. Die neue italienische Strafprozessordnung[737] enthält drei konsensuale Verfahrensarten: das Strafbefehlsverfahren (Art. 459 ff.) für allein durch Geldstrafe zu ahndende Taten, die Strafzumessung auf Antrag der Parteien (Art. 444 ff.) für Taten, die höchstens mit Freiheitsstrafen von zwei Jahren geahndet werden, und das abgekürzte Verfahren (Art. 438 ff.) für alle Taten außer solchen, für die lebenslange Gefängnisstrafen ausgesprochen werden können.

(1) Das Strafbefehlsverfahren

Der Strafbefehl wird von der Staatsanwaltschaft beantragt. Der Richter kann gem. Art. 459 Abs. 2 die nach dem Unrechts- und Schuldgehalt der Tat an sich verdiente Geldstrafe bis auf die Hälfte der vom gesetzlichen Strafrahmen vorgesehenen Mindeststrafe ermäßigen, was für den Beschuldigten ein erheblicher Anreiz ist, den Strafbefehl anzunehmen. Diese weitgehende Milderungsmöglichkeit bietet Raum für Absprachen zwischen der Staatsanwaltschaft und dem Verteidiger.

(2) Strafzumessung auf Antrag der Parteien

Die Neuregelung des „patteggiamento" sieht vor, dass der Angeklagte und der Staatsanwalt außer der Zumessung einer Ersatzfreiheitsstrafe nunmehr auch eine um bis zu einem Drittel herabgesetzte Geld- oder Freiheitsstrafe beantragen können[738]. Die Freiheitsstrafe darf unter Berücksichtigung dieses Abschlages zwei Jahre nicht übersteigen. Der Antrag auf Strafzumessung kann bis zur Eröffnung der Hauptverhandlung gestellt werden[739]. Der Richter ist an der Vereinbarung nicht beteiligt[740]. Ist das Gericht aufgrund der Aktenlage der Ansicht, dass die rechtliche Beurteilung der Tat und die Berücksichtigung und Abwägung der Umstände, wie sie die Parteien vorgeschlagen haben, zutreffend sind, ordnet es mit Urteil die Strafe an und führt im Urteil ausdrücklich aus, dass ein entsprechender Antrag vorgelegen habe. Es muss den Angeklagten wegen der Unschuldsvermutung trotz dessen eigenen Antrages auf Strafzumessung jedoch freisprechen, wenn es nach Aktenlage annimmt, dass der Angeklagte in Wirklichkeit unschuldig ist[741]. Das Gericht muss ferner den Antrag verwerfen, wenn die beantragte Strafe unangemessen ist. In dieser Hinsicht steht dem Richter kein Ermessensspielraum zu. Er kann den Antrag nur zurückweisen oder ihm stattgeben[742]. Lehnt der Richter die beantragte Strafe ab, wird das Verfahren fortgesetzt. Grundlage der richterlichen Prüfung ist die Aktenlage im

---

736 Amodio, ZStW 102 (1990), S. 171; Braun, Die Absprache, S. 172; Honert, ZStW 106 (1994), S. 427; Jescheck, Grundgedanken der neuen italienischen Srafprozeßordnung, S. 659; Stile, ZStW 104 (1992), S. 429.

737 Eine zweisprachige Ausgabe des Gesetzestextes ist zugänglich über: Bauer/König/Kreuzer/Riz/Zanon, Italienische Strafprozeßordnung mit Nebengesetzen/Codice di procedura penale con leggi complementari.

738 Amodio, ZStW 102 (1990), S. 186.

739 Kremer, Absprachen zwischen Gericht und Verfahrensbeteiligten, S. 273; Stile, ZStW 104 (1992), S. 429, 440.

740 Budde, ZStW 102 (1990), S. 196, 211.

741 Jescheck, Grundgedanken der neuen italienischen Strafprozeßordnung, S. 659, 672.

742 Budde, ZStW 102 (1990), S. 196, 211.

Zeitpunkt der Entscheidung. Weitere Ermittlungen kann der Richter nicht anordnen[743]. Der Richter prüft, ob die Tat von den Parteien rechtlich richtig eingeordnet wurde, d.h. ob die Subsumtion des Sachverhaltes unter die Strafnorm korrekt ist. Ferner prüft er, ob die Strafzumessungsgründe richtig erfasst und gegeneinander abgewogen wurden.

(3) Das abgekürzte Verfahren

Die dritte Form der konsensualen Verfahrenserledigung im italienischen Recht ist das abgekürzte Verfahren, das der Angeklagte mit Zustimmung der Staatsanwaltschaft beantragen kann. Dabei wird der gesamte Prozess in der Vorverhandlung erledigt und durch Urteil nach Aktenlage entschieden[744]. Für den Angeklagten liegen der Vorteile des abgekürzten Verfahrens in der schnelleren Abwicklung des Prozesses, in der Vermeidung der ihn möglicherweise stark belastenden öffentlichen Hauptverhandlung und vor allem in einem obligatorischen Strafnachlass gegenüber der nach Unrecht und Schuld verdienten Strafe um ein Drittel. Das Gericht belohnt damit den Angeklagten dafür, dass er sich durch sein Einverständnis mit dem abgekürzten Verfahren kooperativ gezeigt und der Justiz den Zeitaufwand und die Kosten der Hauptverhandlung erspart hat.

(4) Absprachen als Verwaltungsverträge

Das italienische Strafgesetzbuch von 1989 kennt danach ein gestuftes System zur Vermeidung einer Hauptverhandlung vom Strafbefehlsverfahren über die Absprache der Rechtsfolgen hin zur Absprache über die Form des Verfahrens.

Bei dem „patteggiamento" wird die Vertragsstruktur deutlich. Staatsanwalt und Angeklagter einigen sich, diese Willenseinigung wird vom Richter überprüft, bestätigt und durch einen Beschluss in Geltung gesetzt[745]. Die italienische Rechtsprechung behandelt deshalb Absprachen über Verfahren und Rechtsfolgen der Tat als Verträge des öffentlichen Rechtes[746]. Dazu führt sie zwei Argumente an. Erstens sei das Strafverfahrensrecht dem öffentliches Recht zuzuordnen, und zweitens sei die Absprache ein mehrseitiges Rechtsgeschäft, weshalb es sich geradezu offensichtlich um einen öffentlich-rechtlichen Vertrag handele. Das patteggiamento und das abgekürzte Verfahren sind nach dieser Rechtsprechung nicht nur Vertragsorientierungen, sondern manifeste Verwaltungsverträge. Diese Bewertung als Vertrag führt zu einer Selbstbindung der Strafverfolgungsorgane. Dennoch wird der Prozess im Bereich der Absprachen über die Rechtsfolgen der Tat nicht gänzlich zur Disposition der Beteiligten gestellt. Denn die bloße Parteivereinbarung reicht für eine Verurteilung des Angeklagten nicht aus[747]. Vielmehr muss der Richter die Vereinbarung im Hinblick auf ihre Vereinbarkeit mit der Strafprozessordnung prüfen und durch einen richterlichen Beschluss umsetzen.

---

[743] Budde, ZStW 102 (1990), S. 196, 212.

[744] Amodio, ZStW 102 (1990), S. 187; Jescheck, Grundgedanken der neuen italienischen Strafprozeßordnung, S. 659, 673; Kremer, Absprachen zwischen Gericht und Verfahrensbeteiligten, S. 272; Stile, ZStW 1004 (1992), 429, 439.

[745] Sinner, Der Vertragsgedanke im Strafprozeßrecht, S. 247.

[746] Corte di Cassazione, Sez. III, in: Cass.pen. 1995, S. 98 ff.; Tribunale die Modena, in: Arch. N. proc. Pen. 1996, SS. 275 f.; Sinner, Der Vertragsgedanke im Strafprozeßrecht, S. 258.

[747] Sinner, Der Vertragsgedanke im Strafprozeßrecht, S. 247.

cc. Lehren für die deutsche Absprachepraxis

Die Reform des italienischen Strafprozesses, insbesondere die Regelung von Formen der konsensualen Verfahrenserledigung, dient dem Zweck, die Durchführung der Hauptverhandlung aus Gründen der Prozessökonomie zu vermeiden[748]. Verbunden wurden mit den Neuregelungen auch Hoffnungen auf eine erleichterte Wahrheitsfindung, Verbesserung der Freiheitsrechte der Prozessbeteiligten, positive Einflüsse auf die Resozialisierung des Verurteilten und insbesondere auf Verkürzung der Verfahrensdauer[749].

Der Vergleich mit der italienischen Regelung ist deshalb von Interesse, weil die Struktur des italienischen Strafverfahrens dem deutschen sehr ähnlich ist[750]. So gilt im italienischen Strafprozess die Unschuldsvermutung, Art. 13 der italienischen Verfassung, das Mündlichkeitsprinzip, Art. 6 I MRK, der Gleichheitsgrundsatz, die richterliche Unabhängigkeit sowie der Grundsatz des fair trial. Darüber hinaus herrscht im italienischen Strafverfahren ebenso wie in Deutschland das Legalitätsprinzip, das gem. Art. 112 der italienischen Verfassung Verfassungsrang besitzt[751].

Die Vertragslösung führt nach Auffassung der italienischen Rechtsprechung im übrigen nicht zu einer Einschränkung des Legalitätsprinzips, der richterlichen Unabhängigkeit oder des Grundsatzes des fairen Verfahrens.

d. Vorgaben des deutschen Strafprozessrechts

Die Betrachtung des italienischen Strafprozessrechts stützt die Hypothese, bei Absprachen handele es sich um Verträge. Ob sie zutrifft, kann jedoch erst die Untersuchung anhand der Prinzipien des deutschen Strafverfahrens erweisen.

aa. Waffengleichheit

Zentraler Punkt der Zulässigkeitsprüfung einer Absprache ist das Recht des Angeklagten auf ein faires, rechtsstaatliches Verfahren[752]. Die insbesondere für das Gericht sich im Zusammenhang mit Absprachen ergebenden Vorteile, wie die Erleichterung der Beweisaufnahme und die Verfahrensbeschleunigung, dürfen keinesfalls dazu führen, diesen wesentlichen Grundsatz aus den Augen zu verlieren. Nie darf das Interesse an der Verfahrensbeschleunigung Vorrang gegenüber dem Recht auf ein faires Verfahren erlangen.

---

[748] Kremer, Absprachen zwischen Gericht und Verfahrensbeteiligten, S. 271; Weigend, Absprachen in ausländischen Strafverfahren, S. 101 ff.
[749] Maiwald / Ippoliti, JZ 1989, S. 874, 878.
[750] Budde, ZStW 102 (1990), S. 196; Siolek, Verständigung, S. 232.
[751] Budde, ZStW 102 (1990), S. 196.
[752] BVerfG NJW 1987, S. 2662 = NStZ 1987, S. 419.

Wie oben ausgeführt[753] wird das Gebot der Waffengleichheit, das zu dem Grundsatz des Fair-trial gehört, verletzt, wenn der Angeklagte mit seinem Geständnis in Vorleistung treten muss, ohne sich sicher sein zu können, dass auch das Gericht an die zugesagte Strafobergrenze gebunden ist. Diese Gewähr kann dem Angeklagten einzig ein Vertrag bieten. Nur dann weiß er, dass das Gericht ebenso wie er selbst auch zur Erbringung der vereinbarten Leistung verpflichtet ist. Denn der Vertrag ist ein Institut, das jedem, auch dem juristischen Laien, aus dem Alltag geläufig ist und dessen grundsätzliche Wirkung – nämlich die beiderseitige Verpflichtung zur Erbringung der vereinbarten Leistung – jeder kennt. Die Waffengleichheit im Strafverfahren erfordert auch, dass der Angeklagte versteht, was vor sich geht. Es muss ihm möglich sein, genau nachzuvollziehen, welche Wirkungen seine Erklärung, die seines Verteidigers sowie die des Gerichtes und der Staatsanwaltschaft haben. Dieses Verstehen des Geschehens wird dem Angeklagten erheblich erleichtert, wenn es sich um ein ihm vertrautes Rechtsinstitut, den Vertrag, handelt.

bb. Rechtssicherheit

Im übrigen kann eben nur ein Vertrag dem Angeklagten die notwendige Rechtssicherheit geben. Eine unverbindliche Prognose, eine Absichtserklärung oder ein gentlemen's agreement sind dagegen nicht geeignet, dem Angeklagten tatsächlich Gewissheit darüber zu geben, dass seine Vorleistung auch das Gericht zur Leistung verpflichtet. Um wirkliche Waffengleichheit herzustellen, genügt es eben nicht, dass der Angeklagte lediglich darauf vertrauen darf, das Gericht werde die abgesprochene Strafobergrenze einhalten.

cc. Vorhandene Vertragsorientierung im Strafprozess

Hinzu kommt, dass de facto eine Vertragsorientierung im Strafprozess bereits sehr verbreitet ist[754]. Da dem Vertragsdenken eine nicht zu unterschätzende Begründungskraft zu bescheinigen ist, breitet es sich auch im Strafverfahren aus[755]. Neben den Absprachen im Strafverfahren zählen dazu die gesetzlich vorgesehenen Verfahrenseinstellungen nach den §§ 153 f. StPO, die Diversion im Jugendstrafverfahren, §§ 45, 47 JGG, der Sühneversuch und der Vergleich im Privatklageverfahren, das „Schweigen", das im Strafbefehlsverfahren als Zustimmung zu werten ist, die Kronzeugenregelung und der Täter-Opfer-Ausgleich nach § 46 a StGB.

Rechtsprechung und Literatur scheuen bislang jedoch davor zurück, Vorgänge im Strafverfahren, die vertragsorientiert sind, klar als Vertrag zu bezeichnen. Das beruht zum einen darauf, dass das geltende Recht diesbezüglich keine Regelung enthält, zum anderen und vor allem darauf, dass die Vertragsorientierung ohne klare vertragliche Bindung Vorteile für die Praxis hat, auf die sie nicht verzichten möchte[756]. Durch eine vertragliche Bindung würde der Bereich, der bislang der Opportunität bzw. der Übereinkunft der Beteiligten im Einzelfall überlassen bleibt, einer klaren rechtlichen Regelung unterstellt. Während die Vertragsorientierung wegen der Aufgabe der strengen Gesetzesbindung, einen Machtzuwachs des Staates bedeutet, würde der

---

[753] Siehe oben 4. Teil, VII.
[754] Rieß, in LR, StPO, § 153a, Rdnr. 10; Sinner, Der Vertragsgedanke im Strafprozeß, S. 135 f.
[755] Sinner, Der Vertragsgedanke im Strafprozeß, S. 35.
[756] Sinner, Der Vertragsgedanke im Strafprozeß, S. 189 ff.

geregelte Vertrag im Strafprozess aufgrund seiner rechtlichen Wirkung demgegenüber eine gewisse Machtbegrenzung des Staates herbeiführen[757].

Deshalb ist es umso notwendiger, anzuerkennen, dass die Absprache einen Vertrag darstellt. Bei einer vertragsrechtlichen Rekonstruktion der bloßen Vertragsorientierung steht das Bemühen im Vordergrund, dem Beschuldigten die Gegenleistung des Staates für seine Vorleistung, z.B. in Form des Geständnisses, zu sichern.

dd. Rechtsfolgen der Absprache

Ein zusätzlicher Gesichtspunkt, der dafür spricht, die Absprache als Vertrag zu qualifizieren, besteht in den Rechtsfolgen von Absprachen. Das Vertragsrecht als sehr weit entwickeltes Recht kennt zahlreiche allgemeine Rechtsgrundsätze, die zwar im BGB normiert und konkretisiert sind, die aber unabhängig davon allen Rechtsbereichen – gleichsam als Rechtssätze des allgemeinen Teils des Rechts – vorgegeben sind[758]. Sie gelten deshalb z.B. auch im öffentlichen Recht unmittelbar[759]. Einige dieser Grundsätze sind auch auf das Strafprozessrecht übertragbar, zumindest soweit sie nicht im Widerspruch zu den vorhandenen Normen stehen. Dazu gehört jedenfalls der bereits erwähnte Grundsatz des „pacta sunt servanda". Die Anerkennung der Absprache als Vertrag und die damit verbundene Anwendbarkeit vertragsrechtlicher Grundgedanken erleichtert den Umgang mit den Rechtsfolgen gerade von gescheiterten Absprachen erheblich. Während bislang unklar ist, was geschieht, wenn eine getroffene Absprache fehlschlägt, weil z.B. einer der Beteiligten sich nicht an die Vereinbarung hält, könnte mit Hilfe des Vertragsgedankens ein eigenes strafprozessuales „Recht der Leistungsstörungen", wie bereits gefordert wurde[760], entwickelt werden.

Im Ergebnis ist die Handhabung der Absprache als Vertrag die für den Angeklagten fairste und für das Gericht aufrichtigste Lösung, die auch die möglichen Folgen der Absprache im Auge behält.

3. Parteien und Inhalt des Vertrages

Aus der Anerkennung der Absprache als Vertrag folgt, dass Kriterien für das Zustandekommen und Anforderungen an die inhaltliche Ausgestaltung zu entwickeln sind.

a. Vertragsparteien

aa. Grundsatz

In die Absprache einzubeziehen sind all diejenigen, die auch an dem konkreten Verfahren beteiligt sind[761]. Verfahrensbeteiligte sind diejenigen, die nach dem Gesetz

[757] Sinner, Der Vertragsgedanke im Strafprozeß, S. 292.
[758] BGHZ 58, 386, 392 ff.; Weber, Jus 1970, S. 169.
[759] BGHZ 58, 386, 392 ff.; Weber, Jus 1970, S. 169.
[760] Dencker, in Dencker / Hamm, Der Vergleich, S. 98.
[761] Siehe oben 4. Teil, VIII, 3.

eine Prozessrolle ausüben, d.h. durch eigene Willenserklärungen im prozessualen Sinn gestaltend mitwirken dürfen oder müssen[762]. Dazu gehören der Beschuldigte und sein Verteidiger, die Staatsanwaltschaft, sowie der Neben- oder Privatkläger[763]. Das mit der Sache befasste Gericht ist als Träger des Verfahrens zwar nicht gemeint, wenn in der StPO von Verfahrensbeteiligten die Rede ist. Der Richter ist jedoch ebenfalls an der Absprache zu beteiligen[764].

Allerdings müssen nicht zwingend alle, die an der Absprache zu beteiligen sind, auch Vertragspartner sein. Es ist durchaus zu differenzieren zwischen der Beteiligung an der Absprache und der Rolle als Partei. Absprachepartner sind nur diejenigen, die sich im Rahmen der Vereinbarung zu einer Leistung verpflichten. Denn nur bei ihnen macht eine Bindungswirkung Sinn. Wenn jemandem aus einer Vereinbarung keine Leistungsverpflichtung erwächst, spielt es keine Rolle, ob er daran gebunden ist oder nicht.

bb. Angeklagter

In jedem Fall ist der Beschuldigte bzw. der Angeklagte, der zusagt, in der Hauptverhandlung ein Geständnis abzulegen, Vertragspartei. Denn von seiner Leistung hängen die Beiträge der übrigen Beteiligten ab. Ohne seinen Beitrag ist jedenfalls eine verfahrensverkürzende Absprache nicht denkbar.

cc. Gericht

Das Gericht ist ebenfalls in jeder möglichen Absprachekonstellation Vertragspartner. Immer wird eine Leistung des Gerichts erforderlich sein, um das Vereinbarte umzusetzen. Soll eine bestimmte Strafobergrenze Gegenstand der Absprache sein, ist es das Gericht, das die Hauptleistung, nämlich den Urteilsspruch, erbringen muss.

dd. Staatsanwaltschaft

Dagegen ist die Staatsanwaltschaft nur dann Vertragspartei, wenn eine von ihr zu erbringende Leistung notwendige Voraussetzung der Umsetzung der Absprache ist. Geht es um eine Verfahrenseinstellung, ist dies nicht ohne Beitrag der Staatsanwaltschaft möglich. Entweder ist sie es, die das Verfahren gegebenenfalls mit Zustimmung des Gerichts einstellt, oder sie muss der Einstellung durch das Gericht zustimmen, wenn diese nach Anklageerhebung erfolgen soll. Anders sieht es bei der „klassischen" Absprache aus. Wird vereinbart, dass der Angeklagte die Tatvorwürfe einräumt, damit ihm eine Strafobergrenze zugesagt werden kann, ist für die Umsetzung dieser Absprache keine Leistung der Staatsanwaltschaft erforderlich. Denn die Staatsanwaltschaft ist kein Organ der Rechtsprechung, sondern ein Organ der Rechtspflege[765]. Während sie bis zur Anklageerhebung noch Herrin des Verfahrens ist[766], kommt ihr im Hauptverfahren infolge der inquirierenden Tätigkeit des Gerichtes

---

762 Kleinknecht/Meyer-Goßner, StPO, Einl., Rdnr. 71.
763 Kleinknecht/Meyer-Goßner, StPO, Einl., Rdnr. 72; Schäfer, in LR, Einl. Kap.9, Rdnr. 2.
764 Siehe oben 4. Teil, VII, 3.
765 BGHSt 24, 171; Eb. Schmidt, MDR 1964, 629, 713, 717.
766 Peters, Strafprozeß, S. 166; Rieß, in LR, Einl., Rdnr. 44.

keine prozesstragende Funktion zu[767]. Sie übt vielmehr durch Äußerungs-, Einwirkungs- und Mitwirkungsbefugnisse eine Kontrollfunktion aus[768].

Zwar wird die Staatsanwaltschaft im Rahmen ihres Schlussvortrages in der Regel auch einen bestimmten Antrag stellen[769]. An diesen Antrag ist das Gericht bei seiner Entscheidung, ob und wie der Angeklagte zu bestrafen ist, jedoch nicht gebunden. Der Antrag ist vielmehr ein Anhaltspunkt für die Verteidigung des Angeklagten, wie die Staatsanwaltschaft die Sach- und Rechtslage einschätzt, damit sie dazu Stellung nehmen kann[770].

Auch das Recht der Staatsanwaltschaft, Rechtsmittel gegen die gerichtliche Entscheidung des Gerichtes einzulegen, steht der Verneinung des Status als Vertragspartei in einer das Hauptverfahren betreffenden Absprache nicht entgegen. Ein möglicher Rechtsmittelverzicht darf nicht Gegenstand der Absprache sein. Folglich wäre die Staatsanwaltschaft selbst als Vertragspartei nicht verpflichtet, auf die Einlegung eines Rechtsmittels gegen das auf einer Absprache beruhende Urteil zu verzichten. Zudem muss – bei Einhaltung der Zulässigkeitsvoraussetzungen, insbesondere bei Offenlegung der Vereinbarung in der Hauptverhandlung – ein auf einer Absprache beruhendes Urteil der Überprüfung durch die nächste Instanz standhalten.

Obwohl die Staatsanwaltschaft zwar nicht Vertragspartner der Absprache ist, weil sie keine Leistung, zu der sie im Rahmen einer Vereinbarung verpflichtet werden müsste, zu erbringen hat, muss sie trotzdem an den Gesprächen über eine zu treffende Absprache beteiligt werden, damit nicht tragende Prozessgrundsätze verletzt werden[771]. Diese Argumentation wird durch die Rechtsprechung des BGH[772] gestützt. Der BGH hat zwar verlangt, dass der Staatsanwaltschaft rechtliches Gehör zu gewähren ist, wenn das Gericht mit dem Angeklagten eine Vereinbarung trifft. Dennoch sei die Nichtbeteiligung der Staatsanwaltschaft an einer Absprache kein den Bestand des Urteils gefährdender Verfahrensverstoß.

ee. Nebenkläger

Für den Nebenkläger, der eine der Staatsanwaltschaft sehr ähnliche Rolle im Hauptverfahren spielt, gilt das Gleiche. Er ist in die Gespräche einzubeziehen, Vertragspartei wird er jedoch nicht. Auch hinsichtlich des Nebenklägers ist zur Erfüllung der Vereinbarung keine Leistung erforderlich, an deren Erbringung ihn zu binden sinnvoll wäre.

---

767 Rieß, in LR, Einl., Rdnr. 45.
768 Gollwitzer, in LR, vor § 213, Rdnr. 18; Peters, Strafprozeß, S. 178; Rieß, in LR, Einl., Rdnr. 45.
769 Peters, Strafprozeß, S. 178 ff.
770 Peters, Strafprozeß, S. 178 ff.
771 siehe oben 4. Teil, VIII 3.
772 BGHSt 42, 46, 47; BGHSt 38, 102.

b. Vertragsinhalt

Es bleibt zu erörtern, worüber das Gericht und der Angeklagte sich einigen. Im Hinblick auf die typischen Gegenstände einer Absprache besteht die Leistung des Angeklagten in der Regel in der Vor- oder Rücknahme einer Prozesshandlung und/oder im Verzicht auf eine solche. Dem steht als Gegenleistung zumeist die Inaussichtstellung einer milden Sanktion gegenüber.

Da jedoch die Justizorgane, genau wie die Verwaltung, in ihren Zwecken und Zielen durch die Verfassung und das Gesetz festgelegt sind[773], kommen ihnen Zuständigkeiten und Befugnisse nur nach Maßgabe konstituierender Zuweisung durch die Rechtsordnung zu. Die Justizorgane haben demgemäß keinen natürlichen Willen, wie Privatpersonen, ihnen wird vielmehr der Wille des Staates rechtlich zugerechnet[774]. Ein Vertrag im Strafverfahren kann deshalb nur in dem Rahmen statthaft sein, den die Verfassung und die Gesetze, insbesondere die StPO setzen. Die Vertragsparteien dürfen inhaltliche Regelungen nur innerhalb der gesetzlichen Grenzen treffen. Denn ein grundsätzlich zulässiger Vertrag kann selbstverständlich nicht beliebigen Inhalts sein. Treffen zwei oder mehr Parteien eine privatrechtliche Vereinbarung, die gegen die guten Sitten verstößt, so ist ein solcher Vertrag nichtig. Im Strafverfahren können die Beteiligten auch nur das zum Gegenstand ihrer Absprache machen, was inhaltlich nach der Strafprozessordnung zulässig ist. Wenn ein Gericht zu bestimmten Maßnahmen nicht befugt ist, darf es diese auch nicht im Rahmen einer Absprache zusagen. Daraus folgt zum Beispiel, dass das Gericht im Rahmen einer Absprache nicht zusagen darf, der Angeklagte könne die Freiheitsstrafe im offenen Vollzug verbüßen, weil es nicht für die Strafvollstreckung zuständig ist. Die Absprache als Handlungsform bleibt jedoch dennoch zulässig.

Eine typische Konstellation von Absprachen ist, dass der Angeklagte ein Geständnis verspricht und das Gericht ihm eine Strafobergrenze zusagt. Damit das Gericht sich auf eine Strafobergrenze festlegen kann, muss es eine Vorstellung haben, welchen ungefähren Inhalt und Umfang das Geständnis haben wird. Denn die genannte Strafobergrenze muss, um für den Angeklagten ein echter Anhaltspunkt der zu erwartenden Strafe zu sein, in der Nähe der schließlich schuldangemessenen Strafe liegen. Diese Prognose kann das Gericht nur wagen, wenn es weiß, welchen Tatumfang der Angeklagte einräumen wird. Dies ist auch schon deshalb notwendig, weil das Gericht sichergehen muss, dass an dem Wahrheitsgehalt der Einlassung nicht zu zweifeln sein wird. Außerdem muss die Einlassung so umfassend sein, dass tatsächlich keine weitere Beweiserhebung mehr notwendig ist. Dies wäre beispielsweise nicht der Fall, wenn ein des Betruges Angeklagter lediglich die äußeren Tatumstände, nicht jedoch die innere Tatseite einzuräumen beabsichtigt. Konsequenterweise ist Gegenstand der Absprache also auch der Sachverhalt, von dem ausgegangen werden soll.

Diese Einigung über Tatsachen stellt damit jedoch keine Verletzung des Amtsaufklärungsgrundsatzes dar, der das Gericht verpflichtet, die materielle Wahrheit zu erforschen[775]. Denn die Tatsachen bei der Absprache werden nicht tatsächlich Verhandlungsmasse. Es wird lediglich festgestellt, dass hinsichtlich des zugrundezulegenden Sachverhaltes die Beteiligten gleicher Ansicht sind. Ist dies nicht der Fall,

---

[773] Erichsen, Allgemeines Verwaltungsrecht, § 22 II, Rdnr. 9.
[774] Erichsen, Allgemeines Verwaltungsrecht, § 22 II, Rdnr. 9; Kluth, NVwZ 1990, S. 608, 610.
[775] BVerfGE 57, 250, 275; BVerfGE 63, 45, 61.

kann eine Absprache nicht getroffen werden. Möchte ein Angeklagter den ihm vorgeworfenen Sachverhalt nicht vollumfänglich einräumen, obwohl dieser nach Aktenlage beweisbar erscheint, kann das Gericht grundsätzlich mit dem Angeklagten keine Absprache treffen. Denn es kann bei einer Verurteilung nicht schlicht einzelne Taten oder abtrennbare Teile einer Tat sozusagen „unter den Tisch fallen lassen". Damit würde das Gericht gegen den Amtsermittlungsgrundsatz verstoßen. Möglich wäre gegebenenfalls eine Einstellung nach § 154 oder § 154a StPO, falls dies anmessen wäre. Eine Absprache kann deshalb nur zustande kommen, wenn das beabsichtigte Geständnis glaubhaft und schlüssig sein wird, den Anklagevorwurf bestätigen und mit der Anklage übereinstimmen soll. Deshalb muss der Inhalt des Geständnisses auch Vertragsgegenstand der Absprache sein.

Im übrigen kennt auch das Verwaltungsverfahrensgesetz trotz Geltung der Amtsermittlungsmaxime die Einigung über Tatsachen. § 55 VwVfG sieht vor, dass die Verwaltung in pflichtgemäßer Ermessensausübung mit dem Bürger einen Vergleichsvertrag abschließen kann, um eine bestehende Ungewissheit über die Sach- oder Rechtslage im Wege gegenseitigen Nachgebens zu beseitigen[776]. Eine Ungewissheit über den Sachverhalt wird angenommen, wenn die für die Sachentscheidung maßgeblichen Tatsachen trotz zumutbarer Amtsermittlung keine Klärung gefunden haben oder rechtserhebliche Tatsachen bis auf weiteres nicht bzw. nur mit unangemessen hohem Aufwand feststellbar erscheinen[777]. Der Abschluss eines solchen Vergleichsvertrages darf anerkanntermaßen nicht dazu führen, dass der Amtsermittlungsgrundsatz unterlaufen wird[778].

4. Vereinbarkeit der Handlung in Vertragsform mit den Grundsätzen des Strafverfahrens

Die Einordnung der Absprache als Vertrag führt keineswegs zur Vertragsfreiheit, die ihrerseits wiederum die Rechtsbindung lockern könnte. Gerade diese Befürchtung bringt die überwiegende Auffassung in der Rechtswissenschaft zu der Ansicht, dass es einen Vertrag im Strafprozess nicht geben dürfe[779]. Es trifft in der Tat zu, dass die bürgerlich-rechtlichen Bestimmungen über Willenserklärungen und Verträge im Strafverfahren weder unmittelbar noch entsprechend gelten können[780].

Das Problem gescheiterter oder nichterfüllter Verständigungen sei allein mit Hilfe von strafprozessualen Regelungen zu lösen. Das Hauptargument gegen die Qualifizierung von Absprachen als Vertrag ist die unterschiedliche Grundstruktur des Zivilrechtes und des Strafprozesses. Deshalb ließen sich privatrechtliche Grundsätze nicht ohne weiteres ins Strafrecht übertragen[781]. Die Ausgangssituation, die den Regeln des Vertragsschlusses nach dem BGB zugrunde läge, sei im Vergleich zum

---

[776] BVerwGE 14, 103, 105; BVerwGE 17, 87, 94; BVerwGE 49, 359, 364; Achterberg, Allgemeines Verwaltungsrecht, Rdnr. 253 ff.; Gerke, in Hofmann / Gerke, Allgemeines Verwaltungsrecht, S. 395.

[777] Tiedemann, in Obermayer, VwVfG, § 55, Rdnr. 10.

[778] Gerke, in Hofmann / Gerke, Allgemeines Verwaltungsrecht, S. 395.

[779] Bode, DRiZ 1988, S. 284; Janke, Verständigung und Absprachen, S. 63; Schünemann, JZ 1989, S. 985.

[780] Küpper / Bode, Jura 1999, S. 396; Schmidt-Hieber, Verständigung im Strafverfahren, Rdnr. 232; s.a. Seier, JZ 1988, S. 683.

[781] Braun, Die Absprache, S. 102; Kremer, Absprachen zwischen Gericht und Verfahrensbeteiligten, S. 216.

Strafbereich zu verschieden. Dem ist zuzustimmen. Deshalb kann es sich bei dem Vertrag im Strafprozess auch nur um einen dem öffentlich-rechtlichen vergleichbaren Vertrag handeln. Soll die Vereinbarkeit der Handlung in Vertragsform mit den Grundsätzen des Strafverfahrens untersucht werden, ist dabei von den Strukturprinzipien des öffentlich-rechtlichen Vertrages auszugehen.

a. Fehlende prozessuale Gleichrangigkeit

Gegen die Einordnung als Vertrag wird angeführt, dass Strafe einen einseitig auferlegten Hoheitsakt darstelle und deshalb nicht dem gleichberechtigten Parteibild des Zivilrechtes entspreche[782]. Es fehle an der prozessualen Gleichrangigkeit. Die Positionen von „Strafendem" und „Bestraftem" seien vielmehr von einem Über- und Unterordnungsverhältnis gekennzeichnet[783]. Eine Straffestsetzung in Form eines Vertrages stimme nicht mit dem traditionellen Bild von Strafe überein[784].

Durch die autonome Strafzumessungskompetenz der Gerichte soll der Grundsatz der schuldangemessenen Bestrafung sowie der Anspruch des Angeklagten auf Gleichbehandlung sichergestellt werden. Gleichzeitig soll das Vertrauen der Bürger in die Funktionstüchtigkeit der Strafrechtspflege bewahrt und gefestigt werden. Weil eine Vergleichbarkeit mit dem Zivilrecht ausscheide, seien die Vorschriften über Bedingungen, Befristungen, Wegfall der Geschäftsgrundlage, Zug-um-Zug-Leistungen oder Rücktritt nicht anzuwenden. Tatsächlich gäbe es kein strafprozessuales Recht der Leistungsstörungen. Die Folgen gescheiterter Verständigungen seien ausschließlich aus strafprozessualen Vorschriften herzuleiten[785].

Das Argument der fehlenden prozessualen Gleichrangigkeit im Strafprozess kann jedoch nicht überzeugen. Zwar stehen sich Richter, Staatsanwalt und Beschuldigter im Strafverfahren nicht als gleichberechtigte Partner gegenüber. Denn die Justizorgane haben Befugnisse, die sie zum Eingriff in Rechte des Beschuldigten ermächtigen. Die Strafverfolgungsorgane treffen letztlich die Entscheidung über den Verfahrensfort- oder -ausgang. Dem ist der Beschuldigte ausgesetzt. Das allein schließt die Möglichkeit, einen Vertrag miteinander zu schließen, jedoch nicht zwingend aus. Nicht einmal beim zivilrechtlichen Vertrag sind die Vertragsparteien immer gleichberechtigte Partner. Bei Verträgen mit Monopolisten ist dies selbst im Zivilrecht nicht der Fall. Im Verwaltungsrecht sind subordinationsrechtliche Verträge sogar ausdrücklich zugelassen. Danach kann die Verwaltung, auch wenn sie dem Bürger grundsätzlich nicht als gleichberechtigter Partner gegenübersteht, eine vertragliche Vereinbarung mit dem Bürger treffen[786]. Die Frage der Gleichrangigkeit der Beteiligten ist deshalb keine zwingende Voraussetzung für einen Vertragsschluss. So hat das BVerwG[787] zur Zulässigkeit des subordinationsrechtlichen Verwaltungsvertrages festgestellt, dass sich die Zulässigkeit der konsensualen Handlungsform gerade aus der überlegenen Position des Staates ergebe, die es ihm gestatte, sich im Interesse sachgerechter Lösungen auf ein Verhältnis der Gleichordnung zu begeben.

782 Braun, Die Absprache, S. 102; Kremer, Absprachen zwischen Gericht und Verfahrensbeteiligten, S. 217.
783 Janke, Verständigung und Absprachen, S. 65.
784 Seier, JZ 1988, S. 683; Widmaier, StV 1986. S. 357 f.
785 Kremer, Absprachen zwischen Gericht und Verfahrensbeteiligten, S. 218; Schäfer, in LR, Einl., Kap. 10, Rdnr. 1; Schmidt-Hieber, Verständigung im Strafverfahren, Rdnr. 232.
786 Maurer, Allgemeines Verwaltungsrecht, § 14, Rdnr. 1 ff.
787 BVerwGE 23, 213, 216.

Diese für den Verwaltungsvertrag entwickelte Argumentation lässt sich auch auf Absprachen im Strafprozess übertragen. Denn nachdem in anderen öffentlichen Subordinationsverhältnissen, wie im Verwaltungsbereich zwischen Staat und Bürgern, Abmachungen und Verträge nicht ausgeschlossen werden, erscheint Gleiches auch in dem ebenfalls dem öffentlichen Recht zugehörigen Strafverfahren denkbar.

Ein "Strafvergleich" ist danach nicht schon deshalb ausgeschlossen, weil ein Vertrag gleichgeordnete Rechtssubjekte voraussetzt, das der strafgerichtlichen Verurteilung zugrundeliegende Verhältnis zwischen Staat und Bürger aber gerade das deutlichste Beispiel einer Über-Unterordnung ist[788]. Selbst wenn sich nämlich das Strafrecht vom übrigen öffentlichen Recht dadurch abhebt, dass es als "Schwert der Justitia" mit seinen Zwangsmitteln am nachhaltigsten in Rechte des Bürgers eingreift und dies mit einem "sozialethischen Tadel", wie er anderen öffentlichrechtlichen Zwangsmaßnahmen fremd ist, einhergeht, ist nicht ersichtlich, warum die im Strafverfahren besonders gefährdete und deswegen so schutzwürdige Stellung des Angeklagten gerade durch seine Einbeziehung in die Entscheidungsfindung verschlechtert sein soll. Auch die für einen Konsens wesentliche Freiwilligkeit braucht im Strafverfahren nicht zu fehlen[789]. Denn dass den Täter durch die strafgerichtliche Beurteilung ein Übel erwartet, nimmt seiner Mitwirkung dann nicht jede Freiwilligkeit, wenn er hofft, dadurch ein größeres Übel zu vermeiden.

Deshalb können die Justizorgane, gerade weil sie sich gegenüber dem Beschuldigten in der überlegenen Position befinden, diesem entgegenkommen und ihm einen Vertragsschluss anbieten. Wie die Behörde im Verwaltungsrecht wählen kann, ob sie mit dem Bürger einen Verwaltungsvertrag schließt oder einseitig hoheitlich handelnd einen Verwaltungsakt erlässt[790], können die Justizorgane im Strafprozess wählen, ob sie mit dem Angeklagten eine Verständigung über den weiteren Fortgang des Verfahrens zu erzielen suchen oder ob sie ohne den Versuch der Kooperation entscheiden.

Gleiches gilt hinsichtlich des sozial-ethischen Unwerturteils, das ebenfalls nicht durch die kooperative Beteiligung des Angeklagten aufgehoben wird[791]. Denn selbst bei einer Verständigung mit dem Angeklagten bleibt es im Ergebnis bei einer prozessual vorgesehenen Reaktion auf die begangene Straftat. Eine Geld- oder Freiheitsstrafe behält ihre Tadelfunktion, auch wenn ihr eine Vereinbarung vorausging. Der Sanktionscharakter eines Strafurteiles wird schließlich auch dadurch nicht tangiert, dass der Angeklagte unmittelbar im Anschluss an die Urteilsverkündung den Verzicht auf Rechtsmittel erklärt und somit zum Ausdruck bringt, dass er die ausgesprochene Sanktion akzeptiert. Denn zumindest ein Teil der Verurteilten erkennt durchaus an, dass ihre Tat zu ahnden ist. Viele von ihnen sehen ihr Unrecht ein und bereuen dieses, sie können deshalb die ihnen auferlegte Strafe als gerecht empfinden. Dies wird insbesondere dann der Fall sein, wenn der Angeklagte während des Verfahrens nicht das Gefühl hat, die Justiz wolle ihn unbedingt verurteilen. Förderlich für die Akzeptanz des Urteils ist es allemal, wenn der Angeklagte merkt, dass das Gericht und die Staatsanwaltschaft tatsächlich bemüht sind, die Wahrheit sowohl zu seinen Gunsten als auch zu seinen Ungunsten zu ermitteln. Empfindet der Verurteilte seine Sanktion als angemessen, kann das seine Resozialisierung erleichtern. Derjenige,

---

788 Eser, ZStW 104 (1992), S. 383.
789 Eser, ZStW 104 (1992), S. 373.
790 Maurer, Allgemeines Verwaltungsrecht, § 14, Rdnr. 1 ff.
791 Eser, ZStW 104 (1992), S. 383 f.

der sich von einem System gerecht behandelt fühlt, wird diesem eher positiv gegenüber stehen und versuchen, sich in die Gesellschaft, die das System erschaffen hat, wieder einzugliedern und die Regeln des Systems zu beachten. Dagegen wird es dem, der meint, ungerecht behandelt worden zu sein, schwerer fallen, die bestehenden Regeln anzuerkennen. So muss es letztlich auch das Bemühen eines jeden Richters sein, dass ein Verurteilter seine Strafe als gerecht empfindet und akzeptiert.

Der Sanktionscharakter eines Urteils wird durch die Akzeptanz desselben durch den Angeklagten, zum Ausdruck gebracht z.B. durch die Erklärung des Rechtsmittelverzichtes, ebenso wenig berührt, wie dies der Fall ist, wenn zuvor eine Absprache getroffen wurde. Die strafgerichtliche Beurteilung bleibt für den Angeklagten ein Übel, wenn auch vielleicht ein etwas geringeres und eines, das er akzeptiert.

b. Fehlende Dispositionsbefugnis

Ein weiteres Strukturelement des Strafverfahrens, das gegen die Qualifizierung von Absprachen als Vertrag ins Feld geführt wird, ist die fehlende Dispositionsbefugnis der am Strafprozess Beteiligten. Diese könnten keinen Vertrag mit Verfügungscharakter schließen[792]. Der Strafprozess sei kein Parteiprozess, deswegen hätten die am Strafprozess Beteiligten keinerlei Dispositionsbefugnis über den Verfahrensgegenstand[793]. Durch das Legalitätsprinzip und den Ermittlungsgrundsatz seien die Strafverfolgungsbehörden gehalten, ein Strafverfahren durchzuführen. Der Angeklagte seinerseits könne den staatlichen Strafanspruch nicht im Sinne eines zivilprozessualen Anerkenntnisses analog § 307 ZPO mit Verfügungswirkung anerkennen oder durch Säumnis ein entsprechendes Urteil erwirken und auf diese Weise die Staatsorgane von der ihnen durch § 244 Abs. 2 StPO auferlegten Aufklärungspflicht dispensieren[794]. Die Zweckbestimmung, Erforschung der materiellen Wahrheit, schließe deshalb im Gegensatz zum Zivilverfahren eine Dispositionsbefugnis über den Prozessgegenstand bzw. über den nach § 264 StPO durch die Anklage vorgegebenen Prozessstoff grundsätzlich aus[795]. Aus dem Umstand, dass Gericht und Staatsanwaltschaft als Justizorgane der Gerechtigkeit und der Objektivität verpflichtet sind, was z.B. in § 296 Abs. 2 StPO zum Ausdruck komme, wird die fehlende Verfügungsbefugnis über den Prozessgegenstand hergeleitet[796].

Die Vertreter dieser strengen Sicht erkennen allerdings durchaus an, dass es Ausnahmen von diesem angeblichen Verbot, über den staatlichen Strafanspruch zu verfügen, gibt. Als Einschränkung dieses Verbotes wird allgemein die Möglichkeit, auf den Einspruch gegen einen Strafbefehl zu verzichten, anerkannt[797]. Im Bereich der §§ 153 ff. StPO könnten die Strafverfolgungsbehörden auf den staatlichen Strafanspruch unter bestimmten Voraussetzungen verzichten. Zwar fänden sich im Privatklageverfahren, §§ 374 ff. StPO, im Nebenklageverfahren, §§ 395 ff. StPO, sowie im Adhäsionsverfahren, §§ 403 ff. StPO Parallelen zu einem Parteiverfahren, da dort Vereinbarungen, die auf vergleichsähnliche Vorgänge hinauslaufen, zwischen

---

[792] Bode, DRiZ 1988, S. 284; Janke, Verständigung und Absprachen, S. 62; Schmidt-Hieber, Verständigung im Strafverfahren, Rdnr. 162.
[793] Janke, Verständigung und Absprachen, S. 64; Schünemann, NJW 1989, S. 1896.
[794] Janke, Verständigung und Absprachen, S. 65; Schünemann, Gutachten 58. DJT, B 68.
[795] Janke, Verständigung und Absprachen, S. 66; Schünemann, Gutachten 58. DJT, B 68.
[796] Seier, JZ 1988, S. 684.
[797] Janke, Verständigung und Absprachen, S. 66; Schmidt-Hieber, Verständigung im Strafverfahren, Rdnr. 74 ff.; Schünemann, in Absprache, Symposium Triberg 1986, S. 53.

den Verfahrensbeteiligten anerkanntermaßen statthaft sind[798]. Weitere Ausnahme lasse die StPO jedoch nicht zu.

Obwohl es grundsätzlich zutrifft, dass im Strafverfahren keine Dispositionsbefugnis über den Verfahrensgegenstand besteht, ist dies nicht geeignet, von vornherein jede vertragliche Vereinbarung im Strafprozess unstatthaft sein zu lassen.

Verfahrensgegenstand des Strafverfahrens ist die Tat, so wie sie sich tatsächlich zugetragen hat[799]. Es geht um die Erforschung und Feststellung des wahren Entscheidungssachverhaltes. Das Gericht ist deshalb im Strafprozess nicht an das Sachvorbringen der Prozessbeteiligten gebunden, und ein Geständnis hat keine bindende Kraft, sondern es muss auf den Wahrheitsgehalt überprüft werden. Deshalb gibt es im Strafprozess grundsätzlich weder ein Versäumnis- noch ein Anerkenntnisurteil[800].

Der staatliche Strafanspruch, der nicht zur Disposition der Staatsanwaltschaft oder des Gerichtes steht, wird allein aus dem ermittelten Sachverhalt abgeleitet[801]. Es liegt in der Natur der Sache, dass die Prozessbeteiligten nicht über die „Wahrheit" verfügen können. Die Pflicht, den wahren Sachverhalt und Tathergang aufzudecken, besteht nicht für den Angeklagten, sondern nur für die Justizbehörden. Da der Angeklagte sich nicht selber belasten muss, hat er zwar selbstverständlich das Recht, sich auf der Grundlage eines nicht vollständig ermittelten Sachverhaltes verurteilen zu lassen. Dies wird er, solange dies für ihn günstiger ist, auch immer versuchen. Die Justizbehörden sind aber grundsätzlich zur Wahrheitsfindung verpflichtet, wobei anerkannt ist, dass es nicht das Ziel des Strafverfahrens ist, die Wahrheit um jeden Preis zu erforschen[802]. Dem Ziel der Wahrheitserforschung sind allerdings einerseits faktische, andererseits auch normative Grenzen gesetzt[803]. Unzulänglichkeiten der Erkenntnismittel und des menschlichen Erkenntnisvermögens können dazu führen, dass die Wahrheit nicht oder nicht vollständig ergründet werden kann. Bisweilen setzen Beweisverbote der Wahrheitserforschung normative Grenzen. Es stellt sich jedoch die Frage, ob bei Absprachen überhaupt über den staatlichen Strafanspruch, der durch den ermittelten wahren Sachverhalt begründet wird, verfügt wird. Häufig wird bei Absprachen nach Ablegung eines Geständnisses eine bestimmte Strafobergrenze, eine Teileinstellung oder eine Strafaussetzung zur Bewährung zugesagt. Inhalt einer Absprache kann dabei nur sein, was prozessual zulässig ist[804]. So darf das Gericht nicht aufgrund eines abgelegten Geständnisses ein Urteil fällen, wenn es von dem Wahrheitsgehalt des Geständnisses nicht überzeugt ist. Die Einstellung von Strafverfahren kann ebenfalls nur im gesetzlich vorgesehenen Rahmen der §§ 153 ff. StPO erfolgen. Die Absprachebeteiligten verfügen insofern zwar über den Prozessgegenstand, dies ist jedoch als Ausnahme in den §§ 153 ff. StPO gesetzlich geregelt und insofern statthaft.

---

798 Haas, NJW 1988, S. 1346; Schünemann, Gutachten 58. DJT, B 68.
799 Peters, Strafprozeß, S. 82 f und S. 278; Rieß, in LR, Einl. G, Rdnr. 51 f.
800 Rieß, in LR, Einl. H, Rdnr. 34.
801 Hellmann, Strafprozeßrecht, Teil IV, § 2, Rdnr. 42; Janke, Verständigung und Absprachen, S. 65; Schmidt-Hieber, NStZ 1988, S. 304; Schünemann, Gutachten 58. DJT, B 69.
802 BGHSt 14, 358, 365.
803 Rieß, in LR, Einl. G, Rdnr. 48.
804 Siehe oben 4. Teil, insbesondere IX.

Bei der Zusage einer Strafobergrenze verzichtet das Gericht ohnehin nicht auf den grundsätzlichen Strafanspruch. Gegenstand dieser Absprache ist allein die Strafhöhe. Hinsichtlich des konkreten Strafmaßes hat das Gericht – unabhängig von dem Zustandekommen einer Absprache – einen gewissen Spielraum[805]. Innerhalb dieses Spielraumes der schuldangemessenen Strafe kann das Gericht Zusagen machen.

Die Dispositionsbefugnis tangiert alleine den möglichen Inhalt einer Absprache, nicht jedoch deren rechtliche Qualifizierung. Wenn über einen potentiellen Regelungsgegenstand keine Dispositionsbefugnis besteht, darf keine solche Absprache getroffen werden, egal in welcher rechtlichen Form. Wenn eine Absprache jedoch zulässig ist, so spricht grundsätzlich nichts dagegen, sie auch als Vertrag zu qualifizieren.

c. Keine Entscheidungsersetzung

Der Einordnung von Absprachen als Vertrag wird des weiteren entgegengehalten, dass durch die Absprache keine Entscheidung des Gerichtes ersetzt werden könne, da Absprachen noch umgesetzt werden müssten[806]. Die jeweiligen Zusagen im Rahmen einer strafprozessualen Absprache wirkten nicht bereits für sich, sondern müssten in Einzelakten der Beteiligten vollzogen werden[807]. Anzuerkennen ist, dass durch Absprachen keine Entscheidungen des Gerichtes oder der Staatsanwaltschaft unmittelbar ersetzt werden, da das Vereinbarte noch prozessual wirksam umgesetzt werden muss. Eine Strafe wird erst durch die Urteilsverkündung verhängt, eine Verfahrenseinstellung erst durch den entsprechenden Beschluss wirksam.

Das ist zwar bei dem für den Zivil- oder Verwaltungsprozess geregelten Prozessvergleich anders. Schließen Kläger und Beklagter vor Gericht einen Vergleich, ersetzt dieser das Urteil. Das Verfahren wird unmittelbar durch den Vergleichsschluss beendet[808]. Voraussetzung eines wirksamen Prozessvergleiches ist u.a. die Bedingungslosigkeit des Vergleiches und die Verfügungsbefugnis der Vertragspartner über den Vertragsgegenstand[809]. Bei zivilrechtlichen oder verwaltungsrechtlichen Verträgen muss das Vereinbarte jedoch in der Regel noch umgesetzt werden. Daher rührt im Zivilrecht die Unterscheidung zwischen dem Verpflichtungsgeschäft, durch das die Parteien sich zu etwas verpflichten, und dem Erfüllungsgeschäft, das das Vereinbarte umsetzt. Aus dem Vorgenannten folgt, dass es keine zwingende Voraussetzung eines Vertrages ist, mit dem Vertragsschluss das Vereinbarte direkt zu bewirken. Die Absprache kann zwar nicht als Prozessvergleich bezeichnet werden, da sie das Verfahren nicht unmittelbar beendet. Sie kann aber trotzdem ein Vertrag sein, bei dem das Vereinbarte prozessual noch umzusetzen ist.

---

[805] siehe oben 4. Teil, V, 3 c.

[806] Haas, NJW 1988, S. 1350; Janke, Verständigung und Absprachen, S. 67; Kintzi, JR 1990, S. 312.

[807] Rönnau, Die Absprache im Strafprozeß, S. 74; Schmidt-Hieber, Verständigung im Strafverfahren, Rdnr. 235.

[808] BGH, NJW 1986, S. 1348; Hüttenbrink, in Kuhla / Hüttenbrink, Der Verwaltungsprozeß, Rdnr. 342; Kopp, VwGO, § 106, Rdnr. 1 f; Redeker / von Oertzen, VwGO, § 106, Rdnr. 11; Schenke, Verwaltungsprozeßrecht, Rdnr. 1102.

[809] Hüttenbrink, in Kuhla / Hüttenbrink, Der Verwaltungsprozeß, Rdnr. 336; Kopp, VwGO, § 106, Rdnr. 6.

d. Vereinbarkeit mit dem Unmittelbarkeitsgrundsatz

Einer Qualifizierung von Absprachen als Vertrag wird zudem der Unmittelbarkeitsgrundsatz entgegengehalten. Wegen § 261 StPO dürfe das Gericht sich nicht selbst binden, sondern müsse sich die Entscheidungsfreiheit bis zum letzten Augenblick bewahren[810]. Daraus folge, dass diese Norm ein Recht des Gerichtes zur Selbstbindung ausschließe[811]. Dagegen müsse einer verbindlichen und vorbehaltlosen Zusage des Gerichtes vor Abschluss der Hauptverhandlung und der Schlussberatung zwingend eine vorherige gedankliche Festlegung auf ein bestimmtes Verfahrensergebnis vorausgegangen sein, was gegen § 261 StPO verstoßen würde.

Auch § 261 StPO steht der Einordnung von Absprachen als Vertrag jedoch nicht entgegen. Nach dieser Vorschrift darf der Richter nur seine eigene Überzeugung, die er aus dem Inhalt der Hauptverhandlung, ohne an Beweisregeln gebunden zu sein, gewonnen hat, der Entscheidung zugrunde legen[812]. Im Zusammenhang mit der Bindungswirkung von Absprachen ist insbesondere der Gesichtspunkt „aus dem Inbegriff der Verhandlung" relevant. Denn daraus folgt, dass eine vorzeitige Festlegung des Urteils vor Abschluss der mündlichen Verhandlung gegen § 261 StPO verstoßen würde[813]. Grundlage der Überzeugungsbildung des Richters und damit der Urteilsfindung darf also nur das sein, was innerhalb der Hauptverhandlung, d.h. vom Aufruf der Sache bis zum letzten Wort des Angeklagten, vor dem erkennenden Gericht erörtert worden ist[814]. Dazu gehört, dass der Richter sich nicht vor dem letzten Wort des Angeklagten endgültig festlegt. Auf den ersten Blick scheint es in der Tat ein Widerspruch zu sein, dass sich das Gericht nicht vor Abschluss der Hauptverhandlung festlegen darf, sich aber unter Umständen schon vor Beginn der Hauptverhandlung in Form einer Absprache vertraglich bindet. Sinn und Zweck des in § 261 StPO niedergelegten Grundsatzes der Unmittelbarkeit ist allerdings, dass bei der Entscheidungsfindung alles berücksichtigt wird, was in der Hauptverhandlung geschieht. Zur Beachtung des § 261 StPO genügt es folglich, dass die Absprache unter dem Vorbehalt steht, dass die Hauptverhandlung nichts anderes ergibt, als das, was Gegenstand der getroffenen Vereinbarung war. Denn wenn es einerseits für zulässig erachtet wird[815], dass der Richter schon vor der Hauptverhandlung einen Entwurf der Urteilsformel vorbereitet, kann es andererseits nicht unzulässig sein, dass das Gericht sich durch das Aktenstudium eine Meinung bildet und auf dieser Grundlage eine Absprache trifft, die dann zu revidieren ist, wenn die Hauptverhandlung etwas Neues ergibt. Diese Ansicht wird durch die Rechtsprechung des Bundesgerichtshofes zur Zulässigkeit von Zwischenberatungen[816] gestützt. Danach darf das Urteil vor Beendigung des Verfahrens nach § 258 StPO nicht beschlossen werden. Es ist jedoch unbedenklich, wenn in einer umfangreichen Sache die Verhandlungsergebnisse vorbesprochen und für die Beratung schriftlich festgehalten werden, sofern dadurch das

[810] Niemöller, StV 1990, S. 37 f.; Schünemann, Gutachten 58. DJT, B 72 f.

[811] Niemöller, StV 1990, S. 37.

[812] BGHSt 41, 376, 380; BGHSt 39, 291, 295; BGH StV 1988, S. 239, 240; Gollwitzer, in LR, § 261, Rdnr.2; Kleinknecht / Meyer-Goßner, StPO, § 261, Rdnr. 1 ff.; Stuckenberg, KMR, § 261, Rdnr. 1, 18.

[813] Gollwitzer, in LR, § 261, Rdnr.37; Hürxthal, in Karlsruher Kommentar, § 261 StPO, Rdnr. 17; Stuckenberg, KMR, § 261, Rdnr. 2 ff.

[814] BGHSt 11, 74, 75; BGH StV 1983, S. 402; Hürxthal, in Karlsruher Kommentar, § 261 StPO, Rdnr. 6; Stuckenberg, KMR, § 261, Rdnr. 2 ff.

[815] BVerfGE 9, 215; OLG Karlsruhe Justiz 1972, 41.

[816] BGHSt 17, 337, 340; Gollwitzer, in LR, § 258, Rdnr. 50; Hürxthal, in Karlsruher Kommentar, § 258, Rdnr. 29 f.

letzte Wort bei der Urteilsfindung nicht unberücksichtigt bleibt und die endgültige Beratung erkennbar erst nach dem Schlusswort des Angeklagten erfolgt. Unter der gleichen Voraussetzung ist auch das Verwenden einer bereits vor der Hauptverhandlung vorgeschriebenen Urteilsformel ohne Strafhöhe[817] oder eines vom Berichterstatter vorbereiteten Urteilsentwurfes[818] rechtlich nicht zu beanstanden.

e. Fehlen einer gesetzlichen Regelung

Schließlich könnte, zumindest auf den ersten Blick, gegen die Qualifizierung von Absprachen als Vertrag schlicht die Tatsache sprechen, dass die Strafprozessordnung einen Vertrag nicht kennt. Eine gesetzliche Regelung eines Vertrages im Strafprozess bzw. eines vertragsähnlich ausgestatteten Vergleiches existiert tatsächlich nicht. Es wird in diesem Zusammenhang argumentiert[819], dass das Gericht und die Staatsanwalt nicht wie der Beschuldigte eine ursprüngliche Handlungsfähigkeit hätten, der das Recht lediglich Schranken setze, sondern dass sie ihre Handlungskompetenz allein aus dem Gesetz ableiteten. Außerhalb dieser Kompetenz hätten sie deshalb keine Handlungsbefugnis. Wenn sie bestimmte Maßnahmen nicht treffen dürften, weil es hierfür keine gesetzliche Grundlage gibt, so besäßen sie auch keine Kompetenz dazu, den Erlass solcher rechtswidrigen Maßnahmen zu versprechen.

Nur weil die Strafprozessordnung keinen Vertrag vorsieht, muss dieser jedoch nicht unzulässig sein. Dies zeigt der Vergleich mit dem Verwaltungsrecht. Das VwVfG regelte erst 1976 den Verwaltungsvertrag. Es wurden aber bereits lange vor Einführung der gesetzlichen Regelung Verträge zwischen Staat und Bürger geschlossen und überwiegend auch für zulässig erachtet[820]. Die Zulässigkeit eines öffentlichrechtlichen Vertrages trotz fehlender gesetzlicher Regelung wurde zum Teil aus apriorischen Überlegungen[821] und zum Teil aus allgemeinen Rechtsprinzipien wie pacta sunt servanda[822] oder Treu und Glauben[823] hergeleitet. Der Vertrag wurde als zum ordentlichen Handwerkszeug der öffentlichen Verwaltung gehörend anerkannt und nicht als „Fremdkörper" betrachtet, der nur mit ausdrücklicher gesetzlicher Ermächtigung geduldet werden könne[824]. Ein Vertrag sei nur dort nicht statthaft, wo gesetzlich einseitiges hoheitsrechtliches Handeln vorgeschrieben sei oder sich dies aus der Natur des Rechtsgebietes ergebe[825].

Diese Gedanken auf das Strafverfahren übertragen bedeutet, dass ein Vertrag als Handlungsform im Strafverfahren jedenfalls nicht zwingend unzulässig sein muss, weil er gesetzlich nicht ausdrücklich normiert ist. Auch die Absprache als solche ist gesetzlich nicht vorgesehen. Dennoch ist sie nach zutreffender Auffassung zulässig[826].

---

817 OLG Karlsruhe Justiz 1972, 41.
818 BVerfGE 9, 215.
819 Schünemann, Gutachten 58. DJT, B 72.
820 OVG Lüneburg, NJW 1957, S. 76, 77; Hennecke, in Knack, VwVfG, vor § 54, Rdnr. 6.2.
821 Stern, Verw.Arch. Bd. 49 (1958), S. 106.
822 Apelt, Der verwaltungsrechtliche Vertrag, S. 50; Forsthoff, Lehrbuch, 8. Aufl., S. 253.
823 Baumann, Der Begriff Treu und Glauben, S. 131.
824 Bullinger, Vertrag und Verwaltungsakt, S. 41, 43.
825 OVG Lüneburg, NJW 1957, S. 76, 77.
826 BGHSt 43, 195; vgl. 4. Teil.

5. Zusammenfassung

Zusammenfassend bleibt somit festzuhalten, dass die Bedenken gegen die Möglichkeit, im Strafverfahren einen Vertrag als Handlungsform anzuerkennen, nicht durchgreifen. Die angeblich erforderliche, im Strafverfahren aber fehlende Gleichrangigkeit der Beteiligten ist keine zwingende Voraussetzung für einen Vertragsschluss. Auch ungleiche Partner können miteinander einen Vertrag schließen, wie der Verwaltungsvertrag zwischen Staat und Bürger beweist. Das Erfordernis der Entscheidungsersetzung ist nur für den Prozessvergleich zwingend. Die Frage der Dispositionsbefugnis über den Vertragsgegenstand betrifft die inhaltliche Ausgestaltung eines Vertrages, nicht jedoch die statthafte Handlungsform. Soweit im Strafrecht Gestaltungsspielräume existieren, gibt es keinen zwingenden Grund, der gegen den Vertragsschluss spricht. Allerdings sind diese Spielräume wesentlich enger als beispielsweise im Zivilrecht oder im Verwaltungsrecht. Die Tatsache, dass die Strafprozessordnung keine Regelung enthält, die den Vertrag zum Gegenstand hätte, spricht zumindest nicht gegen die Zulässigkeit dieser Handlungsform. Die strenge Gesetzesbindung im Strafprozessrecht, die den Handlungs- und Gestaltungsspielraum erheblich einschränkt, verbietet es nicht von vornherein, einen Vertrag auch im Strafverfahren zuzulassen. Auch in anderen Bereichen, in denen die strenge Gesetzesbindung herrscht, können Verträge geschlossen werden. Der Vertrag ist nicht nur ein zivilrechtliches Instrument.

Das eigentliche Hindernis, das bislang die Anerkennung der Absprache im Strafprozess als Vertrag verhindert hat, ist das traditionelle Empfinden. Es scheint mit dem herkömmlichen Verständnis des Strafverfahrens unvereinbar zu sein, dass der Angeklagte mit den Strafverfolgungsbehörden einen Vertrag schließt, soll sich doch der Straftäter dem Staat unterwerfen, indem der Staat ihn zum Erleidenmüssen der Strafe zwingt, statt mit ihm zu verhandeln. Es ist inkonsequent, Absprachen zuzulassen, einen Vertrag aber im Hinblick auf das traditionelle Verständnis von Strafe, Strafendem und Bestraften für unzulässig zu erklären. Denn das Aufeinanderzubewegen der am Strafverfahren Beteiligten ist Grundlage einer jeden Absprache, unabhängig davon, ob es sich der Form nach dabei um die bloße Abgabe einer Prognoseerklärung oder einen Vertrag handelt. Da dieses Aufeinanderzubewegen der am Strafverfahren Beteiligten unstreitig bereits seit vielen Jahren gängige Praxis ist, muss anerkannt werden, dass das „traditionelle Strafverfahren" wie andere Traditionen auch dem Wandel der Zeit unterliegt. Das Strafverfahren stellt sich eben nicht nur als Verwirklichung des materiellen Strafrechtes dar, sondern in ihm spiegeln sich sie die jeweilige politische und rechtliche Kultur wieder[827]. Die Praktizierung der informellen Verständigung zwischen den Verfahrensbeteiligten stellt ein deutliches Zeichen für die allmähliche Ablösung von der obrigkeitlichen Struktur des Strafverfahrens dar. Die vorgegebenen Interaktionsregeln des traditionellen Strafverfahrens werden als zu restriktiv empfunden. Der autoritäre Verhandlungsstil und die damit verbundene eingeschränkte Kommunikation genügt vielen Verfahrensbeteiligten nicht mehr, sie wollen freier miteinander kommunizieren[828]. Als Beispiel für diese veränderte Strafrechtskultur kann der Sühneversuch im Privatklageverfahren, § 380 StPO, angeführt werden. Zunächst sollen der Verletzte und der Täter versuchen, einen sogenannten Sühnevergleich herbeizuführen, um das Strafverfahren zu vermeiden[829]. Die durch die StPO gegebenen Möglichkeiten, Strafverfahren einzu-

---

[827] Kremer, Absprachen zwischen Gericht und Verfahrensbeteiligten, S. 287.
[828] Bussmann / Lüdemann, MschrKrim 1988, S. 86.
[829] Kleinknecht / Meyer-Goßner, StPO, § 380, Rdnr. 5 ff.

stellen, z.B. nach den §§ 153 ff. StPO oder den §§ 45, 47 JGG, sind ebenfalls Ausdruck eines mehr auf freie Kommunikation angelegten Verfahrens[830].

Aber auch in anderen öffentlichen Subordinationsverhältnissen, wie im Verwaltungsbereich zwischen Staat und Bürger, sind zunehmend konsensorientierte Verfahren, wie Abmachungen und Verträge, zu beobachten[831].

Die Frage der grundsätzlichen Zulässigkeit eines Vertrags als Handlungsinstrument im Strafverfahren ist außerdem von der Frage nach den formellen Voraussetzungen eines solchen Vertrages und dessen Regelungsinhalt zu lösen. Die gesetzliche Verpflichtung des Gerichtes, bei Vorliegen eines bestimmten Sachverhaltes bestimmte Maßnahmen zu treffen, zieht kein Vertragsformverbot nach sich. Andererseits impliziert die Befugnis zum Handeln in Vertragsform nicht die Freiheit zur inhaltlichen Gestaltung. Wie der Verwaltung fehlt auch den Strafverfolgungsorganen die Privatautonomie und somit die Vertragsfreiheit. Sie haben nur die Kompetenzen und Befugnisse, die ihnen durch das Recht verliehen worden sind. Daran ändert die Handlungsform des Vertrages nichts. Spielraum für vertragliches Handeln, das ja ein gewisses Aufeinanderzubewegen der Beteiligten voraussetzt, bleibt nur dort, wo entweder dispositive gesetzliche Regelungen bestehen oder den Justizorganen Ermessen und Gestaltungsfreiheit gewährt ist.

6. Teil
Schlussbemerkung

I. Gesamtergebnis

Die Absprache, bei der sich die Prozessbeteiligten über das Verfahrensergebnis verständigen, ist in den letzten Jahren ein fester Bestandteil der Verfahrenswirklichkeit des deutschen Strafprozesses geworden. Sie sind grundsätzlich mit dem Strafprozessrecht und dem Grundgesetz vereinbar. Dabei müssen jedoch die engen Grenzen, die durch die geltenden Prozessrechtsgrundsätze vorgegeben sind, eingehalten werden. Absprachen müssen und dürfen nicht zu einer Aufweichung der Prinzipien des deutschen Strafverfahrens führen, da diese in ihrer Gesamtheit einen wesentlichen Teil des bewährten Rechtsstaates ausmachen.

Grenzen werden Absprachen insbesondere durch den Untersuchungs- und den Öffentlichkeitsgrundsatz sowie das Prinzip des fairen Verfahrens und § 136a StPO gesetzt[832]. Keinesfalls darf eine Absprache dazu führen, dass ein Urteil gefällt wird, obwohl der Richter Zweifel an dem zu Grunde liegenden Sachverhalt bzw. dessen Vollständigkeit hat. Eine Absprache darf auch nicht zur Folge haben, dass der Angeklagte zum Objekt des Verfahrens herabgewürdigt wird. Ihm muss der Absprachevorgang in besonderer Weise transparent und verständlich sein. Er muss sich freiwillig und in vollem Bewusstsein der Konsequenzen verständigen, ohne dass seine Willensentschließungs- und -betätigungsfreiheit in unzulässiger Weise beeinflusst wurde.

---

830 Sinner, Der Vertragsgedanke im Strafprozeß, S. 113 f.
831 Eser, ZStW 104 (1992), S. 383.
832 Siehe dazu 4. Teil.

Aus der Gesamtschau der Prozessgrundsätze folgt, dass allein die Absprache zulässig ist, die ihre Beteiligten bindet. Dabei ist nur die rechtliche Bindung eine echte Bindung. Gerade im Strafverfahren, in dem es einerseits um die mögliche Verhängung einer Freiheitsstrafe und damit um einen besonders schweren Eingriff in die Rechte des Angeklagten geht und in dem andererseits in der Regel gerade keine Ehrenmänner auf der Anklagebank sitzen und Absprachepartner sind, kann allein Vertrauen in den Bestand einer Vereinbarung nicht genügen. Diese rechtliche Bindung kann, jedenfalls so lange es keine gesetzliche Regelung gibt, nur ein Vertrag erzeugen. Deshalb handelt es sich bei Absprachen, deren Erscheinungsbild im übrigen ohnehin dem eines Vertrages entspricht, um echte Verträge.

Obwohl das traditionelle Verständnis vom Strafprozess keinen Vertrag zuzulassen scheint, ergibt die nähere Untersuchung, dass die Bedenken gegen einen Vertrag im Strafprozess keinen Bestand haben können. Nicht der privatrechtliche Vertrag, dessen Ausgestaltung durch den Grundsatz der Privatautonomie bestimmt wird, sondern der Verwaltungsvertrag des Öffentlichen Rechts ist das Vorbild. Denn der Vertrag im Strafprozess ist wie der Verwaltungsvertrag geprägt durch die strenge Bindung an Recht und Gesetz. Spielraum für vertragliches Handeln besteht deshalb nur dort, wo das Gesetz diesen auch einräumt. Ein Blick auf die Rechtslage in Italien bestätigt, dass auch eine andere kontinentaleuropäische Rechtsordnung einen Vertragsschluss für statthaft hält.

Die Anerkennung der Absprache als Vertrag soll keineswegs eine Hinwendung zum anglo-amerikanischen Rechtssystem bedeuten. Vielmehr soll sie dazu führen, dass die Beteiligten der Absprache Rechtssicherheit genießen und die Grundsätze des deutschen Strafverfahrens gewahrt werden. Denn insbesondere der Grundsatz des fairen Verfahrens gebietet es, eine klare Regelung zu schaffen.

II. Ausblick

An die Bewertung von Absprachen als Verträge knüpfen sich Folgeprobleme. Im Rahmen dieser Untersuchung können diese Fragen nicht umfassend behandelt werden. Deshalb soll lediglich ein kurzer Ausblick mögliche Lösungsansätze und – wege aufzeigen.

Dabei drängt sich die Frage nach der Behandlung möglicher „Leistungsstörungen" auf. Der Regelfall wird zwar sein, dass die Vertragsparteien ihre Leistungsverpflichtungen ordnungsgemäß erfüllen. Allerdings kann es in jedem Vertragsverhältnis auch zu Störungen kommen, so dass die Leistungen gar nicht oder nicht wie vereinbart erbracht werden. Deshalb ist zunächst festzustellen, welche Art von Leistungsstörungen es im Zusammenhang mit dem strafprozessualen Vertrag geben kann. Möglich ist eine Nichtleistung durch einen der Absprachepartner. Der Angeklagte kann trotz getroffener Vereinbarung davon absehen, sein Geständnis abzulegen. Einen Fall der Nichtleistung stellt es auch dar, wenn das Gericht seine Zusage nicht einhält und das Urteil die genannte Strafobergrenze übersteigt.

Eine Schlechtleistung kann es dagegen im Strafverfahren nicht geben. Ein Geständnis kann nicht von höherer oder minderer Qualität sein. Es kann nur entweder umfassend und glaubhaft sein, so dass es zur Entscheidungsgrundlage gemacht werden kann, oder nicht. Ein Geständnis, das zu „schlank" ist, um es zur Urteilsgrundlage zu machen, muss als Nichterfüllung der Absprache bewertet werden, wenn die Parteien vereinbart hatten, die Beweisaufnahme zu schließen. Die vom Gericht zu erbringende Leistung kann genauso wenig qualitativ bewertet werden. Entweder hält sich das Gericht an seine Zusage und überschreitet die angekündigte Strafobergrenze nicht oder es hält sich nicht daran, was dann als Nichterfüllung anzusehen ist. Verzug der Leistung ist im Strafprozess nicht vorstellbar.

Gibt es also nur die Leistungsstörung der Nichterfüllung, stellt sich die Frage, wie mit dieser umzugehen ist. Zwei Konstellationen von Nichterfüllung können auftreten. Möglich ist, dass der Angeklagte absprachegemäß die ihm zur Last gelegten Taten einräumt, das Gericht aber dennoch die zugesagte Strafobergrenze überschreitet. Bei der zweiten Fallgestaltung erbringt der Angeklagte seine Leistung nicht absprachegemäß, indem er sich nicht einlässt. Da Absprachen bislang gesetzlich nicht geregelt sind, enthält die Strafprozessordnung keine speziellen Regelungen, nach denen im Falle eines

Scheiterns einer Absprache vorgegangen werden kann. Deshalb müssen entweder die vorhandenen allgemeinen Regelungen gegebenenfalls analog herangezogen werden. Falls diese keine Lösungsmöglichkeiten bieten, ist auf übergeordnete, allgemeingültige Rechtssätze, wie z.B. den des „venire contra factum proprium" zurückzugreifen.

Legt der Angeklagte trotz entsprechender Vereinbarung kein Geständnis ab, wird die Absprache als hinfällig betrachtet werden müssen. Der Angeklagte kann nämlich nicht zu einer Aussage gezwungen werden, und zwar selbst dann nicht, wenn er sich selber im Rahmen einer Absprache dazu verpflichtet hat. Einer der obersten Grundsätze eines rechtsstaatlichen Strafverfahrens ist, dass niemand verpflichtet werden kann, sich selber zu belasten. Aus diesem Grunde ist selbst ein bereits abgelegtes Geständnis jederzeit widerrufbar. Da die Aussagefreiheit des Angeklagten es ihm also ermöglicht, eine bereits getätigte Aussage zurückzuziehen, dann kann er erst recht, die – bindende – Ankündigung einer Aussage widerrufen.

Anders liegt es, wenn das Gericht seine Zusage nicht einhält, obwohl der Angeklagte seine Leistung absprachegemäß erbracht hat. Zunächst müsste der Angeklagte Rechtsmittel gegen die Entscheidung einlegen. War Gegenstand der Absprache auch ein Rechtsmittelverzicht, so ist der Angeklagte daran nicht gebunden. Erstens ist die Verabredung eines Rechtsmittelverzichtes vor der Urteilsverkündung ohnehin unzulässig und zweitens hat sich das Gericht nicht an die Absprache gehalten, so dass auch der Angeklagte daran nicht gebunden ist.

Allein die Möglichkeit des Widerrufs des Geständnis – abgelegt im Vertrauen auf eine entsprechende Honorierung durch das Gericht – wird den Interesses des Angeklagten, dessen Vertrauen enttäuscht wurde, nicht gerecht. Grundsätzlich kann das Tatgericht, das gemäß § 261 StPO nach seiner freien Überzeugung entscheidet, ein einmal abgelegtes Geständnis trotz seines Widerrufes für glaubhaft halten und dementsprechend berücksichtigen[833]. Da das Revisionsgericht bei seiner Entscheidung jedoch den von dem Tatgericht ermittelten Sachverhalt zugrundelegt, ist auch ein mögliches Beweisverwertungsverbot entweder gem. § 136a Abs. 1 Satz 1 StPO, wenn die Nichteinhaltung der Absprache als Unterfall der Täuschung anzusehen

[833] BGHSt 21, 285, 287; Gollwitzer, in LR, § 261, Rdnr. 73; Eb. Schmidt, § 261 StPO in der neuen höchstrichterlichen Rechtsprechung, JZ 1970, S. 337, 342

wäre, oder entsprechend § 136a Abs. 3 Satz 2 StPO für den Angeklagten unbefriedigend. Lediglich bei Urteilen des Amtsgerichtes, wenn eine Rechtsmittelinstanz zugleich eine neue Tatsacheninstanz darstellt, könnte der Angeklagte erreichen, dass sein widerrufenes Geständnis nicht zur Urteilsfindung herangezogen wird.

Der Angeklagte kann in der Rechtsmittelinstanz zudem die Verletzung des Fairnessgrundsatzes geltend machen. Nach Auffassung des BGH verletzt die Nichteinhaltung der Zusage, ein bestimmtes Strafmaß nicht zu überschreiten, den Anspruch des Angeklagten auf ein faires Verfahren[834]. Durch die Zusage sei ein Vertrauenstatbestand entstanden. Aus diesem durch das Gericht selbst geschaffenen Vertrauenstatbestand erwachse für das Gericht aus dem Gebot des fairen Verfahrens die Pflicht, auf eine Meinungsänderung hinzuweisen, um dem Angeklagten und seinem Verteidiger die Möglichkeit zu geben, sich auf die veränderte Situation einzustellen. Dabei geht der BGH offensichtlich davon aus, dass das Gericht im Rahmen einer Absprache nur seine Meinung äußert. Ansonsten würde er nicht von „Meinungsänderung" sprechen. Da es sich jedoch um eine bindende Erklärung handelt, kann das Gericht nicht einfach seine Meinung ändern und dies dann bekannt geben. Deshalb formuliert der BGH in seiner Grundsatzentscheidung zu Absprachen[835] die Voraussetzungen, unter denen das Gericht sich von der gemachten Zusage lösen kann. Danach ist das Gericht nur dann nicht an die Strafobergrenze gebunden, wenn sich in der Hauptverhandlung neue, dem Gericht bisher unbekannte, schwerwiegende Umstände zu Lasten des Angeklagten ergeben haben. Ist eine solche Abweichung beabsichtigt, bleibt es bei der Pflicht des Gerichtes, den Angeklagten in der Hauptverhandlung darauf hinzuweisen.

Solche schwerwiegenden Umstände, die die Lossagung von der Absprache rechtfertigten, wären z.B., dass sich die Tat aufgrund neuer Tatsachen oder Beweismittel statt wie bisher als Vergehen nunmehr als Verbrechen darstellt[836]. Da Vertragsgegenstand der Absprache auch der zugrundezulegende Sachverhalt ist, werden in der Hauptverhandlung selten neue Tatsachen bekannt werden, die so schwerwiegend sind, dass sie einen Rücktritt von der Absprache zulässig erscheinen lassen.

Im übrigen hilft dem Angeklagten allein ein Hinweis des Gerichts, es werde von der getroffenen Vereinbarung abweichen, nicht, wenn er sich bereits eingelassen hat. Möglicherweise kann er seine Verteidigungsstrategie zu diesem Zeitpunkt nicht mehr ändern. Fraglich ist auch, welche Folge der unterbliebene Hinweis durch das Gericht hat. Theoretisch denkbar ist auch, dass sich das Gericht nicht an die Absprache hält, obwohl sich keine neuen, schwerwiegenden Umstände zu Lasten des Angeklagten ergeben haben.

Grundsätzlich hat die Nichterbringung einer vertraglich vereinbarten Leistung durch eine der Vertragsparteien entweder die Rechtfolge, dass derjenige, der seine Leistung vertragsgemäß erbracht hat, so gestellt werden muss wie vor dem Vertragsschluss, oder er kann seinen Anspruch auf Vertragserfüllung durchsetzen. Auf Absprachen im Strafverfahren übertragen bedeutet dies, dass entweder der Widerruf des bereits abgelegten Geständnisses zu dessen Unverwertbarkeit führt – was nur in der Berufungsinstanz den Angeklagten tatsächlich so stellt, als hätte er nicht auf die

---

[834] BGH NStZ 1998, S. 438.
[835] BGHSt 43, 195.
[836] BGHSt 43, 195, 210.

Wirksamkeit der Absprache vertraut - oder der Angeklagte hat einen Anspruch aus der Absprache auf Einhaltung derselben.

Rechtsgrundlage eines solchen Anspruches ist unmittelbar die Absprache, so dass sich nicht die Frage stellt, ob der Grundsatz des fairen Verfahrens mehr als nur Abwehrrechte enthält. Ist die Absprache in zulässiger Weise zustande gekommen und ist insbesondere die zugesagte Strafobergrenze im Rahmen der schuldangemessenen Strafe, hat der Angeklagte nach der hier vertretenen Konzeption einen Anspruch, dass diese Strafobergrenze eingehalten wird. Den Anspruch hat er sowohl vor demselben Gericht, das in eventuell neuer Besetzung entscheidet, als auch vor einem Gericht der nächsthöheren Instanz. Praktikabel ist die Durchsetzung des Anspruches wiederum nur dann, wenn dem Öffentlichkeitsgrundsatz Rechnung getragen wurde und die Absprache offengelegt wurde.

Literaturverzeichnis

Achterberg, Norbert — Allgemeines Verwaltungsrecht, 2. Aufl., Heidelberg, 1986

Ders. — Der öffentlich-rechtliche Vertrag, JA 1979, 356 - 363

Albrecht, Peter-Alexis — Jugendstrafrecht, 2. Aufl., München, 1993

Alternativentwurf — Novelle zur Strafprozeßordnung, Strafverfahren mit nicht öffentlicher Hauptverhandlung, Hrsg.: Arbeitskreis deutscher und schweizerischer Strafrechtslehrer, Bear.: Jürgen Baumann u.a., Tübingen 1980

Alternativkommentar — Kommentar zur Strafprozeßordnung, Hrsg: Wassermann, Rudolf, Neuwied Band 1 1988, Band 2/Teilband 1 1992, Band 2/Teilband 2 1993, Band 3 1996

Alwart, Heiner — Personale Öffentlichkeit, JZ 1990, 883 – 896

Amodio, Ennio — Das Modell des Anklageprozesses im neuen italienischen Strafverfahrensgesetzbuch, ZStW 102 (1990), 171 - 195

Apelt, Willibald — Der verwaltungsrechtliche Vertrag, Ein Beitrag zur Lehre von der rechtswirksamen Handlung im öffentlichen Recht, Leipzig 1916

Bandisch, Günter — Zum Entwurf eines Kriminalitätsbekämpfungsgesetzes der Fraktionen der CDU / CSU und FDP, StV 1994, 153 – 159

Bauer, Max W. und Bernhard König u.a. — Italienische Strafprozeßordnung mit Nebengesetzen, italienisch und deutsch, Bozen, 1991

Baumann, Marcel — Der Begriff von Treu und Glauben im öffentlichen Recht, Ein Beitrag zur Lehre von den obersten Rechtsgrundsätzen, Zürich, 1952

Baumann, Jürgen — Grabgesang für das Legalitätsprinzip, ZRP 1972, 273 - 275

Ders. — Minima non curat prater, in: Einheit und Vielfalt des Strafrechts, Festschrift für Karl Peters, herausgegeben von Jürgen Baumann und Klaus Tiedemann, Tübingen 1974, 3 – 14

Ders. — Die Reform der Vorschriften über die Öffentlichkeit der Strafverfolgung, NJW 1982, 1558 – 1567

Ders. — Von der Grauzone zur rechtsstaatlichen Regelung, NStZ 1987, 157-162

Ders. — Über die Denaturierung eines Rechtsinstitutes (§ 59 StGB), JZ 1980, 464 – 469

Ders. und Weber, Ulrich und Mitsch, Wolfgang — Strafrecht Allgemeiner Teil, 10. Aufl., Bielefeld, 1995

Bernsmann, Klaus — Kronzeugenregelungen des geltenden Rechts, JZ 1988, 539-545

Beulke, Werner Strafprozeßrecht, 3. Aufl., Heidelberg, 1998

Ders. Die Neuregelung der Nebenklage, DAR 1988, 114 - 120

Ders. und Satzger, Helmut Der fehlgeschlagene Deal und seine prozessualen Folgen – BGHSt 42, 191 JuS 1997, S. 1072 - 1080

Blumberg, Abraham S. Anwälte mit Überzeugungen, StV 1988, S. 79 - 84

Bode, Hans Jürgen Bekanntmachung abgesprochener Entscheidung im Strafverfahren, RuP 1988,146-151

Ders. Verständigung im Strafprozeß, DRiZ 1988, 281-288

Böttcher, Reinhard Referat anlässlich des 58. Deutschen Juristentages, München 1990, Band 2, L 9 – L 32

Ders. und Widmaier, Gunter Absprachen im Strafprozeß – Besprechung des Urteiles des BGH vom 23.01.1991 – 3 StR 365/90 – JR 1991, S. 353 – 357

Dies. und Dahs, Hans Verständigung im Strafverfahren – eine Zwischenbilanz, NStZ 1993, 375-377

Braun, Stefan Die Absprache im deutschen Strafverfahren, Aachen 1998

Brause, Hans Peter Faires Verfahren und Effektivität im Strafprozeß, NJW 1992, 2865 - 2870

Bruns, Hans-Jürgen Das Recht der Strafzumessung, 2. Aufl., Köln, Berlin, Bonn, München, 1985

Brunner, Rudolf und Dölling, Dieter Jugendgerichtsgesetz, 10. Aufl. Berlin-New York, 1996

Budde, Robert Vereinbarungen im italienischen Strafprozeß nach altem und neuem Recht, ZStW 102 (1990), S. 196 - 221

Bullinger, Martin Vertrag und Verwaltungsakt, Stuttgart, 1962

Bussmann, Kai-D. Das Entstehen eines neuen Rechtsbegriffes: Verständigungen im Strafverfahren, KritV 1989, 376-379

Ders.. / Lüdemann, Christian Rechtsbeugung oder rationale Verfahrenspraxis?, Über informelle Absprachen in Wirtschaftsstrafverfahren, Monatsschrift für Kriminologie und Strafrechtsreform, 1988, S. 81 – 92

Calliess, Rolf-Peter Strafzwecke und Strafrecht, NJW 1989, 1338 – 1343

Cramer, Peter Absprachen im Strafprozeß, in Festschrift für Kurt Rebmann, herausgegeben von Heinz Eyrich, Walter Odersky, Franz Jürgen Säcker, München 1989, S. 145 – 159

Dahs, Hans Handbuch des Strafverteidigers, 6. Aufl., Köln 1999

Ders. Absprachen im Strafprozeß, NStZ 1988, 153-159

Deal, Detlef Der strafprozessuale Vergleich, StV 1982, 545 – 552

Dencker, Friedrich Die Bagatelldelikte im Entwurf eines EGStGB, JZ 1973, 144 - 151

Ders. und Hamm, Rainer Der Vergleich im Strafprozeß, Frankfurt, 1988

Eckl, Peter Legalitätsprinzip in der Krise, ZRP 1973, 139 – 141

Eisenberg, Ulrich Jugendgerichtsgesetz, 7. Aufl., München, 1997

Erichsen, Hans-Uwe Allgemeines Verwaltungsrecht, 11. Aufl., Berlin, New York, 1998

Eser, Albin Die Rechtsstellung des Beschuldigten im Strafprozeß der Bundesrepublik Deutschland, in: Eser / Kaiser, Deutsch-ungarisches Kolloquium über Strafrecht und Kriminologie, Baden-Baden, 1990

Ders. Funktionswandel strafrechtlicher Prozeßmaximen: Auf dem Weg zur „Reprivatisierung" des Strafverfahrens?, ZStW 104 (1992), 361 – 397

Fabricius, Dirk Die Stellung des Nebenklagevertreters, NStZ 1994, 257 - 263

Fezer, Gerhard Vereinfachte Verfahren im Strafprozeß, ZStW 106 (1994), 1 – 59

Ders. Strafprozeßrecht, 2. Aufl., München, 1995

Ders. Die Funktion der mündlichen Verhandlung im Zivilprozeß und im Strafprozeß, 1970

Forsthoff, Ernst Lehrbuch des Verwaltungsrechts, 1. Band, Allgemeiner Teil, 10. Aufl., München 1973

Frowein, Jochen und Peukert, Wolfgang Europäische Menschenrechtskonvention, Kommentar, 2. Aufl., Kehl, Strassburg, 1996

Gallandi, Volker Vertrauen im Strafprozeß, MDR 1987, 801-804

Gatzweiler, Norbert Die Verständigung im Strafprozeß – Standortbestimmung eines Strafverteidigers, NJW 1989, 1903-1906 = AnwBl. 1989, 502 – 505

Geppert, Klaus Der Grundsatz der Unmittelbarkeit im deutschen Strafverfahren, Berlin- New York, 1979

Ders. Die Ahndung von Verkehrsverstößen durchreisender ausländischer Kraftfahrer, GA 1979, 281 – 310

Ders. Das Legalitätsprinzip, Jura 1982, 139 - 151

Ders. Der Zeuge vom Hörensagen, Jura 1991, 538 – 545

Gerlach, Götz Absprachen im Strafverfahren, Ein Beitrag zu den Rechtsfolgen fehlgeschlagener Absprachen im Strafverfahren, Gießen 1992

Göbel, Klaus Strafprozeß, 5. Aufl., München 1996

Gollwitzer, Walter Die Stellung des Nebenklägers in der Hauptverhandlung, in Festschrift für Karl Schäfer, Berlin, New York, 1980, S. 65 - 87

Gössel, Karl Heinz Strafverfahrensrecht, Stuttgart 1977

Gropp, Walter Zum verfahrenslimitierenden Wirkungsgehalt der Unschuldsvermutung, JZ 1991, S. 804 – 813

Grünwald, Gerald Zur Ankündigung von Strafmilderung für den Fall eines Geständnisses, S. 1941 - 1942

Ders.	Menschenrechte im Strafprozeß, StV 1987, 453 – 457
Ders. und Krüger, Hans-Joachim	Verantwortung und Selbstbewußtsein bei der Verständigung im Strafverfahren, DRiZ 1989, 150-152
Gutterer, Bernhard	Der Deal: Strafzusage gegen Geständnis, Aachen 1995
Haas, Günter	Vereinbarungen im Strafverfahren – Ein Beitrag zur Lehre von den Prozeßhandlungen, NJW 1988, 1345-1351
Hamm, Rainer	Was wird aus der Hauptverhandlung nach Inkrafttreten des Verbrechensbekämpfungsgesetzes?, StV 1994, 456 – 459
Hanack, Ernst-Walter	Vereinbarungen im Strafprozeß, ein besseres Mittel zur Bewältigung von Großverfahren?, StV 1987, 500 - 504
Hassemer, Raimund und Hippler, Gabriele	Informelle Absprachen in der Praxis des deutschen Strafverfahrens, StV 1986, 360 - 363
Hassemer, Winfried	Pacta sunt servanda – auch im Strafprozeß ?, JuS 1989, 890 - 895
Heintschel-Heinegg, Bernd von und Stöckel, Heinz	KMR, Kommentar zur Strafprozeßordnung, Neuwied, April 1999
Hellmann, Uwe	Strafprozeßrecht, Berlin, 1998
Hirsch, Hans Joachim	Zur Behandlung der Bagatellkriminalität in der Bundesrepublik Deutschland, ZStW 92 (1980), 218 - 154
Hofmann und Gerke	Allgemeines Verwaltungsrecht, 7. Aufl., Köln, 1998
Honert, Alessandro	Der italienische Strafprozeß: die Fortentwicklung einer Reform, ZStW 106 (1994), S. 427 - 447
Jakobs, Günter	Strafrecht, Allgemeiner Teil, 2. Aufl., Berlin – New York, 1991
Janke, Alexander	Verständigung und Absprachen im Strafverfahren, Aachen 1997
Jerouschek, Günter	Jenseits von Gut und Böse: Das Geständnis und seine Bedeutung im Strafrecht, ZStW 102 (1990), 793 - 819
Jescheck, Hans-Heinrich	Grundgedanken der neuen italienischen Strafprozeßordnung in rechtsvergleichender Sicht, S. 659 – 679, in: Haft, Fritjof / Hassemer, Winfried / Neumann, Ulfried u.a., Strafgerechtigkeit, Festschrift für Arthur Kaufmann, Heidelberg, 1993
Ders. und Weigend, Thomas	Lehrbuch des Strafrechts Allgemeiner Teil, 5. Aufl., Berlin, 1996
Jeutter, Friedrich	Sinn und Grenzen des Legalitätsprinzips im Strafverfahren, München, 1976

Kahlo, Michael — Der Begriff der Prozeßsubjektivität und seine Bedeutung im reformierten Strafverfahren, besonders für die Rechtsstellung des Beschuldigten, Kritische Vierteljahresschrift für Gesetzgebung und Rechtswissenschaft 1997, S. 183 – 210

Karlsruher Kommentar — Strafprozeßordnung, Hrsg. Gerd Pfeiffer, 4. Aufl., München 1999

Kawalla, Klaus-Dieter — Der subordinationsrechtliche Verwaltungsvertrag und seine Abwicklung, Konstanz, 1984

Keller, Rolf und Schmid, Wolfgang — Möglichkeiten einer Verfahrensbeschleunigung in Wirtschaftsstrafsachen, wistra 1984, 201 - 209

Kentrotis, Georgios — Das materielle Recht der öffentlichen Verträge in Deutschland und Griechenland unter besonderer Berücksichtigung des öffentlichen Interesses, Athen 1991

Kersting, Wolfgang — Die politische Philosophie des Gesellschaftsvertrages, Darmstadt, 1994

Kintzi, Heinrich — Verständigungen im Strafrecht, JR 1990, 309 - 316

Ders. — Verständigung im Strafverfahren, Eine unendliche und spannende Geschichte, DRiZ 1992, 245 – 250

Ders. — Möglichkeiten der Vereinfachung und Beschleunigung von Strafverfahren de lege ferenda, DRiZ 1994, 325 - 334

Ders. — Anmerkung zum BGH-Urteil vom 28.08.97, JR 1998, 249-250

Ders. — Verständigung im Strafverfahren – steht die Diskussion vor dem Abschluß?, in: Festschrift für Ernst-Walter Hanack, Berlin, New York 1999, 177 - 190

Kleinknecht, Theodor — Das Legalitätsprinzip nach Abschluß des gerichtlichen Strafverfahrens, in: Festschrift für Hans-Jürgen Bruns, Köln 1978, 475 – 485

Kleinknecht, Theodor und Meyer-Goßner, Lutz — Strafprozeßordnung, Kommentar, 44. Aufl., München, 1999

Kluth, Winfried — Rechtsfragen der verwaltungsrechtlichen Willenserklärung, NVwZ 1990, S. 608 – 614

Knack, Joachim — Verwaltungsverfahrensgesetz, Kommentar, 6. Aufl., Köln, Berlin, Bonn, München, 1998

Koch, Karl-Heinz — Absprachen im Strafprozeß, ZRP 1990, 249 - 252

Kohlhaas — Unzulässige Durchbrechung des Legalitätsprinzips, GA 1956, 241 - 253

Kohlmann, Günter — Waffengleicheit im Strafprozeß, in Einheit und Vielfalt des Strafrechts, Festschrift für Karl Peters, Tübingen, 1974

Ders. — Die öffentliche Hauptverhandlung – überflüssig, zweckmäßig oder geboten ?, JA 1981, 581 - 587

Köhler, Michael — Strafrecht Allgemeiner Teil, Berlin, Heidelberg, New York, 1997

Körner, Harald Hans — Betäubungsmittelgesetz, 4. Aufl., München, 1994

Kremer, Stefan Hubertus — Absprachen zwischen Gericht und Verfahrensbeteiligten im Strafprozeß, Bonn 1994

Krey, Volker — Strafverfahrensrecht, Stuttgart, 1990

Kühl, Christian — Unschuldsvermutung, Freispruch und Einstellung, Köln 1983

Kühne, Hans-Heiner — Strafprozeßlehre, 4. Aufl., Heidelberg 1993

Küpper, Georg und Bode, Karl-Christoph — Absprachen im Strafverfahren, Bilanz einer zehnjährigen Diskussion, Jura 1999, 351 – 362, 393 - 400

Kuhla, Wolfgang und Hüttenbrink, Jost — Der Verwaltungsprozeß, 2. Aufl., München, 1998

Landau, Herbert — Verfahrensabsprachen im Ermittlungsverfahren, DRiZ 1995, 132-141

Ders. und Eschelbach, Ralf — Absprachen zur strafrechtlichen Hauptverhandlung, NJW 1999, 321 – 326

Leipziger Kommentar — Strafgesetzbuch, Großkommentar, Hrsg.: Jescheck, Hans-Heinrich und Ruß, Wolgang und Willms, Günther, 10. Aufl., Berlin, New York, 1985

Lenckner, Theodor — Der Strafprozeß im Dienst der (Re-) Sozialisierung, JuS 1983, 340 - 345

Liszt, Franz — Der Zweckgedanke im Strafrecht, ZStW 3 (1883), 1 – 47

Loos, Fritz und Radtke, Henning — Das beschleunigte Verfahren nach dem Verbrechens-bekämpfungsgesetz, NStZ 1996, 7 – 14

Löwe, Ewald und Dünnebier, Hanns / Riess, Peter — Löwe / Rosenberg, Die Strafprozeßordnung und das Gerichtsverfassungsgesetz, 1.Bd., 25. Aufl., Berlin-New York 1999, 2.Bd., 24. Aufl., Berlin-New York 1989

Lüderssen, Klaus — Die Verständigung im Strafprozeß, StV 1990, 415 - 420

Maiwald, Manfred und Ippoliti, Alessandra — Eine neue Strafprozeßordnung für Italien, JZ 1989, 874 – 878

Martin, Sigmund — Anmerkung zum BGH-Urteil vom 28.08.97, JuS 1998, 373-375

Massaro, Toni M. — Das amerikanische Plea-Bargaining-System: Staatsanwaltliches Ermessen bei der Strafverfolgung, StV 1989, 454 - 458

Maunz, Theodor und Dürig, Günter — Kommentar zum Grundgesetz, München, Stand November 1999

Maurach, Reinhart und Zipf, Heinz — Strafrecht Allgemeiner Teil, Bd. 1, 8. Aufl., Heidelberg 1992

Maurer, Hartmut — Allgemeines Verwaltungsrecht, 12. Aufl., München, 1999

Ders. Der Verwaltungsvertrag – Probleme und Möglichkeiten, in Hermann Hill, Verwaltungshandeln durch Verträge und Absprachen, Baden-Baden 1990, S. 15 - 38

Mayer, Otto AöR, Bd. 3, 1888, 42 ff = Kleine Schriften zum öffentlichen Recht, Bd. I, 1981, S. 1 ff.

Meinberg, Volker Geringfügigkeitseinstellungen von Wirtschaftsstrafsachen, Eine empirische Untersuchung zur staatsanwaltschaftlichen Verfahrenserledigung nach § 153a Abs. 1 StPO, Freiburg 1985

Meurer, Dieter Der Strafbefehl, JuS 1987, 882 - 884

Meyer-Goßner, Lutz Entlastung der Strafrechtspflege, NStZ 1992, 167 – 169

Ders. Strafverfahren und Gerechtigkeit – ist der Strafprozeß noch zu retten?, DRiZ 1996, 180-184

Ministerium für Justiz, Bundes- und Europaangelegenheiten Baden-Württenberg Absprache im Strafprozeß – ein Handel mit der Gerechtigkeit?, Symposium am 20./21.11.86 in Triberg

Dass. Ist das Legalitätsprinzip noch zeitgemäß ?, Symposium am 7./8.12.1989 in Triberg

Müller, Ingo Furchtbare Juristen, Die unbewältigte Vergangenheit unserer Justiz, München, 1987

Münch, Ingo von und Kunig, Philip Grundgesetzkommentar, Band 1, 4. Aufl., Berlin, 1992

Nestler-Tremel, Cornelius Der Handel um die Funktionstüchtigkeit der Strafrechtspflege, DRiZ 1988, 288 - 296

Neumann, Ulfried Zum Entwurf eines Verbrechensbekämpfungsgesetzes, StV 1994, 273 - 276

Niemöller, Martin Absprachen im Strafprozeß, StV, 1990, 34 - 38

Obermayer, Klaus und Fritz, Roland Kommentar zum Verwaltungsverfahrensgesetz, 3. Aufl., Neuwied, 1999

Odersky, Walter Aktuelle Überlegungen zur Stellung der Staatsanwaltschaft, in Festschrift für Rebmann, München 1989, 343 - 358

Olters, Günther Amtsführung der Richter und Staatsanwälte aus der Sicht der Verfahrensbeteiligten, DRiZ 1988, 50 - 53

Ostendorf, Heribert Jugendgerichtsgesetz, 4. Aufl. Köln-Berlin, 1997

Palandt Bürgerliches Gesetzbuch, Bassenge, Peter und Diederichsen, Uwe, u.a., 58. Aufl., München, 1999

Peters, Karl Strafprozeß, 4. Aufl., Heidelberg 1985

Ders. Fehlerquellen und Rechtsanwendung im Strafprozeß, Berlin, 1986

Pfeiffer, Gerd und Fischer, Thomas Strafprozeßordnung, 2. Aufl., München 1999

Pieroth, Bodo und Schlink, Bernhard Grundrechte, Staatsrecht II, 14. Aufl., München 1998

Ranft, Otfried Strafprozeßrecht, 2. Aufl., Stuttgart 1995

Ders. Verfahrensöffentlichkeit und „Medienöffentlichkeit" im Strafprozeß, Jura 1995, 573 – 581

Redeker, Konrad und von Oertzen, Hans-Joachim Verwaltungsgerichtsordnung, Kommentar, 12. Aufl., Stuttgart, Berlin, Köln, 1997

Rieß, Peter Die Zukunft des Legalitätsprinzips, NStZ 1981, 2 - 10

Rönnau, Thomas Die Absprache im Strafprozeß, Baden-Baden, 1990

Ders. Die neue Verbindlichkeit bei den strafprozessualen Absprachen, wistra 1998, 49-53

Roxin, Claus Strafverfahrensrecht, 25. Aufl., München, 1998

Ders. Strafrecht Allgemeiner Teil, 3. Aufl., München, 1997

Ders. Sinn und Grenzen staatlicher Strafe, JuS 1966, 377 - 387

Rückel, Christoph Verteidigertaktik bei Verständigungen und Vereinbarungen im Strafverfahren, NStZ, 1987, 297 - 304

Rudolf, Kurt Prozeßflut und Erledigungsdruck, DRiZ 1992, 6 – 14

Schäfer, Gerhard Referat anläßlich des 58. Deutschen Juristentages, München 1990, Band 2, L 48 – 65

Schäfer, Herbert Rechtsgespräch und Verständigung im Strafprozeß, DRiZ 1989, 294 - 297

Scheffler, Uwe Kurzer Prozeß mit rechtsstaatlichen Grundsätzen, NJW 1994, 2191 – 2195

Schenke, Wolf-Rüdiger Verwaltungsprozeßrecht, 6. Aufl., Heidelberg, 1998

Schlüchter, Ellen Das Strafverfahren, 2. Aufl., Köln 1983

Dies. Zur Relativierung der gerichtlichen Aufklärungspflicht durch Verständigung im Strafverfahren, in Festschrift für Günter Spendel, Berlin, New York 1992, 737 – 756

Schmidt, Eberhardt Lehrkommentar zur Strafprozeßordnung und zum Gerichtsverfassungsgesetz, Teil I, 2. Aufl., Göttingen 1964

Ders. Zur Rechtsstellung und Funktion der Staatsanwaltschaft als Justizbehörde, MDR 1964, 629 – 633, 713 – 718

Ders. § 261 StPO in der neuen höchstrichterlichen Rechtsprechung, JZ 1970, 337 - 343

Schmidhäuser, Eberhard Zur Frage nach dem Ziel des Strafprozesses, in: Festschrift für Eberhard Schmidt, Göttingen 1961

Ders. Freikaufverfahren mit Strafcharakter im Strafprozeß?, JZ 1973, 529 – 536

Ders. Strafrecht Allgemeiner Teil, 2. Aufl., Tübingen 1984

Schmidt-Hieber, Werner Verständigung im Strafverfahren, München 1986

Ders. Vereinbarungen im Strafverfahren, NJW 1982, 1017 - 1021

Ders. Beschleunigung des Strafverfahrens durch Kooperation ?, in Justiz und Recht, Festschrift aus Anlaß des 10jährigen Bestehens der deutschen Richterakademie in Trier, Heidelberg 1983, 193 - 207

Ders. Der strafprozessuale „Vergleich" – eine illegale Kungelei ?, StV 1986, 355 - 357

Ders. Absprachen im Strafprozeß, RuP 1988, 141 - 145

Ders. Absprachen im Strafprozeß – Rechtsbeugung und Klassenjustiz?, DRiZ 1990, 321 - 326

Ders. Hinweis auf die strafmildernden Wirkungen eines Geständnisses?, in Festschrift für Wassermann, herausgegeben von Christian Broda, Erwin Deutsch, Neuwied und Darmstadt, 1985, 995 - 1005

Schmidt-Jortzig, Edzard Möglichkeiten einer Aussetzung des strafverfolgerischen Legalitätsprinzip bei der Polizei, NJW 1989, 129 – 138

Schöch, Heinz Diskussionsbeitrag im Rahmen des 58. DJT, L 91 – L 94

Schönke, Adolf und Schröder, Horst Strafgesetzbuch, 25. Aufl., München, 1997

Schroeder, Friedrich-Christian Strafprozeßrecht, 2. Aufl., 1997

Schünemann, Bernd Reflexionen über die Zukunft des deutschen Strafverfahrens, in Festschrift für Gerd Pfeiffer, Köln, Berlin, Bonn, München 1988, 461 - 484

Ders. Informelle Absprachen und Vertrauensschutz im Strafverfahren, JZ 1989, 984 - 990

Ders. Die Verständigung im Strafprozeß – Wunderwaffe oder Bankrotterklärung der Verteidigung?, NJW 1989, 1895 - 1903 = AnwBl. 1989, S. 494 - 502

Ders. Absprachen im Strafverfahren ? Grundlagen, Gegenstände und Grenzen, in: Verhandlungen des 58. Deutschen Juristentag, München, 1990, Band I

Ders. Wetterzeichen einer untergehenden Strafprozeßkultur ?, StV 1993, 657 - 663

Ders. Die informelle Absprache als Überlebenskrise des deutschen Strafrechts, Festschrift für Baumann, Bielefeld, 1992, 361 - 382

Seier, Jürgen Der strafprozessuale Vergleich im Lichte des § 136a StPO, JZ 1988, 683 - 688

Sinner, Stefan Der Vergleich im neuen italienischen Strafverfahren und die deutsche Diskussion um Absprachen, ZRP 1994, S. 478 – 484

Ders. Der Vertragsgedanke im Strafprozeßrecht, Frankfurt a.M., 1999

Siolek, Wolfgang Verständigung in der Hauptverhandlung, Baden-Baden, 1993

Ders. Verständigung im Strafverfahren – eine verfassungswidrige Praxis!, DRiZ 1989, 321 - 330

Ders. Neues zum Thema Verständigung im Strafverfahren, DRiZ 1993, 422 - 430

Ders. Der „Vergleich" im Strafprozeß, Kriminalistik 1995, 433 - 440

Steiner, Dirk Das Fairnessprinzip im Strafprozeß, München, 1995

Stelkens, Paul und Bonk, Heinz Joachim und Sachs, Michael Verwaltungsverfahrensgesetz, Kommentar, 5. Aufl., München, 1998

Stern, Klaus Zur Grundlegung einer Lehre des öffentlich-rechtlichen Vertrages, VerwArch., Bd. 49 (1958), 106 - 157

Stile, Alfonso M. Die Reform des Strafverfahrens in Italien, ZStW 104 (1992), 429 - 447

Strate, Gerhard Zur Kompetenzordnung im Hauptverfahren, StV 1985, 337 – 343

Systematischer Kommentar Kommentar zur Strafprozeßordnung und zum Gerichtsverfassungsgesetz, Hrsg.: Rudolphi, Hans-Joachim u.a., 18. Lieferung, Neuwied, Kriftel, Berlin, Oktober 1998

Tscherwinka, Ralf Absprachen im Strafprozeß, Frankfurt am Main, Berlin, Bern, New York, Paris, Wien, Lang, 1994

Terhorst, Bruno Informelle Absprachen im Strafprozeß, DRiZ 1988, 296 - 298

Tettinger, Peter Fairness und Waffengleichheit, Rechtsstaatliche Direktiven für Prozeß und Verwaltungsverfahren, München, 1984

Tilch, Horst Deutsches Rechtslexikon, 2. Aufl., München, 1992

Tröndle, Herbert und Fischer, Thomas Strafgesetzbuch, Kommentar, 49. Aufl., München 1999

Ulrich, Hans-Joachim Die Durchsetzung des Legalitätsprinzips und des Grundrechtes der Gleichheit aller vor dem Gesetz in der Praxis der Staatsanwaltschaften, ZRP 1982, 169 – 172

Villiger, Mark E. Handbuch der Europäischen Menschenrechtskonvention, Zürich, 1993

Volk, Klaus Strafrecht und Wirtschaftskriminalität, JZ 1982, 85 - 92

Weigend, Thomas Absprachen in ausländischen Strafverfahren, Freiburg, 1990

Ders. Anklagepflicht und Ermessen, Baden-Baden, 1978

Ders. Abgesprochene Gerechtigkeit – Effizienz durch Kooperation im Strafverfahren?, JZ 1990, 774 – 782

Ders. Das „Opportunitätsprinzip" zwischen Einzelfallgerechtigkeit und Systemeffizienz, ZStW 109 (1997), 103 – 121

Wenner, Gerd Die Aufklärungspflicht gemäß § 244 Abs. 2 StPO, Bochum 1982

Wessels, Johannes Die Aufklärungsrüge im Strafprozeß, JuS 1969, 1 – 10

Ders. und Beulke, Werner Strafrecht AT, 29. Aufl., Heidelberg, 1999

Widmaier, Gunter Der strafprozessuale Vergleich, StV 1986, 357 - 359

Ders. Referat anläßlich des 58. Deutschen Juristentages, München 1990, Band 2, L 33 – L 47

Wolf, Hans J. und Bachof, Otto und Stober, Rolf Verwaltungsrecht I, 10. Aufl., München, 1994

Wolfslast, Gabriele Absprachen im Strafprozeß, NStZ 1990, S. 409 - 416

Zipf, Heinz Kriminalpolitische Überlegungen zum Legalitätsprinzip, in: Einheit und Vielfalt des Strafrechts, Festschrift für Karl Peters, Tübingen 1974, 487 – 502

Ders. Empfiehlt es sich, die Vorschriften über die Öffentlichkeit des Strafverfahrens neu zu gestalten, insbesondere zur Verbesserung der Rechtsstellung des Beschuldigten weitere nicht-öffentliche Verfahrensgänge zu entwickeln?, in: Verhandlungen des 54. Deutschen Juristentages, Band I, München 1982, Band C, 1 – 98

Zschockelt, Alfons Die Urteilsabsprache in der Rechtsprechung des BVerfG und des BGH, NStZ 1991, 305 – 310

Ders. Anmerkung zum BGH-Urteil vom 20.02.96, NStZ 1996, 449

Zuck, Rüdiger Der Deal, MDR 1990, 18 - 19

FSC
www.fsc.org
MIX
Papier | Fördert
gute Waldnutzung
FSC® C083411

Kolibri 360 GmbH
Ferdinand-Jühlke-Straße 7
99095 Erfurt, Deutschland
produktsicherheit@kolibri360.de

Druck:
CPI Druckdienstleistungen GmbH
im Auftrag der
Kolibri 360 GmbH
Ferdinand-Jühlke-Str. 7
99095 Erfurt